Raumordnungsprognose 2020/2050

Bevölkerung, private Haushalte, Erwerbspersonen, Wohnungsmarkt

Projektleitung und wissenschaftliche Redaktion

Hansjörg Bucher, Matthias Waltersbacher

Textbeiträge

Hansjörg Bucher, Hans-Peter Gatzweiler, Nicole Göbel,
Claus Schlömer, Alexander Schürt, Matthias Waltersbacher

Kartographie und Graphik

Markus Burgdorf, Nicole Göbel, Thomas Pütz,
Claus Schlömer, Alexander Schürt

Redaktion

Katina Gutberlet

Gestaltung

Marion Kickartz

Herausgegeben vom Bundesamt für Bauwesen und Raumordnung (BBR)   Bonn 2006

Bundesamt
für Bauwesen und
Raumordnung

Berichte

In der Schriftenreihe Berichte veröffentlicht das BBR die ihm gesetzlich aufgetragenen Berichte zur räumlichen und städtebaulichen Entwicklung in Deutschland und Europa sowie ausgewählte Ergebnisse seiner empirischen Raumbeobachtung.

IMPRESSUM

Herausgeber

Bundesamt für
Bauwesen und Raumordnung
Deichmanns Aue 31–37
53179 Bonn
www.bbr.bund.de

Druck

Bundesamt für Bauwesen und
Raumordnung, Bonn

Verlag und Vertrieb

Selbstverlag und Buchhandel

Selbstverlag des Bundesamtes
für Bauwesen und Raumordnung
Deichmanns Aue 31–37, 53156 Bonn
Tel.:   (0 18 88) 401-22 09
Fax: (0 18 88) 401-22 92
E-Mail: selbstverlag@bbr.bund.de

ISSN 1435-4659 (Schriftenreihe)
ISBN 3-87994-073-8

Preis: 12,50 €
Berichte Band 23
Bonn 2006

Vorwort

Zum demographischen Wandel ist hierzulande schon viel, wenn nicht bereits alles gesagt und geschrieben worden – allerdings noch nicht von jedem. Nach Jahrzehnten des fast kollektiven Ignorierens rückte der demographische Wandel mit der Überzeugung, dass langfristig die Bevölkerung in Deutschland abnimmt, dass immer weniger junge immer mehr älteren Menschen gegenüberstehen, dass der Anteil der Ausländer bzw. der Einwohner mit Migrationshintergrund an der Bevölkerung zunehmen wird, immer mehr in den Mittelpunkt der politischen und öffentlichen Diskussion. Im internationalen Vergleich der Industrieländer steht Deutschland mit dieser Tendenz keineswegs allein da, es ist jedoch in mancher Hinsicht ein Vorreiter für das, was anderen Ländern noch bevorsteht. Etwas Weiteres kommt hinzu: Viele Bürgerinnen und Bürger ahnen, dass die „fetten Jahre" vorbei sind, und langsam wächst das Bewusstsein, dass uns Jahrzehnte der Konsolidierung und Reformen bevorstehen. All dies verbindet sich zu einer Konstellation, die nichts Gutes für die Zukunft zu versprechen scheint. Umso wichtiger ist es, möglichst genau Bescheid zu wissen über die langfristigen Entwicklungen, und dadurch der Politik und der Öffentlichkeit aufklärend zu helfen, sich ohne Furcht diesen Entwicklungen zu stellen.

Zum wiederholten Mal weisen auch Raumordnungsprognosen des BBR auf die kommenden Veränderungen hin. Seit über 25 Jahren arbeitet das BBR kontinuierlich an Raumordnungsprognosen, aktuell mit dem Prognosebeginn Jahresende 2002 und dem Horizont 2020. Die neuen und aktuellsten Prognosen betreffen die Bevölkerung, die privaten Haushalte, die Erwerbspersonen und den Wohnungsmarkt. Die immer stärkere räumliche Ausdifferenzierung der Prognosen (inzwischen in der Regel bis auf die Kreisebene) führt zu einer Vervielfachung der Prognoseergebnisse. Deren Verbreitung geschieht deshalb parallel zu diesem Berichte-Band auf der CD-ROM „Raumordnnungsprognose 2020/2050".

Alle in diesem Bericht vorgestellten Prognosen sind so genannte Status-quo-Prognosen. Solche Prognosen gehen der Frage nach, welche Entwicklungen dann eintreten, wenn sich politisches Handeln nicht verändert, d. h. wenn eine „Weiter-wie-bisher-Politik" betrieben wird. Ein wesentliches, aus Status-quo-Prognosen abgeleitetes Ergebnis ist der politische Handlungsbedarf. Dieses zentrale Element der Politikberatung lässt sich aus der Diskrepanz zwischen prognostizierter und erwünschter Entwicklung ableiten. Reagiert die Politik und nimmt sie Einfluss auf die Entwicklung, dann führt dies zu einer Veränderung des ursprünglich prognostizierten Trends und zur Abschwächung, im günstigsten Fall zur Vermeidung einer unerwünschten Entwicklung. Ein Nichteintreffen der zunächst prognostizierten Entwicklung bewertet der Prognostiker dann eher als politischen Erfolg denn als wissenschaftlichen Misserfolg. In der Öffentlichkeit wird dies jedoch häufig der Prognose als Fehler zugerechnet – ein Fehlschluss, der insbesondere, wenn sich die Ausgangsbedingungen (Annahmen) verändern, gegen den Sinn und Nutzen von Prognosen erhoben wird. Aber: Prognosen sind eben keine Prophezeiungen.

Wie ein roter Faden zieht sich durch die Ergebnisse aller Prognosen, dass die Entwicklungsdynamik regional gespalten bleiben wird. Einer immer größer werdenden Gruppe von Kreisen mit Schrumpfungstendenzen steht eine immer kleiner werdende Gruppe mit teils noch kräftigem Wachstum bei Bevölkerung, Haushalten und Erwerbspersonen gegenüber. Das Nebeneinander von Wachstum und Schrumpfung ist heute die Realität der Raum- und Stadtentwicklung in Deutschland. Es führt zu einer Vielzahl von räumlichen Problemkonstellationen. Entsprechend ist der politische Handlungsbedarf sehr unterschiedlich.

Für die Politikbereiche Raumordnung, Städtebau und Wohnungswesen zeichnen sich auf Bundesebene unter anderem folgende Aufgaben ab:

• Eine angemessene regionale Daseinsvorsorge unter den Bedingungen des demographischen Wandels sicherzustellen, erfordert die Überprüfung traditioneller Ziele der Raumordnung als Raumentwicklungspolitik. Letztlich muss das Postulat gleichwertiger Lebensverhältnisse neu mit Inhalten gefüllt werden, um neue Wege der „Schrumpfungsplanung" – für die es bislang keine bewährten Konzepte gibt – einzuschlagen. Gleiches gilt für die Bewältigung von weiterem „Siedlungswachstum" in den immer noch „boomenden" Regionen, was in aller Regel einen Wandel in der Qualität, nicht mehr in der Quantität mit sich bringt. Eine wichtige Rolle für die künftige Gewährleistung der Daseinsvorsorge spielt dabei die Weiterentwicklung des Zentrale-Orte-Systems.

• Immer mehr Städte werden künftig rückläufige Entwicklungen unter sozialen, ökonomischen und ökologischen Gesichtspunkten nachhaltig gestalten müssen. Stadtentwicklung heißt in Zukunft in erster Linie „Bestandsentwicklung". Ziel von Stadtumbau muss es sein, die Städte in Zeiten der Schrumpfung fit für die Zukunft zu machen, eine neue „Qualitätsoffensive" für den Lebensraum Stadt zu starten, um die Bürger und Bürgerinnen an sich zu binden und der weiteren Suburbanisierung entgegenzuwirken. Zudem gilt es, den vor allem in den Städten erwarteten vermehrten Integrationsleistungen verstärkt Rechnung zu tragen. Stadtpolitik heute und morgen heißt also: Umbauen und Integrieren, Anpassen und Wandel ermöglichen.

• Die Wohnungsmarktprognose zeigt: neben Räume mit weiterhin wachsender Nachfrage nach Wohnungen und angespannten Märkten treten zunehmend Teilräume mit Wohnungsleerständen. Vor diesem Hintergrund ist eine wohnungspolitische Neuorientierung mit einer regionalisierten Wohnungspolitik notwendig, d. h. eine zunehmende Aufgabenverlagerung von der gesamtstaatlichen Ebene auf die Regionen.

Der demographische Wandel ist eine fachübergreifende Herausforderung. Anpassungsprozesse in den Regionen und Städten werden sich nicht von alleine einstellen. Einen Königsweg gibt es nicht. Ein solch notwendiger Politikwechsel erfordert, dass neue Programme zu einem ernsthaft diskutierten öffentlichen Thema werden. Deshalb ist es wichtig, umfassend und laufend über den demographischen Wandel und seine räumlichen Folgen zu informieren und die Probleme der vom demographischen Wandel besonders betroffenen Regionen, Städte und Gemeinden auf die politische Agenda zu bringen. Die Raumordnungsprognosen des BBR wollen hierzu beitragen. Sie sind ein Stück notwendiger öffentlicher Aufklärung; sie sollen keine Ängste vor der Zukunft aufbauen, sondern ganz im Gegenteil: sie verhindern.

Wendelin Strubelt

Inhalt

Abbildungs-, Karten und Tabellenverzeichnis

1 Das Gesamtmodell

2 Die Bevölkerung

3 Die privaten Haushalte

4 Die Erwerbspersonen

5 Der Wohnungsmarkt

Risiken und Nebenwirkungen

Prognosen sind immer auf ein bestimmtes Ziel ausgerichtet. Nutzer, die nicht die ursprünglichen Adressaten bzw. Auftraggeber der Prognose sind, sollten deshalb vorsichtig mit den Ergebnissen umgehen und sich fragen, ob diese für ihre eigenen Fragestellungen überhaupt taugen. Da Prognosen immer verwendungsbezogen sind, kann man sie auch niemals allgemeingültig interpretieren. Im Fall der Raumordnungsprognose ist der Prognosezweck die Politikberatung der Bundesregierung. Da Politik auch und insbesondere die Gestaltung der Zukunft umfasst, ist unmittelbar einsichtig, dass eine solche Prognose nicht eine „fertige" Zukunft zum Untersuchungsgegenstand haben kann. Vielmehr wird immer eine Zukunft entworfen, die lediglich unter der Annahme einer bestimmten Politikausgestaltung eintreten würde. In der Regel ist dies die Status-quo-Annahme einer „Weiter-wie-bisher-Politik". Deshalb liefert die Prognose Trends, die nur dann eintreten, wenn die Rahmenbedingungen (außerhalb des formalen Prognosemodells) wie bisher oder so ähnlich gestaltet würden. Gelten die unter diesen Prämissen eintretenden Entwicklungen politisch als unerwünscht, dann wird – hoffentlich – einiges unternommen werden, damit eine solche Zukunft erst gar nicht eintreten wird. Prognosen enthalten allerdings immer auch Informationen über Trends, die weitgehend autonom und/oder politikresistent sind. Diese Elemente haben eine höhere Eintreffwahrscheinlichkeit. Es obliegt der Fertigkeit des Prognosenutzers, genau jene Teile der entworfenen Zukunft mit hoher Eintrittswahrscheinlichkeit zu identifizieren und für sich nutzbar zu machen. Neben dem Status-quo-Charakter ist eine weitere wesentliche Eigenschaft der Raumordnungsprognose ihre räumliche Gesamtschau: Zwar wird hier die Bundesrepublik Deutschland in kleine räumliche Einheiten aufgeteilt, doch ist eine isolierte Darstellung von Prognoseergebnissen für Teilräume – losgelöst von der gesamten Entwicklung – weder gewollt noch sinnvoll. Die Teilregionen dienen als „Mosaiksteinchen", um ein Gesamtbild zu entwerfen. Die Prognosezahlen jener Teilräume sind lediglich Zwischenergebnisse für ein größeres Ganzes, sie taugen kaum als Analyseeinheiten.

1 Das Gesamtmodell

Hansjörg Bucher

Konzeptionelle Grundsätze

Gegenstand der Raumordnungsprognose

Das Bundesamt für Bauwesen und Raumordnung (BBR) arbeitet seit über 20 Jahren kontinuierlich an Raumordnungsprognosen, aktuell mit dem Prognosebeginn Jahresende 2002 und dem Horizont 2020. Die neuen und aktuellsten Prognosen betreffen die Bevölkerung, die privaten Haushalte, die Erwerbspersonen und den Wohnungsmarkt. Geplant ist darüber hinaus eine Prognose zur Entwicklung der Siedlungsflächeninanspruchnahme. Von der Bevölkerung, den privaten Haushalten und den Erwerbspersonen wurden in den Informationen zur Raumentwicklung Heft 3/4.2004 letztmals Prognosen veröffentlicht. Die letzte Wohnungsmarktprognose liegt bereits länger zurück und wurde im Jahr 2001 in den BBR-Berichten als Band 10 vorgelegt. Sie hatte den Zeithorizont 2015 und basierte noch auf der vorletzten demographischen Prognose.

Parallel zu diesem Berichte-Band wird das BBR – nunmehr zum dritten Mal – eine CD-ROM mit Prognoseergebnissen veröffentlichen. Sie enthält umfangreiches Tabellenmaterial zur Raumordnungsprognose 2020/2050 sowie ausgewählte Karten und Abbildungen mit Prognoseergebnissen und kann – wie auch ihre beiden Vorgänger – beim Selbstverlag des BBR bezogen werden. Der früher geübte Brauch, der Publikation eine ausgewählte Reihe von Tabellen mit wichtigen Ergebnissen für verschiedene Raumbezüge anzuhängen, wird nicht weiter geführt – die Fülle der Ergebnisse macht dies nicht mehr sinnvoll.

Ausgestaltung der Raumordnungsprognose

Wichtigstes Erkenntnisziel der Raumordnungsprognose ist die künftige Nutzung des Raumes, insbesondere die zusätzliche Inanspruchnahme von Boden. Siedlungsdruck entsteht, wenn die Nachfrage an Bauland nicht aus dem Flächenangebot gedeckt werden kann und dadurch konkurrierende Ansprüche an den Boden entstehen. Die wichtigsten Nachfrageimpulse entstammen den Bereichen Wohnen, Arbeiten, Verkehr und Infrastruktur. Träger der Nachfrage oder des Bedarfs sind Einzelpersonen oder Personengruppen wie private Haushalte.

Teilmodelle der Raumordnungsprognose ergeben sich aus diesem Wirkungsgeflecht: Basisprognosen sind die beiden demographischen Modelle zur Entwicklung der Bevölkerung und der privaten Haushalte. In deren Folge werden – unter Berücksichtigung der regionaldemographischen Entwicklung und zusätzlicher Faktoren – beide Seiten des Wohnungsmarktes und eine Seite des Arbeitsmarktes prognostiziert. In einem weiteren Modell, dessen Ergebnisse noch nicht vorliegen, sollen die Auswirkungen auf die Flächennutzung abgeschätzt werden.

Zwischen den Bereichen bestehen zahlreiche Beziehungen, die Reaktionen des einen Subsystems auf das andere auslösen können. So erzeugen Arbeitsmarktungleichgewichte Zu- oder Abwanderungen von Erwerbspersonen, also eine Rückkoppelung auf das (vorgelagerte) demographische Modell. Die modellhafte Abbildung solcher Prozesse erhöht zwar die Realitätsnähe des Systems, erschwert aber zugleich die Nachvollziehbarkeit der Ergebnisse. Sind diese Reaktionsmechanismen zudem politisch beeinflussbar, dann müssen sie – im Sinne der Status-quo-Prognosen – zunächst unverändert bleiben.

Die Modelle der Raumordnungsprognose sind deshalb nur sparsam miteinander verknüpft. Statt modellendogener Rückkoppelungen werden in einem Austausch der Prognostiker untereinander Erkenntnisse aus den vorgelagerten Modellen in neue Annahmen umgesetzt. Dieses Einmischen der Prognostiker erlaubt ein erneutes Überdenken der Annahmen, die Plausibilitätsprüfung der (Zwischen-)Ergebnisse und die Empfehlung politischer Maßnahmen zur Zukunftsgestaltung. Eine Einbindung der späteren Nutzer der Prognoseergebnisse in diesen Prozess kann zudem die Akzeptanz der Ergebnisse im politischen Bereich sichern.

**Abbildung 1.1
Die Raumordnungsprognose
des BBR – Teilmodelle
und deren Verknüpfung**

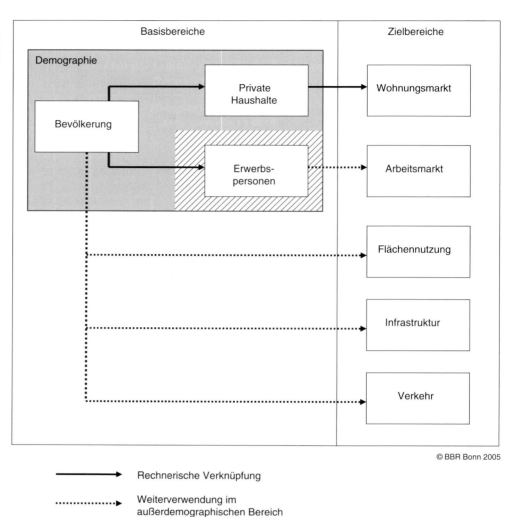

**Abbildung 1.1
Die Raumordnungsprognose
des BBR – Teilmodelle
und deren Verknüpfung**

Rechnerische Verknüpfung

Weiterverwendung im
außerdemographischen Bereich

(1)
Als Folge der räumlichen Ausdifferenzierung bis auf die
Kreisebene und des dadurch
sprunghaft angestiegenen In-
formationsumfangs wurde die
BBR-Bevölkerungsprognose im
Jahr 2003 erstmals auf einer
CD-ROM veröffentlicht. Diese
war formal eng an jene INKAR-
CD-ROM der Laufenden Raumbeobachtung angelehnt; der
Nutzer konnte sehr individuell
Prognoseergebnisse graphisch
oder kartographisch aufberei-
ten oder tabellarisch exportie-
ren und an anderer Stelle weiter verarbeiten. Die folgenden
CD-ROMs (Raumordnungs-
prognose 2020 und Raumordnungsprognose 2020/2050)
sind bezüglich der Gestal-
tungsmöglichkeiten einfacher
konzipiert, liefern hingegen weit
mehr Prognosedaten.

Eigenschaften
der Raumordnungsprognose

Die Raumordnungsprognose ist auch bezüglich der Modelltechnologie eine Daueraufgabe. Die hier vorgelegten Prognosen
der Bevölkerung, privaten Haushalte, der
Erwerbspersonen und des Wohnungsmarktes leisten nicht nur eine Aktualisierung
der Datenbasis. Ihre Dimensionen wurden
auch – von Modell zu Modell unterschiedlich stark – räumlich, zeitlich und sachlich
weiter ausdifferenziert. Durch diese Ver-
feinerung vervielfacht sich die anfallende
Datenmenge – sowohl beim Prognoseinput
als auch bei der Produktion von Prognoseergebnissen. Dies musste Konsequenzen
haben für die Datenaufbereitung, für die
Annahmensetzung und für die Ergebnis-
weitergabe. Der Annahmenfindungspro-
zess wurde in großen Teilen „mechani-
siert", ohne dass die Vielfalt der räumlichen

Trends dadurch verloren gegangen wäre.
Dabei wurden Grundregeln festgelegt und
Basisannahmen getroffen, um in einem
mehrstufigen Prozess die Modellparameter
in jener Dimensionierung zu erhalten, die
das zuvor konstruierte Modell erwartet.

Die Komplexität der Modelle erschwert
deren Darstellbarkeit. Mit der zusätzlichen
Datenquelle auf CD-ROM versucht das
BBR, das Gebot der Transparenz und Nachvollziehbarkeit zumindest teilweise einzulö-
sen. Allerdings birgt die Weitergabe solcher
Datenmengen in feiner Differenzierung mit
der Möglichkeit zur intensiveren Nutzung
ihrer Ergebnisse Chancen und Risiken, wie
Erfahrungen vor allem mit INKAR PRO sehr
deutlich machen.[1] Ein Prognoseverwerter,
der die ganze Problematik der Prognoseerstellung nicht überblickt, kann leicht
dazu neigen, die Ergebnisse – wie auch
immer – auf eine Weise zu interpretieren,

die das ganze Instrumentarium überfrachtet. Deshalb kann nicht oft genug auf die Eigenschaften der Raumordnungsprognose und die damit verbundenen Einschränkungen hingewiesen werden: ihre Bedingtheit, Zweckgebundenheit, Fristigkeit und räumliche Differenzierung.

- *Bedingtheit*

Prognosen stellen bedingte Behauptungen auf zu künftigen Ereignissen. Drei wesentliche Bestandteile der Prognose sind ein theoretisches Modell zur Beschreibung der kausalen Zusammenhänge, eine Datenbasis, die das Modell mit Realitätsgehalt versieht und ein intuitiver/spekulativer Teil, in dem Annahmen über die zukünftige Entwicklung der strategischen Parameter des Modells getroffen werden. Hier ist die Nahtstelle zwischen Theorie und Empirie, denn immer wird ein theoretisches Gebäude (Prognosemodell) mit Erfahrungen aus der Vergangenheit (Datenbasis) und intuitiven oder spekulativen Annahmen künftiger Größen (Modellinput) verknüpft. Der Wenn-dann-Charakter von Prognosen wie der Raumordnungsprognose 2020/2050 stellt genau diese Abhängigkeit zwischen den Annahmen und den Prognoseergebnissen dar.

- *Zweckgebundenheit*

Bei einer Prognose zum Zweck der Politikberatung wird zwischen autonomen, unabhängigen Trends und politisch beeinflussbaren Trends unterschieden. In der Regel werden die beeinflussbaren Trends dann mit der Status-quo-Annahme einer „Weiter-wie-bisher-Politik" verknüpft. Der Wenn-dann-Charakter der Annahmen konzentriert sich dadurch auf das politische Handeln, lässt Reaktionen auf die Status-quo-Prognose hin völlig offen. Das Prognoseergebnis ist schleunigst der genauen Prüfung zu unterziehen, ob es so erwünscht ist oder nicht. Ein wesentliches, aus der Status-quo-Prognose abgeleitetes Ergebnis ist der politische Handlungsbedarf, der sich aus der Diskrepanz zwischen prognostizierter und erwünschter Entwicklung ableiten lässt. Wird erfolgreich eingegriffen, führt dies zu einer Veränderung des zunächst prognostizierten Trends und zur Vermeidung unerwünschter Entwicklungen. Das Ausbleiben der zunächst prognostizierten

Entwicklungen bewertet der Prognostiker dann eher als Erfolg denn als Misserfolg.

- *Fristigkeit*

Demographische Prozesse setzen sich aus regelhaften und zufälligen Ereignissen zusammen. Die regelhaften Komponenten können ihrerseits kurzfristige und langfristige Ursachen haben. Das Bevölkerungsprognosemodell ist für Aussagen zur langfristigen Entwicklung konzipiert. Mit zeitreihenanalytischen Methoden werden die langfristigen Trends aus der bisherigen Entwicklung herausgefiltert und in das Modell übernommen. Die prognostizierte Entwicklung wird dadurch geglättet, kurzfristige und zufällige Entwicklungen werden nicht berücksichtigt. Deshalb taugt das Modell auch nur begrenzt für kurzfristige Vorhersagen.

- *Räumliche Differenzierung*

Ziel der Raumordnungsprognose sind Zukunftsinformationen für ganz Deutschland, jedoch in feiner räumlicher Differenzierung. Die Teilergebnisse der Regionen dienen als „Mosaiksteinchen", um dieses Gesamtbild zusammenzusetzen, und sind nicht primär Erkenntnisziel der Prognose. Deren Wert besteht darin, dass die Regionalergebnisse untereinander in einem abgestimmten Verhältnis stehen und sie in ihrer Summe immer einen plausiblen, vom Prognostiker gewollten und kontrollierten Wert ergeben. Räumliche Besonderheiten gehen nur teilweise in die Prognosen ein. Insofern liefern regionale Ergebnisse vor allem die relative Position innerhalb gesamträumlicher Prozesse und sind um Expertenwissen vor Ort zu ergänzen.

Erfahrungen mit der bisherigen Nutzung haben mehrfach gezeigt, dass die mit diesen Eigenschaften der Raumordnungsprognose verbundenen Einschränkungen nicht immer gesehen werden. Einerseits ist dies verständlich, denn in Zeiten des demographischen Wandels und verstärkter Ungewissheit ist der Bedarf an verlässlichen Zukunftsinformationen besonders groß. Andererseits kann es jedoch nicht Aufgabe des Prognostikers sein, dem zukunftsgerichtet handelnden Planer oder Investor sein Entscheidungsrisiko abzunehmen.

Die Raumordnungsprognose 2020/2050 ist ein Lernprozess, mit dem „Schneisen in die Zukunft geschlagen" werden sollen. Sie will eine vorausschauende, vorsorgende und aktive Politik vorbereiten und unterstützen. Denn ohne Prognosen wissen wir erst recht nicht, was die Zukunft bringt. Durch Prognosen gewinnen wir zumindest einige Anhaltspunkte und setzen uns bewusst und systematisch mit der Zukunft auseinander.

Ergänzungen zum regionalen Bezug

Prognoseergebnisse werden für folgende räumliche Einheiten bereitgestellt – wobei von Merkmal zu Merkmal Unterschiede auftreten können:

1. Bundesrepublik Deutschland
2. alte Länder / neue Länder
3. Bundesländer
4. siedlungsstrukturelle Regionstypen
5. siedlungsstrukturelle Regionstypen, differenziert nach alten und neuen Ländern
6. siedlungsstrukturelle Kreistypen
7. siedlungsstrukturelle Kreistypen, differenziert nach alten und neuen Ländern
8. Raumordnungsregionen
9. Landkreise und kreisfreie Städte
10. (Verbands-)Gemeindetypen

Erstmals werden auch Informationen unterhalb der Kreisebene und zum zweiten Mal für die an kleinräumigen Fragestellungen orientierten siedlungsstrukturellen Kreistypen veröffentlicht. Die Karten 1.1 und 1.2 ermöglichen die Identifizierung von Kreisen und Raumordnungsregionen sowie von siedlungsstrukturellen Kreis- und Regionstypen. Die Abgrenzung der Raumkategorien enthält aber einige Besonderheiten und Unschärfen und ist deshalb erklärungsbedürftig:

• Berlin wird vollständig als Teil der neuen Länder behandelt.

• Im Umland von Berlin gibt es drei Raumordnungsregionen (25 Prignitz-Oberhavel, 26 Uckermark-Barnim und 28 Lausitz-Spreewald), die nicht komplett einem einzigen Regionstyp angehören. Die jeweils direkt an Berlin angrenzenden Landkreise sind kategorisiert als Agglomerationsräume mit herausragenden Zentren, während die Berlin-fernen Kreise als ländliche Räume geringerer Dichte oder als Verstädterte Räume mittlerer Dichte ohne große Oberzentren eingestuft werden (vgl. Karte 1.2). Für die Aggregation zu den Regionstypen wurden die Werte der einzelnen Regionen auf die jeweiligen Kreise verteilt und anschließend neu zu den entsprechenden Regionstypen zusammengefasst. Dies stellt gegenüber früheren Veröffentlichungen eine Verbesserung der räumlichen Zuordnung der Ergebnisse dar.

• Auch die Zahlen der Raumordnungsregion Bremerhaven, die aus der kreisfreien Stadt Bremerhaven und zwei Landkreisen in Niedersachsen besteht, wurden für die Ausweisung der Werte für Bundesländer zunächst in die Anteile der Kreise zerlegt und anschließend den Ländern Bremen beziehungsweise Niedersachsen zugeschlagen, so dass auch hier die Anpassung an die administrativen Grenzen erfolgt ist.

Siedlungsstrukturelle Regionstypen

Kleinste Bausteine der Regionstypen sind die nach der Gebietsreform neu abgegrenzten landesscharfen Raumordnungsregionen. Diese werden zu drei Regionsgrundtypen zusammengefasst. Die Abgrenzung der drei Grundtypen orientiert sich an den beiden Merkmalen Zentralität und Verdichtung und deren jeweiliger Ausprägung in den Raumordnungsregionen. Je nach zentralörtlicher Bedeutung des Zentrums und der Bevölkerungsdichte der Regionen werden die Grundtypen „Agglomerationsräume", „Verstädterte Räume" und „Ländliche Räume" unterschieden (vgl. Tab. 1.1).

Tabelle 1.1
Regionstypen und ihre Abgrenzung

Grundtyp I: Agglomerationsräume
Dichte um/>300 Einw./km² oder Oberzentrum >300 000 Einw.

Grundtyp II: Verstädterte Räume
Dichte >150 Einw./km² oder Oberzentrum >100 000 Einw. bei einer Mindestdichte von 100 Einw./km²

Grundtyp III: Ländliche Räume
Dichte <150 Einw./km² oder ohne Oberzentrum >100 000 Einw. oder mit Oberzentrum >100 000 Einw. bei einer Dichte <100 Einw./km²

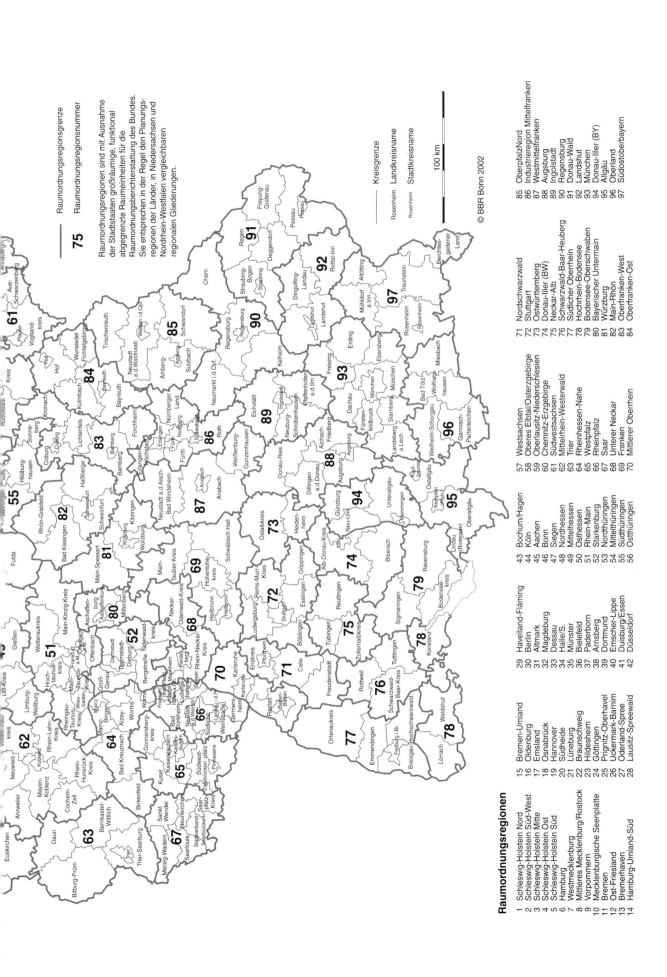

Raumordnungsregionsgrenze
Raumordnungsregionsnummer

75

Raumordnungsregionen sind mit Ausnahme der Stadtstaaten großräumige, funktional abgegrenzte Raumeinheiten für die Raumordnungsberichterstattung des Bundes. Sie entsprechen in der Regel den Planungsregionen der Länder, in Niedersachsen und Nordrhein-Westfalen vergleichbaren regionalen Gliederungen.

Kreisgrenze
Rosenheim   Landkreisname
Rosenheim   Stadtkreisname

100 km

Raumordnungsregionen

1 Schleswig-Holstein Nord
2 Schleswig-Holstein Süd-West
3 Schleswig-Holstein Mitte
4 Schleswig-Holstein Ost
5 Schleswig-Holstein Süd
6 Hamburg
7 Westmecklenburg
8 Mittleres Mecklenburg/Rostock
9 Vorpommern
10 Mecklenburgische Seenplatte
11 Bremen
12 Ost-Friesland
13 Bremerhaven
14 Hamburg-Umland-Süd
15 Bremen-Umland
16 Oldenburg
17 Emsland
18 Osnabrück
19 Hannover
20 Südheide
21 Lüneburg
22 Braunschweig
23 Hildesheim
24 Göttingen
25 Prignitz-Oberhavel
26 Uckermark-Barnim
27 Oderland-Spree
28 Lausitz-Spreewald
29 Havelland-Fläming
30 Berlin
31 Altmark
32 Magdeburg
33 Dessau
34 Halle/S.
35 Münster
36 Bielefeld
37 Paderborn
38 Arnsberg
39 Dortmund
40 Emscher-Lippe
41 Duisburg/Essen
42 Düsseldorf
43 Bochum/Hagen
44 Köln
45 Aachen
46 Bonn
47 Siegen
48 Nordhessen
49 Mittelhessen
50 Osthessen
51 Rhein-Main
52 Starkenburg
53 Nordthüringen
54 Mittelthüringen
55 Südthüringen
56 Ostthüringen
57 Westsachsen
58 Oberes Elbtal/Osterzgebirge
59 Oberlausitz-Niederschlesien
60 Chemnitz-Erzgebirge
61 Südwestsachsen
62 Mittelrhein-Westerwald
63 Trier
64 Rheinhessen-Nahe
65 Westpfalz
66 Rheinpfalz
67 Saar
68 Unterer Neckar
69 Franken
70 Mittlerer Oberrhein
71 Nordschwarzwald
72 Stuttgart
73 Ostwürttemberg
74 Donau-Iller (BW)
75 Neckar-Alb
76 Schwarzwald-Baar-Heuberg
77 Südlicher Oberrhein
78 Hochrhein-Bodensee
79 Bodensee-Oberschwaben
80 Bayerischer Untermain
81 Würzburg
82 Main-Rhön
83 Oberfranken-West
84 Oberfranken-Ost
85 Oberpfalz-Nord
86 Industrieregion Mittelfranken
87 Westmittelfranken
88 Augsburg
89 Ingolstadt
90 Regensburg
91 Donau-Wald
92 Landshut
93 München
94 Donau-Iller (BY)
95 Allgäu
96 Oberland
97 Südostoberbayern

Karte 1.1 Raumordnungsregionen 1. 1. 2001

Schleswig-Flensburg — 1
Flensburg
Nordfriesland
Dithmarschen — 2
Rendsburg-Eckernförde
Kiel — 3
Neumünster
Plön
Ostholstein — 4
Segeberg
Lübeck
Stormarn
Herzogtum Lauenburg — 5
Pinneberg
Hamburg — 6
Steinburg
Stade
Harburg — 14
Cuxhaven
Bremerhaven — 13
Wesermarsch
Wilhelmshaven
Friesland
Ammerland
Oldenburg (Oldenburg) — 11
Delmenhorst
Bremen
Oldenburg
Wittmund
Aurich — 12
Emden
zu Leer
Leer
Cloppenburg — 16
Vechta
Emsland — 17
Grafschaft Bentheim
Osnabrück — 18
Steinfurt — 35
Borken
Coesfeld
Warendorf
Münster
Recklinghausen — 40
Wesel — 41
Kleve
Bottrop
Gelsenkirchen
Oberhausen
Duisburg
Essen
Bochum
Dortmund
Hagen
Krefeld
Mülheim a.d. Ruhr
Düsseldorf — 42
Mönchengladbach
Neuss
Viersen
Heinsberg
Wuppertal
Mettmann
Solingen
Remscheid
Rhein-Kreis
Leverkusen
Köln
Erftkreis
Düren — 45
Aachen
Rhein-Sieg-Kreis — 44
Rheinisch-Bergischer Kreis
Oberbergischer Kreis
Bergischer Kreis
Bonn
Euskirchen
Altenkirchen — 46
Ennepe-Ruhr-Kreis
Märkischer Kreis — 43
Hochsauerlandkreis
Olpe
Siegen-Wittgenstein — 47
Soest
Unna
Hamm — 39
Gütersloh
Bielefeld
Herford
Lippe
Minden-Lübbecke — 36
Paderborn — 37
Höxter
Soest — 38
Waldeck-Frankenberg
Kassel — 48
Werra-Meißner-Kreis
Schwalm-Eder-Kreis
Hersfeld-Rotenburg
Marburg-Biedenkopf
Vogelsbergkreis
Eschwege
Nienburg (Weser) — 15
Diepholz
Verden
Rotenburg (Wümme)
Osterholz
Soltau-Fallingbostel — 20
Celle
Hannover — 19
Hameln-Pyrmont
Schaumburg
Holzminden
Hildesheim — 23
Peine
Braunschweig — 22
Salzgitter
Wolfenbüttel
Wolfsburg
Helmstedt
Gifhorn
Northeim — 24
Göttingen
Osterode am Harz
Lüneburg
Uelzen — 21
Lüchow-Dannenberg
Altmarkkreis Salzwedel
Stendal — 31
Ohrekreis — 32
Börde kreis
Magdeburg
Schönebeck
Aschersleben-Staßfurt
Bernburg
Köthen
Halberstadt
Wernigerode
Quedlinburg
Mansfelder Land
Sangerhausen
Nordhausen — 53
Kyffhäuserkreis
Unstrut-Hainich-Kreis
Eichsfeld
Sömmerda
Erfurt
Weimar
Weimarer Land
Gotha — 54
Eisenach
Wartburgkreis
Schmalkalden
Ilm-Kreis
Saalfeld — 56
Saale-Holzland-Kreis
Jena
Gera
Greiz
Saale-Orla-Kreis
Saalkreis
Halle/Saale — 34
Merseburg-Querfurt
Burgenlandkreis
Weißenfels
Bitterfeld
Delitzsch — 57
Leipzig
Leipziger Land
Muldentalkreis
Torgau-Oschatz
Riesa-Großenhain
Meißen
Döbeln
Mittweida — 60
Chemnitz
Chemnitzer Land
Stollberg
Zwickau
Zwickauer Land
Mittlerer Erzgebirgskreis
Aue-Schwarzenberg
Vogtlandkreis
Annaberg
Freiberg
Weißeritzkreis — 58
Dresden
Sächsische Schweiz
Bautzen — 59
Kamenz
Hoyerswerda
Niederschlesischer Oberlausitzkreis
Görlitz
Löbau-Zittau
Niesky
Spree-Neiße
Cottbus
Oberspreewald-Lausitz
Elbe-Elster — 33
Wittenberg
Dessau
Anhalt-Zerbst
Jerichower Land
Brandenburg a.d. Havel
Potsdam-Mittelmark
Potsdam — 29
Teltow-Fläming
Dahme-Spreewald — 28
Havelland
Berlin — 30
Oberhavel
Barnim
Märkisch-Oderland — 27
Frankfurt (Oder)
Oder-Spree
Ostprignitz-Ruppin — 25
Prignitz
Uckermark — 26
Mecklenburg-Strelitz
Neubrandenburg
Müritz
Demmin — 10
Uecker-Randow
Ostvorpommern — 9
Greifswald
Anklam
Stralsund
Rügen
Nordvorpommern
Bad Doberan — 8
Rostock
Güstrow
Wismar
Nordwestmecklenburg
Schwerin
Parchim — 7
Ludwigslust
Ostprignitz
zu Pinneberg
zu Hamburg

Karte 1.2
Siedlungsstrukturelle Regions- und Kreistypen

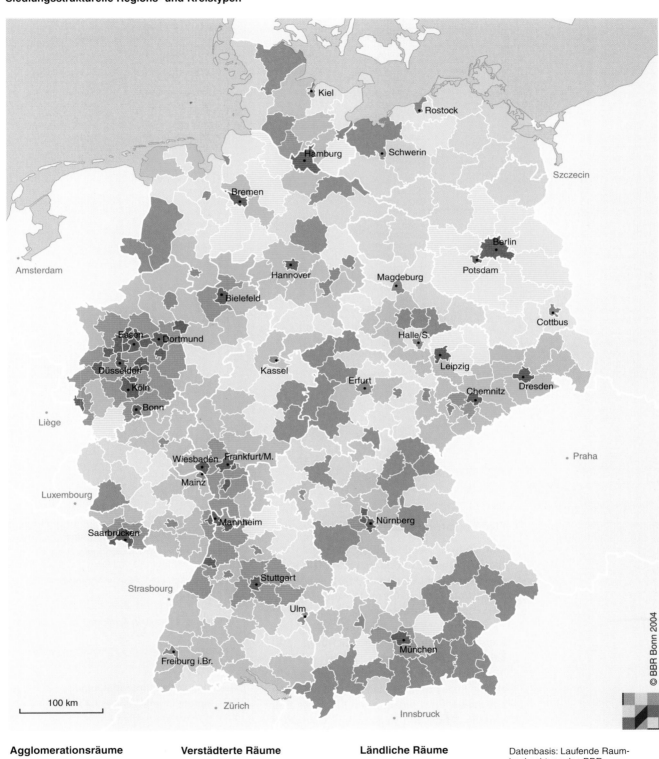

Agglomerationsräume

Kernstädte

Hochverdichtete Kreise

Verdichtete Kreise

Ländliche Kreise

Verstädterte Räume

Kernstädte

Verdichtete Kreise

Ländliche Kreise

Ländliche Räume

Ländliche Räume höherer Dichte

Ländliche Räume geringerer Dichte

Datenbasis: Laufende Raumbeobachtung des BBR
Kreise und Kreisregionen 1. 1. 2001

Kreisregionen sind kreisfreie Städte unter 100 000 Einwohner, die mit ihrem umgebenden Landkreis zusammengefasst werden.

© BBR Bonn 2004

Tabelle 1.2
Raumordnungsregionen (vgl. Karte 1.1) und ihre Zugehörigkeit zu den siedlungsstrukturellen Regionstypen (vgl. Karte 1.2)
* Region gehört nur anteilsmäßig zum jeweiligen Regionstyp

Agglomerationsräume		Verstädterte Räume		Ländliche Räume	
West	**Ost**	**West**	**Ost**	**West**	**Ost**
05 Schleswig-Holstein Süd	25 Prignitz-Oberhavel*	03 Schleswig-Holstein Mitte	08 Mittleres Mecklenburg/Rostock	01 Schleswig-Holstein Nord	07 Westmecklenburg
06 Hamburg	26 Uckermark-Barnim*	04 Schleswig-Holstein Ost	28 Lausitz-Spreewald*	02 Schleswig-Holstein Süd-West	09 Vorpommern
11 Bremen	27 Oderland-Spree	12 Ost-Friesland	32 Magdeburg	17 Emsland	10 Mecklenburgische Seenplatte
14 Hamburg-Umland-Süd	28 Lausitz-Spreewald*	13 Bremerhaven	34 Halle/S.	20 Südheide	25 Prignitz-Oberhavel*
15 Bremen-Umland	29 Havelland-Fläming	16 Oldenburg	54 Mittelthüringen	21 Lüneburg	26 Uckermark-Barnim*
19 Hannover	30 Berlin	18 Osnabrück	56 Ostthüringen	50 Osthessen	31 Altmark
36 Bielefeld	57 Westsachsen	22 Braunschweig	59 Oberlausitz-Niederschlesien	63 Trier	33 Dessau
39 Dortmund	58 Oberes Elbtal/Osterzgebirge	23 Hildesheim	61 Südwestsachsen	82 Main-Rhön	53 Nordthüringen
40 Emscher-Lippe	60 Chemnitz-Erzgebirge	24 Göttingen		84 Oberfranken-Ost	55 Südthüringen
41 Duisburg/Essen		35 Münster		85 Oberpfalz-Nord	
42 Düsseldorf		37 Paderborn		87 Westmittelfranken	
43 Bochum/Hagen		38 Arnsberg		91 Donau-Wald	
44 Köln		47 Siegen		92 Landshut	
45 Aachen		48 Nordhessen		95 Allgäu	
46 Bonn		49 Mittelhessen		96 Oberland	
51 Rhein-Main		62 Mittelrhein-Westerwald		97 Südostoberbayern	
52 Starkenburg		64 Rheinhessen-Nahe			
66 Rheinpfalz		65 Westpfalz			
67 Saar		69 Franken			
68 Unterer Neckar		71 Nordschwarzwald			
70 Mittlerer Oberrhein		73 Ostwürttemberg			
72 Stuttgart		74 Donau-Iller (BW)			
86 Industrieregion Mittelfranken		75 Neckar-Alb			
93 München		76 Schwarzwald-Baar-Heuberg			
		77 Südlicher Oberrhein			
		78 Hochrhein-Bodensee			
		79 Bodensee-Oberschwaben			
		80 Bayerischer Untermain			
		81 Würzburg			

Siedlungsstrukturelle Kreistypen

Die siedlungsstrukturellen Kreistypen dienen der Analyse und Darstellung von kleinräumigen, intraregionalen Merkmalen. Ihre Definitionen basieren im Wesentlichen auf der Unterscheidung zwischen größeren Kernstädten in den Regionen und Landkreisen verschiedener Verdichtung (vgl. Tab. 1.3). Die Kreistypen sind eine feinere Ausdifferenzierung der siedlungsstrukturellen Regionstypen. Dies bedeutet, dass alle Kreise eines bestimmten Kreistyps auch einem identischen Regionstyp (Grundtyp) angehören.

Tabelle 1.3
Siedlungsstrukturelle Kreistypen und ihre Abgrenzung

Grundtyp I: Agglomerationsräume

1 Kernstädte in Agglomerationsräumen
Kreisfreie Städte >100 000 Einw.

2 Hochverdichtete Kreise in Agglomerationsräumen
Kreise > = 300 Einw./km²

3 Verdichtete Kreise in Agglomerationsräumen
Kreise > = 150 Einw./km²

4 Ländliche Kreise in Agglomerationsräumen
Kreise/Kreisregionen <150 Einw./km²

Grundtyp II: Verstädterte Räume

5 Kernstädte in verstädterten Räumen
Kreisfreie Städte >100 000 Einw.

6 Verdichtete Kreise in verstädterten Räumen
Kreise > = 150 Einw./km²

7 Ländliche Kreise in verstädterten Räumen
Kreise/Kreisregionen <150 Einw./km²

Grundtyp III: Ländliche Räume

8 Ländliche Kreise höherer Dichte
Kreise/Kreisregionen > = 100 Einw./km²

9 Ländliche Kreise geringerer Dichte
Kreise/Kreisregionen <100 Einw./km²

2   Die Bevölkerung

Hansjörg Bucher, Claus Schlömer

Das zentrale und am weitesten ausgereifte Teilmodell der Raumordnungsprognose bezieht sich auf die Bevölkerung. Es wurde bereits Anfang der 1980er Jahre entwickelt und danach kontinuierlich – im Abstand von jeweils ca. drei bis fünf Jahren – für die Erstellung von Bevölkerungsprognosen benutzt. Nach der deutschen Einigung wurde ein neues, gesamtdeutsches Modell konzipiert, das nach und nach der sich konsolidierenden Informationsbasis angepasst wurde. Dieses Modell in seinem aktuellen Zustand wird hier skizziert, die getroffenen Annahmen werden erläutert, ausgewählte Ergebnisse präsentiert.[1]

Prognoserechnungen für die Bevölkerung werden von verschiedenen Institutionen auf wechselnden räumlichen Ebenen betrieben. Die Vereinten Nationen prognostizieren weltweit für Länder und Erdteile, das Statistische Amt der Europäischen Gemeinschaft prognostiziert für seine Mitgliedsstaaten. In Deutschland leistet die Amtliche Statistik wesentliche Prognosearbeiten. Das Statistische Bundesamt betrachtet den Gesamtraum, in Koordination mit den Statistischen Landesämtern auch die 16 Bundesländer. Unterhalb der Länderebene werden teilräumliche Prognosen auf Kreis- oder gar Gemeindeebene von den Statistischen Landesämtern für ihren jeweiligen Zuständigkeitsbereich durchgeführt. Schließlich gibt es Prognosen diverser kommunaler Statistischer Ämter für deren Städte und Stadtteile. Die Raumordnungsprognose ist eigenständig in ihren Annahmen, fügt sich gleichwohl harmonisch in die Prognoselandschaft ein.

Das regionale Bevölkerungsprognosemodell

Kleinräumige und zugleich bundesweit flächendeckende Bevölkerungsprognosen werden seit der deutschen Einigung nur noch vom Bundesamt für Bauwesen und Raumordnung durchgeführt. Erstmals wird eine Prognose auf Gemeindeebene vorgelegt. Dies hat substanzielle Auswirkungen auf das formale Modell des Prognosesystems, auf die verfügbare Datenbasis (insbesondere deren Differenzierungsgrad),

auf die Qualität von Zeitreihen. Denn mit sinkender Bevölkerungszahl verringert sich auch deren Stabilität. Zahlreiche methodische Maßnahmen wurden ergriffen, um das Konkurrenzverhältnis zwischen Kleinräumigkeit und Prognosefähigkeit der Bevölkerung zu berücksichtigen und daraus resultierende Probleme stochastischer Natur abzuschwächen. Dabei waren Kompromisse notwendig. In der Regel wurde dem räumlichen Aspekt die höchste Priorität eingeräumt.

Merkmale der Bevölkerungsprognose und ihre Dimensionen

Die vom BBR verwendete Methode der Bevölkerungsprognose, die so genannte jahrgangsweise Fortschreibung, nimmt den Bevölkerungsbestand der jüngsten Vergangenheit und schreibt diesen mit Hilfe der Bevölkerungsbewegungen in die Zukunft fort. Bei diesem Verfahren fallen zwei Arten von Merkmalen an:

1. als zeitpunktbezogene Bestandsgröße die Bevölkerungszahl (meistens zum Jahresende)
2. als zeitraumbezogene Stromgrößen die Geburten und die Sterbefälle (die natürlichen Bewegungen) sowie die Zuzüge und die Fortzüge (die räumlichen Bewegungen)

Alle Prognoseergebnisse lassen sich auf diese fünf Basismerkmale zurückführen. Sie unterscheiden sich entweder in ihrem räumlichen und/oder sachlichen Differenzierungsgrad oder in ihrem Weiterverarbeitungsgrad als Raten oder Anteile.

Bevölkerungsbestand und Bevölkerungsbewegungen haben drei Dimensionen: eine räumliche, eine zeitliche und eine sachliche. Je genauer die zu prognostizierende Masse (z. B. eine Bevölkerungsgruppe) eingegrenzt wird, umso unsicherer wird deren Prognosewert. Die Ergebnisse bewegen sich somit in einem Spannungsfeld zwischen definitorischer und prognostischer Schärfe bzw. Unschärfe. Um die Qualität von Prognoseergebnissen zu bewahren, ist häufig eine Substitution zwischen räumlicher und sachlicher Differenzierung ratsam.

(1)
Seit der Einigung sind bereits vier Bevölkerungsprognosen des BBR durchgeführt worden. Ihre Basispublikationen haben folgende Quellen:

Bucher, H., Siedhoff, M.; Stiens, G.: Regionale Bevölkerungsentwicklung in Deutschland bis zum Jahr 2000. In: Inform. z. Raumentwickl. (1992) Heft 11/12, S. 827–861

Bucher, H., Kocks, M.; Siedhoff, M.: Die künftige Bevölkerungsentwicklung in den Regionen der Bundesrepublik Deutschland bis 2010 – Annahmen und Ergebnisse einer BfLR-Bevölkerungsprognose. In: Inform. z. Raumentwickl. (1994) Heft 12, S. 815–852

Bucher, H., Kocks M.: Die Bevölkerung in den Regionen der Bundesrepublik Deutschland – Eine Prognose des BBR bis zum Jahr 2015. In: Inform. z. Raumentwickl. (1999) Heft 11/12, S. 755–772

Bucher, H., Schlömer, C.; Lackmann, G.: Die Bevölkerungsentwicklung in den Kreisen der Bundesrepublik Deutschland zwischen 1990 und 2020. In: Inform. z. Raumentwickl. (2004) Heft 3/4, S.107–126

- *Raum*

Der räumliche Bezug orientiert sich an den administrativen Grenzen. Er bezieht sich auf den ersten Wohnsitz einer Person. Die demographischen Ereignisse Geburt und Tod sind ebenfalls dem ersten Wohnsitz (des Verstorbenen bzw. der Mutter des neugeborenen Kindes) zugeordnet; dieser muss nicht mit dem Ort übereinstimmen, an dem das demographische Ereignis stattfindet. Die räumliche Dimensionierung der Wanderungen ist komplexer: entweder zweidimensional – bei Wanderungsverflechtungen (von Region i nach Region j) – oder eindimensional für die Zuzüge in eine Zielregion (egal woher sie kommen) oder die Fortzüge aus einer Herkunftsregion (egal wohin sie ziehen). Eine spezielle Ausprägung der räumlichen Differenzierung liefert die Abgrenzung von Binnen- und Außenwanderungen. Zuzüge von jenseits der Außengrenzen und Fortzüge über die Außengrenzen der Bundesrepublik Deutschland werden als Außenwanderungen, der Rest als Binnenwanderungen definiert.

- *Zeit*

Die Zeitdimension tritt in zwei Formen auf: als Zeit*punkt* (Stichtag) oder als Zeit*raum* (Periode). Bei einigen demographischen Kennziffern wird die Stromgröße eines Zeitraumes in Relation gesetzt zu einer zeitpunktbezogenen Bestandsgröße. Dann wird als Nenner die mittlere Bevölkerung, das arithmetische Mittel zweier benachbarter Bestandsgrößen benutzt. Der betrachtete kalendarische Zeitraum reicht von 1990 bis 2020 bzw. 2050. Davon sind die Jahre bis 2002 statistische Vergangenheit, die als Stützzeitraum dienen. Der Prognosezeitraum reicht bis zum Jahresende 2020. Dadurch lässt sich in einem Zeitkontinuum der Bogen aus der Vergangenheit in die Zukunft schlagen. Erstmals wurden auch Modellrechnungen bis 2050 durchgeführt.

- *Demographische Eigenschaften*

Wichtigste Differenzierungen des Bevölkerungsbestandes sind die beiden demographischen Merkmale Geschlecht und Alter. Sie werden auch benutzt, um abgeleitete Variablen wie die Altersanteile oder die Sexualproportion (das Geschlechterverhältnis) zu berechnen. Die natürlichen Bewegungen können ebenfalls nach Geschlecht und Alter differenziert sein, wobei die Geburten nach dem Alter der Mutter unterschieden werden. Andere demographische Eigenschaften wie der Familienstand oder insbesondere die Staatsangehörigkeit werden hier nicht berücksichtigt. Mit Blick auf den demographischen Wandel mit der Internationalisierung als Ursache von Integrationsaufgaben ist dies ein Defizit, das sich vorwiegend aus datentechnischen Schwierigkeiten erklären lässt.

Gleichungssystem für die Kreisebene

Die formale Bevölkerungsprognose wird anhand eines mathematischen Modells durchgeführt, das aus einem Gleichungssystem besteht. Bereits die Formulierung des Modells beinhaltet Prognoseannahmen, denn durch die Modellierung wird eine Trennungslinie zwischen dem Modellbereich und dem Rest gezogen. Für den im Modell nicht berücksichtigten Teil werden auch – wenngleich unausgesprochene – Annahmen gesetzt. Diese betreffen ganz grundsätzliche politische, ökonomische, soziale und kulturelle Rahmenbedingungen und deren zeitliche Kontinuität. Deren Nicht-Formulierung im Modell bedeutet keineswegs, dass diesen Faktoren kein Einfluss auf die Bevölkerungsentwicklung zugeschrieben wird.

Das Gleichungssystem setzt sich zusammen aus einer Definitionsgleichung und mehreren Verhaltensgleichungen. Die Gleichungen besitzen

- einen theoretischen Gehalt, weil sie einen postulierten Zusammenhang zwischen den Modellgrößen abbilden;
- einen empirischen Gehalt, weil die in den Gleichungen verwendeten Parameter auf tatsächlich gemessenen Größen und deren Fortschreibung in die Zukunft basieren.

Die Definitionsgleichung

Die Definitionsgleichung beschreibt den Bevölkerungsprozess als Zusammenhang zwischen dem Bevölkerungsbestand einer Ausgangssituation, den Bevölkerungsbewegungen des folgenden Zeitraums und dem Bevölkerungsbestand am Ende dieses Zeitraums. Die Bevölkerungsbewegungen werden durch Verhaltensgleichungen beschrieben, in denen jeweils eine Komponente aus dem Bevölkerungsbestand oder Teilen davon (der so genannten Risikobevölkerung) abgeleitet wird. Die Berücksichtigung des inneren Aufbaus der Bevölkerung nach Geschlecht und Alter ist wesentliches Element dieses Konzeptes. Dadurch wird der wechselseitige Einfluss von Struktur und Dynamik einer Bevölkerung systematisch erfasst: Die Altersstruktur einer Bevölkerung beeinflusst deren Dynamik, die Dynamik formt die künftige Altersstruktur.

Die Verhaltensgleichungen

Die **Geburten** werden „erklärt" aus der Zahl der Frauen im gebärfähigen Alter und deren Fruchtbarkeit. Diese wird ausgedrückt durch den Anteil der Frauen eines Altersjahrgangs bzw. einer Altersgruppe, die während eines Jahres ein Kind zur Welt bringt. Als potenzielle Mütter werden die 15- bis unter 45-jährigen Frauen angenommen. Deren Zahl ist endogener Teil der Prognosegleichung. Die altersspezifischen Fertilitätsraten als zweiter Baustein der Geburtenprognose werden dagegen als Annahmen gesetzt, d. h. sie müssen im Gleichungssystem exogen vorgegeben werden.

Die **Sterbefälle** werden abgeleitet aus der Bevölkerung und deren Mortalität. Da die Sterblichkeit sehr hohe alters- und geschlechtspezifische Unterschiede zeigt, wird die Bevölkerung entsprechend diesen biologischen Merkmalen ausdifferenziert. Der Baustein Bevölkerung ist – wie bei der Geburtenprognose – bereits Teil des Prognoseergebnisses, die künftigen Mortalitätsraten werden exogen vorgegeben. Ihre Annahmediskussion verläuft bereits auf der aggregierten Ebene der geschlechtsspezifischen Lebenserwartungen statt für die (jeweils einhundert) altersspezifischen Mortalitätsraten.

Die **Binnenwanderungen** werden in einem zweistufigen Verfahren geschätzt. Ähnlich dem Ansatz der natürlichen Bewegungen wird mit Hilfe von Mobilitätsraten aus den Bevölkerungsgruppen die Zahl derer abgeleitet, die aus einer Region fortziehen. Anschließend werden diese Fortzüge auf Zielregionen verteilt. Mit dieser Verteilung werden zugleich die Zuzüge der Regionen bestimmt. Die Fortzüge werden im so genannten *Wanderungsaufkommensmodell* geschätzt. Dessen beide Bausteine sind Bevölkerungsgruppen und die ihnen eigene – stark altersselektive – Mobilität. Die sonst gebräuchliche Trendanalyse der Mobilität ist (noch) stark eingeschränkt durch verkürzte Zeitreihen. Viele Werte vor 1996 sind nur bedingt verwertbar wegen der Gebietsreformen in den neuen Ländern. Die zweite Stufe, das so genannte *Wanderungsverteilungsmodell*, besteht aus einem ganzen Bündel von bedingten Wahrscheinlichkeiten, die jedem Fortzug aus einer Region ein Wanderungsziel zuordnen. Das wesentliche Instrument und die zentrale empirische Basis dieser Verteilung ist die Wanderungsverflechtungsmatrix zwischen den Kreisen der Bundesrepublik Deutschland.

Über die Wanderungsverflechtung werden die Prognoserechnungen der einzelnen Kreise miteinander verknüpft. Jeder Fortzug aus einem Kreis – sofern er nicht ins Ausland führt – erscheint in einem anderen Kreis als Zuzug. Abbildung 2.2 veranschaulicht diese simultane Berechnung und zeigt somit die Abhängigkeit der Teilergebnisse eines Kreises von denen der anderen. Vor allem durch dieses Verfahren wird deutlich, dass die Prognose in nur ihrer Gesamtheit sinnvoll interpretiert werden kann. Einzelne Ergebnisse sollten auch deshalb nicht isoliert betrachtet werden, weil sie explizit im Zusammenwirken mit anderen Ergebnissen entstanden sind.

Die **Außenwanderungen** stellen einen Sonderfall des Modells dar. Zuzüge werden als einzige Modellvariable als absolute Größen auf der Bundesebene festgelegt und nicht aus der Bevölkerung abgeleitet, d. h. sie werden ohne Verwendung von Verhaltensgleichungen in das Modell eingeführt und auf die Kreise heruntergebrochen. Die Annahmen basieren auf einem Diskussionsprozess, in den auch externe Experten und Institute eingebunden waren. Die Fortzüge werden dagegen – ähnlich den Binnenwanderungen – unter Verwendung von Fortzugsraten aus der Bevölkerung abgeleitet. Die Raten wurden so kalibriert, dass – in Kombination mit den Zuzügen – der Nettoeffekt der internationalen Wanderungen einen Wanderungssaldo ergab, der in den Expertenrunden den höchsten Konsens gefunden hatte.

Abbildung 2.1
Das BBR-Bevölkerungsmodell der Raumordnungsprognose – Komponenten und deren Verknüpfung

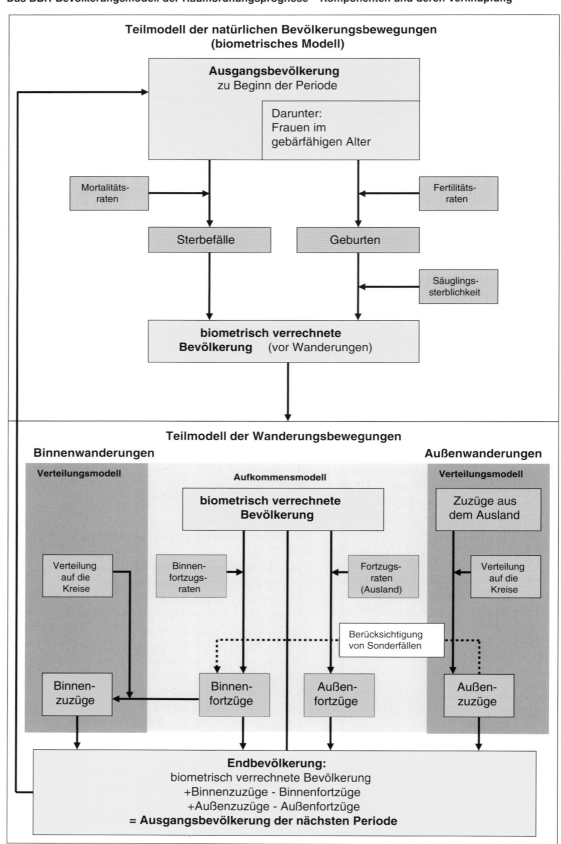

Abbildung 2.2
Bevölkerungsbilanz und Wanderungsverflechtung

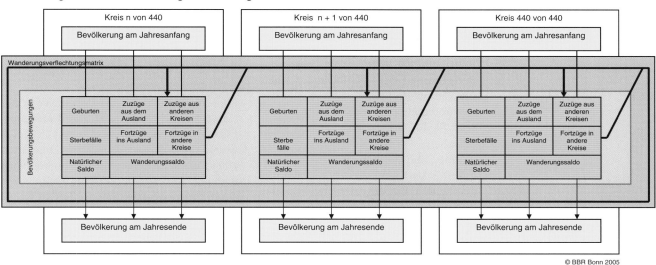

© BBR Bonn 2005

Aus dem Modell ergeben sich folgende strategische Variablen, die das Prognoseergebnis maßgeblich mitbestimmen (in Abb. 2.1 die grün gefärbten Felder): die altersspezifischen Fertilitätsraten der Kreise, die geschlechts- und altersspezifischen Mortalitätsraten der Kreise, die altersspezifischen Mobilitätsraten, die internationalen Wanderungsströme über die Grenzen der Bundesrepublik Deutschland. Daneben gibt es Annahmen einer zweiten Stufe, die die innere Zusammensetzung oder die räumliche Verteilung der Bevölkerung betreffen. Das Prognosemodell ist formal eher sparsam. Es erhält seine hohe Komplexität durch die weit getriebene Ausdifferenzierung in der sachlichen und räumlichen Dimension. Über 20 Mio. Annahmen müssen exogen vorgegeben werden, um den „Datenhunger" des Modells auf der Kreisebene bei einem Prognosehorizont bis 2020 zufrieden zu stellen.

Modell für die Gemeinden

Es wäre kaum möglich, das gerade skizzierte formale Modell für Kreise auf die Gemeinden zu übertragen. Dem stehen wesentliche Hindernisse entgegen, die den verfügbaren Informationsstand ebenso wie die grundsätzliche Prognosefähigkeit betreffen. Der demographische Prozess in den Gemeinden verläuft wesentlich instabiler, weil dort mit den Wanderungen die eher labile Komponente der Bevölkerungsdynamik in den Vordergrund tritt. Zudem kompensieren sich die Zufallsereignisse in den kleineren Bevölkerungen immer weniger, die unstetigen Zeitverläufe lassen sich schwerer erklären. Das größere stochastische Element im Bevölkerungsprozess wird durch mehrere methodische Maßnahmen kontrolliert und damit klein gehalten. Zentrale Regeln für die Gemeindeprognose sind:

- die Einpassung in die übergeordnete Kreisprognose: Die Summe der Prognoseergebnisse der Gemeinden eines Kreises ist immer identisch mit der zuvor durchgeführten Prognose für den Kreis.

- die maximale Informationsausschöpfung bei der Durchführung: Die natürlichen Bewegungen werden aus der tatsächlichen Bevölkerung der Gemeinden und deren geschätzten Verhaltensparametern abgeleitet, wobei sich die Schätzung der gemeindespezifischen Fertilitätsraten auf die Verhaltensmuster des Kreises und auf die in den Gemeinden beobachteten Geburten stützt.

- die Verstetigung der Verhaltensmuster in der zeitlichen und der räumlichen Dimension: Administrative Grenzen führen zu eher zufallsbedingten Unterschieden zwischen benachbarten Gemeinden. Die periodenbezogene Abgrenzung durch Kalenderjahre hat einen ähnlichen Effekt in der Zeitdimension. Zur Aufrechterhaltung eines zeit-/räumlichen Kontinuums werden deshalb über die Bildung gleitender Durchschnitte Verstetigungen herbeigeführt.

Diese Regeln befolgend, vollzieht sich die Gemeindeprognose in vier Schritten:

1. Prognose der natürlichen Bewegungen (Geburten, Sterbefälle) mit einer Mischung aus Gemeindedaten und Kreisinformationen

2. Berechnung der Nettowanderungen der Gemeinden als Residuum aus der Gesamtveränderung und dem natürlichen Saldo

3. räumliche Verstetigung dieser Zwischenergebnisse durch Bildung gleitender Durchschnitte zwischen Nachbargemeinden für die Bereiche Fertilität und Nettowanderungen

4. Einpassung der Gemeindeergebnisse in die Kreisprognose

Die Gemeindeprognose der Bevölkerung basiert somit auf den Informationen dreier verschiedener Ebenen:

- sie nutzt Eckdaten der Gemeinde selbst
- sie hält sich an Vorgaben aus der Prognose für den zugehörigen Kreis
- sie berücksichtigt die Lagebeziehung zu angrenzenden Gemeinden und strebt dabei eine gewisse räumliche Verstetigung an

Eine solche Prognose hat ihre Stärke in der *Gesamt*betrachtung der Bundesrepublik Deutschland auf kleinsträumiger Ebene, wobei die Nachbarschaft der Gemeinden eines ihrer wesentlichen Charakteristika bildet. Nunmehr für einzelne Gemeinden deren Prognoseergebnisse isoliert zu diskutieren, würde der Zielsetzung der Prognose diametral entgegenstehen. Stattdessen werden die komplett gelassenen Ergebnisse immer in einem größeren Zusammenhang verwendet: bei der Klassifizierung der Bevölkerung in wachsenden und schrumpfen-

Abbildung 2.3
Räumliche Bezugssysteme des BBR-Bevölkerungsmodells in der Raumordnungsprognose

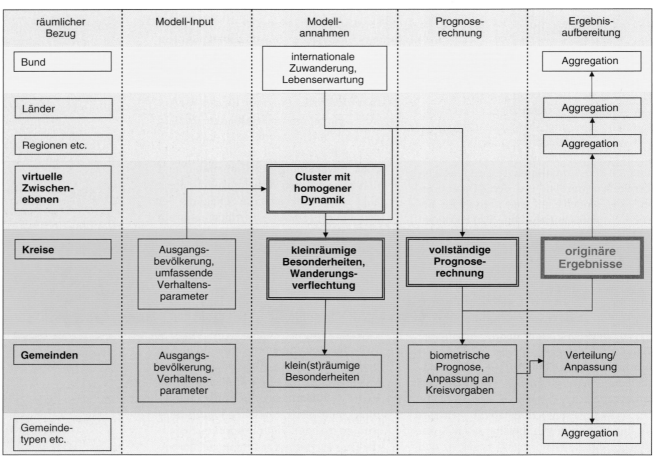

© BBR Bonn 2005

den Gemeinden, bei der kartographischen Darstellung der kleinräumigen Bevölkerungsdynamik, bei der Aggregation der Prognoseergebnisse nach der neuen Klassifikation der Raumtypen (ROB 2005).

Die verschiedenen räumlichen Ebenen und ihr Zusammenspiel im Zuge der Prognoseerstellung sind in Abbildung 2.3 nochmals dargestellt. Dabei ist die zentrale Stellung der Kreisebene für die Prognose erkennbar. Insbesondere die Ergebnisse für größere Raumeinheiten, für Regionen, Bundesländer oder auch für Deutschland insgesamt basieren im Sinne eines Bottom-up-Verfahrens auf der Aggregation der originären Kreisergebnisse. Auch die Prognose für Gemeinden hat als Ausgangspunkt die Kreisergebnisse. Diese werden allerdings in Form eines Top-down-Verfahrens auf die Gemeinden in der beschriebenen Form heruntergebrochen.

Annahmen

Der Wenn-dann-Charakter einer Prognoserechnung verleiht den Annahmen die entscheidende Bedeutung. Die Annahmen sind das „wenn", mit dem letztlich die Prognoseergebnisse festgelegt sind. Insofern ist die Annahmensetzung die zentrale strategische Aufgabe des Prognostikers. Die Begründung und die Offenlegung der Prognoseannahmen sind unerlässlich für die Einschätzung und Bewertung der Ergebnisse, Transparenz und Nachvollziehbarkeit der Annahmen definieren die Qualität einer Prognose.[2]

Wenn Prognosen immer komplexer und differenzierter werden, gerät der Prognostiker in ein Dilemma: Die Annahmen in Form des Zahlenwerks, das in das Prognoseinstrumentarium hineingesteckt wird, werden so umfangreich, dass er sie kaum noch vermitteln kann. Bereits die Annahmensetzung würde den Prognostiker weit überfordern, wollte er sie auf der Rechenebene der 440 Kreise oder gar der ca. 4 800 (Verbands-) Gemeinden führen. Als Lösung bietet sich stattdessen ein hierarchisches Verfahren an, bei dem die Annahmen zunächst für größere sachliche und/oder räumliche Einheiten gesetzt und danach weiter ausdifferenziert werden. Die Setzung geschieht in einem mehrstufigen Prozess, für den systematische Regeln aufzustellen sind.[3] Für diesen

Prozess halten wir uns an ein Grundmuster in vier Schritten:

1. Zunächst wird eine räumliche Ebene definiert, auf der Modellparameter prognostiziert werden sollen. Diese künstliche Zwischenebene (zwischen dem Gesamtraum und den Kreisen liegend) besitzt Eigenschaften, die für die Fortschreibung der Parameter günstig sind (z. B. Homogenität im demographischen Geschehen).

2. Auf dieser Zwischenebene findet der erste Prognoseakt statt, werden für zunächst größere Personengruppen die Verhaltensparameter in die Zukunft projiziert. Basis hierfür sind qualifizierte Trends der Vergangenheit.

3. Diese Annahmen werden räumlich weiter ausdifferenziert, von der Zwischenebene auf die Kreisebene heruntergebrochen.

4. Schließlich wird die grobe sachliche Differenzierung von Altersgruppen hin zu Einzeljahren verfeinert, wobei in der Regel zusätzliche Informationen über die Feinaltersstruktur anderer räumlicher Ebenen hinzugezogen werden.

Nach diesem Grundmuster werden in der Prognose die Fertilitätsraten und die Mobilitätsraten der Fortzüge prognostiziert. Die Zuzüge innerhalb Deutschlands werden aus den Fortzügen in Kombination mit deren Ziel abgeleitet. Die Zuzüge aus dem Ausland werden als absolute Größen vorgegeben und lediglich auf Zielregionen und Bevölkerungsgruppen verteilt. Hierfür sind Annahmen „zweiter Ordnung" notwendig – räumliche Verteilungsschlüssel und Strukturmuster, mit denen grobe Prognoseergebnisse ausdifferenziert werden.

Die kleinräumige Darstellung der demographischen Entwicklung auf der Kreisebene ist dann unbefriedigend, wenn zwischen den Gemeinden innerhalb von Kreisen starke Disparitäten bestehen. Am auffälligsten ist dies in den neuen Ländern, dort am stärksten im Umland von Berlin, dessen Nachbarkreise jeweils einen Berlin-nahen und einen Berlin-fernen Teil besitzen, die sich in ihrer Bevölkerungsdynamik extrem unterscheiden. Mit der Darstellung von Prognoseergebnissen auf Kreisebene wird die tatsächliche Dynamik räumlich weit überzeichnet. Dies legt die Darstellung auf Gemeindeebene nahe.

(2)
Die Annahmendiskussion wird im BBR auch als ein Lernprozess über die Zukunft gesehen, der gemeinsam mit externen Wissenschaftlern durchschritten wird. Der Austausch von Überlegungen und Einschätzungen gibt den „begründeten Spekulationen" eine rationale Basis. Ein Expertengespräch im BBR im September 2004 mit Teilnehmern aus der Wissenschaft und der Amtlichen Statistik war deshalb den endgültigen Festlegungen der BBR-Annahmen vorausgegangen.

(3)
Eine Automatisierung der Annahmenfindung hat aber ihren Preis. Regionale Besonderheiten können leicht verloren gehen, die Prognoseeinheiten werden „über einen Kamm geschoren".

Künftige Fertilität

Das Prognosemodell benötigt – exogen vorgegeben – für jeden der 440 Kreise, für jeweils 30 Altersjahre der Frauen im gebärfähigen Alter (15- bis unter 45-Jährige) in jedem der 18 Prognosejahre die Fertilitätsraten. Diese geben die Anteile der Frauen an, die während eines Jahres ein Kind gebären. Die Raten zeigen sehr markante altersspezifische Muster, die sich großräumig zudem durch ein Ost-West-Gefälle und durch ein Gefälle entlang der Siedlungsstruktur auszeichnen. Zentrale Trendannahmen sind

- eine Angleichung des Ostens an den Westen bezüglich des Niveaus und der siedlungsstrukturellen Unterschiede sowie
- eine weitere Alterung der Mütter.

Karte 2.1
Räumliche Muster der Fertilität

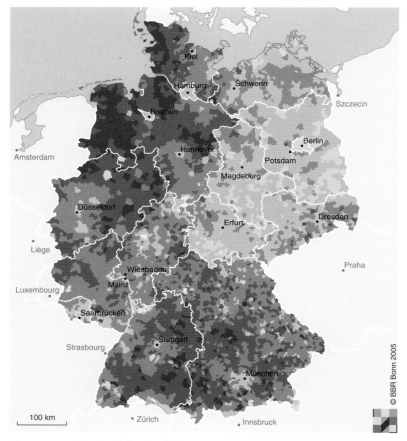

Zusammengefasste Geburtenziffer
Geburten je 1 000 Frauen im gebärfähigen Alter, modellinterne Werte für 2003

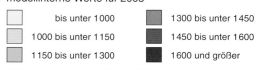

bis unter 1 000	1 300 bis unter 1 450
1 000 bis unter 1 150	1 450 bis unter 1 600
1 150 bis unter 1 300	1 600 und größer

Verbandsgemeinden, Stand 31. 12. 2003
Quelle: Laufende Raumbeobachtung des BBR

Die durchschnittliche Kinderzahl je Frau liegt in Westdeutschland seit 30 Jahren bei ca. 1,4. Keine andere demographische Kennziffer zeigt eine solch starke Stabilität über einen solch langen Zeitraum. Allerdings stehen hinter dieser gesamträumlichen Zahl Veränderungen in den Kreisen, die sich indes gegenseitig kompensierten. Solche Veränderungen der räumlichen Muster werden in der Prognose berücksichtigt. Je nach Trend in der Vergangenheit ergibt sich für die durchschnittliche Kinderzahl je Frau eine Zunahme (ein knappes Viertel aller Kreise), eine Abnahme (ein gutes Drittel aller Kreise) oder eine zeitliche Konstanz (ein gutes Drittel aller Kreise). Diese Vielfalt ist Ausfluss der heterogenen Entwicklung der 1990er Jahre. Bei weitem die größte Dynamik in der Verhaltensänderung wird in den neuen Ländern erwartet. Von den 100 Kreisen mit den höchsten Zuwächsen liegen 87 im Osten. Die starken Zunahmen dort sind eine Reaktion auf den historischen Geburteneinbruch der Jahre 1990 bis 1994 und lediglich eine Rückkehr vom Ausnahmezustand zur Normalität.

Wegen der veränderten Rahmenbedingungen für die Familienführung wird sich im Osten ein erheblich anderes Fertilitätsmuster einstellen als zu DDR-Zeiten. Es nähert sich tendenziell dem westdeutschen Muster an (Altersstruktur, Anteil der Kinderlosen, Stadt-Land-Gefälle), wird jedoch nicht unbedingt identisch sein. Die Kreise des Ostens werden – im Vergleich zum Prognosebeginn – einen Anstieg der Fertilität um 10 bis 20 % verzeichnen und langfristig wieder eine mittlere Position in der Rangfolge der Regionen einnehmen. Zu Beginn der Prognose waren von den 100 Kreisen mit der niedrigsten Fertilität 74 aus den neuen Ländern, im Jahr 2020 werden es nur noch halb so viele sein.

Künftige Mortalität

Das Prognosemodell benötigt – exogen vorgegeben – für jeden der 440 Kreise, für beide Geschlechter und jeweils 101 Altersjahre in jedem der 18 Prognosejahre die Mortalitätsraten. Diese geben die Anteile der Menschen an, die während eines Jahres versterben. Die Raten zeigen sehr markante alters- und geschlechtsspezifische Muster, die sich großräumig durch einen stabilen Trend auszeichnen. Räumliche Unterschie-

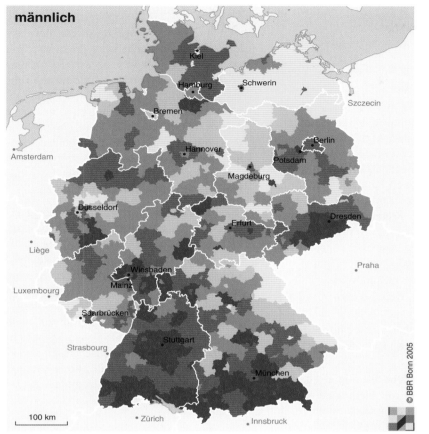

männlich

**Karte 2.2
Räumliche Muster der geschlechtsspezifischen Lebenserwartung 2020**

**Lebenserwartung
bei der Geburt in Jahren**

☐	bis unter 77,0
☐	77,0 bis unter 77,5
☐	77,5 bis unter 78,0
☐	78,0 bis unter 78,5
■	78,5 und mehr

© BBR Bonn 2005

Kreise, Stand 31.12.2000
Quelle: BBR-Bevölkerungsprognose 2002-2020/Exp

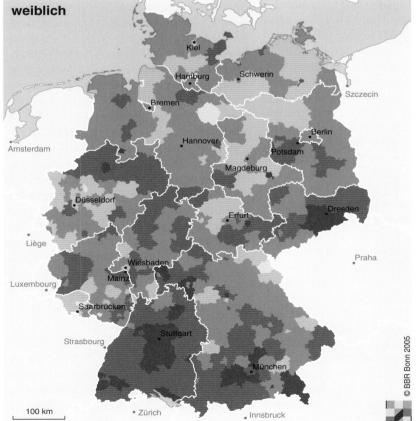

weiblich

**Lebenserwartung
bei der Geburt in Jahren**

☐	bis unter 82,5
☐	82,5 bis unter 83,0
☐	83,0 bis unter 83,5
☐	83,5 bis unter 84,0
■	84,0 und mehr

© BBR Bonn 2005

Kreise, Stand 31.12.2000
Quelle: BBR-Bevölkerungsprognose 2002-2020/Exp

de der Mortalität liegen auch vor, doch sind deren Muster kaum erklärbar. Dies liegt unter anderem an dem nicht hinreichenden Differenzierungsgrad der Daten. In kleinen räumlichen Einheiten geht zudem auch die Zeitstabilität der Mortalitätsraten verloren.

Deshalb wurde bei der Prognose der Mortalität auf die Bildung einer räumlichen Zwischenebene verzichtet. Vielmehr wurde eine bereits existierende Prognose der Lebenserwartung für die Männer und Frauen der alten und neuen Länder übernommen und direkt auf die Kreise herunter gebrochen.[4] In dieser Prognose der Lebenserwartung, es ist die mittlere Variante aus der 10. koordinierten Bevölkerungsvorausberechnung, stecken bereits die Trends

- einer langfristigen Zunahme,
- der weiterhin bestehenden Übersterblichkeit der Männer,
- der mittelfristigen Angleichung der Verhältnisse in den alten und neuen Ländern.

Als weitere räumliche Besonderheit wurde hinzugefügt, dass die bisherigen regionalen Unterschiede – wie auch bereits in den 1990er Jahren – abnehmen werden. Kreise mit bisher noch niedrigerer Lebenserwartung werden demnach ihre Überlebenspotenziale etwas stärker ausschöpfen und einen Aufholprozess ähnlich dem zwischen Ost und West durchlaufen. Die höchste kreisspezifische Lebenserwartung wird in 2020 bei etwa 85,4 Jahren (Frauen) und knapp über 80 Jahren (Männer) liegen. Die Minima werden bei gut 81 Jahren (Frauen) und 76 Jahren (Männer) erwartet. Die höchsten Lebenserwartungen werden – wie bisher auch – in Bayern (Starnberg) liegen, die niedrigsten dagegen nicht mehr in den neuen Ländern, sondern in strukturschwachen Regionen des Westens. Regionale Unterschiede sind und bleiben bei den Männern größer als bei den Frauen. Größere zusammenhängende Gebiete mit besonders niedriger Lebenserwartung gibt es nur bei den Männern (im Norden der neuen Länder entlang der Grenze zu Tschechien). Bei den guten Risiken zeigen sich dagegen geschlechtsübergreifende Muster mit hohen Lebenserwartungen in Süddeutschland (Baden-Württemberg, bayerisches Voralpenland). Diese Trends werden auch für die Langzeit-Modellrechnung bis 2050 angenommen, wobei sich allerdings die in Karte 2.2 dargestellten Muster nicht wesentlich verändern werden.

Künftige Mobilität

Die Prognose der Wanderungsströme erfolgt mit verschiedenen methodischen Ansätzen – je nachdem, ob es sich um Binnenwanderungen oder Außenwanderungen, um Zuzüge oder um Fortzüge handelt. Wesentliche Annahmen betreffen das Fortzugsverhalten innerhalb Deutschlands, die Verknüpfung von Herkunfts- und Zielregionen, die Zahl der Zuzüge aus dem Ausland und deren räumliche Verteilung sowie das Fortzugsverhalten in Richtung Ausland.

Operationalisiert wird das Wanderungsverhalten durch Fortzugsraten. Sie geben an, welcher Anteil einer Personengruppe innerhalb eines vorgegebenen Zeitraums seinen Wohnstandort von der bisherigen in eine andere administrative Einheit verlegt. Das Prognosemodell benötigt – exogen vorgegeben – für jeden der 440 Kreise, für beide Geschlechter und jeweils 101 Altersjahre in jedem der 18 Prognosejahre die Fortzugsraten. Zentrale Aufgabe ist die Schätzung dieser Raten für Fortzüge in andere Kreise oder ins Ausland.

Wanderungen innerhalb Deutschlands

In den alten Ländern ziehen jedes Jahr etwa 3,3 % der Bevölkerung um (über Kreisgrenzen hinweg). Die Mobilität ist im Osten zwar gestiegen, aber nach wie vor geringer – sie liegt hier bei knapp 3 %. Mobilitätsraten variieren zwischen den Altersgruppen und auch regional. Am geringsten (unter 1 %) ist die Mobilität der älteren Personen ab 50 Jahre, am höchsten (7 bis 8 %) bei den Personen zwischen 18 und 30 Jahren. In etwa durchschnittlich (3,8 % im Westen, 3 % im Osten) ist die Mobilität der Familienwanderer (Eltern und Kinder). In der Vergangenheit zeigen sich nur wenige eindeutige Trends, weshalb für die Zukunft meist Mehr-Jahres-Durchschnitte als zeitstabile Raten angenommen werden. Einige besondere Annahmen betreffen die Kreise mit Aufnahmelagern.[5] Dort ist derzeit – teilweise verbunden mit Schließungen – eine Normalisierung im Gange, die in der Prognose zu Ende geführt wird. Als einziges größeres Aufnahmelager verbleibt dann Friedland im Landkreis Göttingen.

Die Fortzüge werden auf Zielkreise verteilt. Zentrales Instrument dieses Verfahrens ist die Wanderungsverflechtungsmatrix der Amtlichen Statistik. Sie liegt für sechs breite

(4)
Die altersspezifischen Sterberaten lassen sich mit Hilfe der sog. Sterbetafel zusammenfassen zur mittleren Lebenserwartung bei der Geburt. Dieser besonders anschauliche Indikator wird in der Regel für die Annahmendiskussion benutzt. Für die Bedürfnisse des Prognosemodells wird er dann wieder in seine Komponenten zerlegt. Dies erforderte zusätzliche Annahmen darüber, in welchen Lebensabschnitten die Sterblichkeit sich wie stark verändert.

(5)
Seit Ende der 1980er Jahre erfolgte ein erheblicher Zuzug von Aussiedlern – Personen deutscher Abstammung aus Osteuropa und der ehemaligen Sowjetunion – nach Deutschland. Deren Wohnstandortwahl war zumeist reglementiert. Sie wohnten zunächst in verschiedenen Erstaufnahmeeinrichtungen ("Aufnahmelager"), bevor sie an ihren eigentlichen Wohnort weiterzogen. Meldetechnisch wurden die Zuwanderungen aus dem Ausland in den Kreisen mit den Aufnahmeeinrichtungen verbucht. Der nächste Umzug erschien dann als Binnenwanderung in der Wanderungsstatistik. Dies hat zur Folge, dass die Kreise mit diesen Aufnahmelagern erhebliche Binnenfortzüge aufweisen, die wenig mit der dort ansässigen Bevölkerung, aber viel mit den internationalen Zuwanderungen der Aufnahmelager zu tun haben. In den Prognoserechnungen wurden die Wanderungsströme dieser Kreise besonderen Annahmen unterworfen.

Altersgruppen vor. Eine Zeitreihe existierte bei Durchführung der Prognose von 1991 bis 2002. Allerdings führten die Gebietsreformen in den neuen Ländern zu einem anderen Zuschnitt der administrativen Einheiten, wodurch die Matrix substanziell verändert und die Zeitreihe in ihrer Verwertbarkeit stark eingeschränkt wurde. Deshalb wurde auf die Informationen bis zum Abschluss der Gebietsstandsänderungen (ca. 1996) verzichtet. Da sich auch der methodische Ansatz der Trendanalyse und Fortschreibung verbot, wurde aus den tauglichen Matrizen der Vergangenheit eine durchschnittliche Verflechtungsmatrix konstruiert. Diese Zukunftsmatrix übernimmt wesentliche Elemente der Vergangenheit, berücksichtigt aber auch erwartete Veränderungen:

• Die Annahme, dass die Aufnahmelager ihre Aktivitäten einstellen werden, führt zu einer „Normalisierung" der Wanderungsbeziehungen dieser Kreise untereinander und zu einer Reduktion des Wanderungsvolumens. Denn die Umverteilungsfunktion der Aufnahmeeinrichtungen geschah in mehreren Schritten: Außenzuwanderungen in die Aufnahmekreise zogen ganze Ketten von Umzügen nach sich, die nunmehr kürzer werden oder ganz verschwinden.

• Durch die neuen Länder lief in den späten 1990er Jahren eine starke Welle der Suburbanisierung. Deren Intensität zeigte in den größeren Städten zeitliche Phasenverschiebungen. In einigen Städten ist die Suburbanisierung zum Erliegen gekommen, in anderen hält sie – wenn auch stark abgeschwächt – an. Während des Prognosezeitraums kommt es zu einer gewissen Verstetigung in Form einer Synchronisierung dieser Prozesse. Der Nachholbedarf an Stadt-Umland-Wanderung ist weitgehend abgebaut. Ein Mindestvolumen an Suburbanisierung verbleibt deshalb, weil die Wohnstandortwahl nicht allein vom Stadt-Rand-Gefälle der Wohn- und Bodenkosten abhängt.

Wanderungsbeziehungen mit dem Ausland

Die größte öffentliche Aufmerksamkeit bei Prognosen wird in der Regel den Annahmen zur Außenwanderung gewidmet. Doch entzieht sich gerade diese Komponente weitgehend einer fundierten Annahmensetzung. Erwartungen zum Außenwanderungsgeschehen, insbesondere zu den Zuwanderungen, sind hochspekulativ.

Prognostiker versuchen häufig, dieser Tatsache mit der Wahl mehrerer Prognosevarianten zu begegnen.

Die hier getroffenen Annahmen entspringen einem Diskussionsprozess. In früheren Prognosen waren als Basis Expertenbefragungen und Delphi-Runden durchgeführt worden. Die Annahmen dieser Prognose stützen sich auf Diskussionen mit dem Deutschen Institut für Wirtschaftsforschung (DIW, Berlin), auf ein vom BBR organisiertes Expertengespräch sowie auf die Diskussions- und Annahmenprozesse anderer Gremien, wobei deren Annahmen als Rahmen (Ober-, Untergrenze) bei den eigenen Überlegungen fungierten.

Abbildung 2.4
Internationale Wanderungen Deutschlands zwischen 1950 und 2020

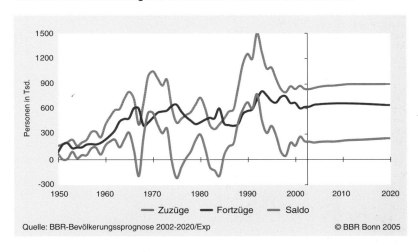

Quelle: BBR-Bevölkerungsprognose 2002-2020/Exp   © BBR Bonn 2005

Abbildung 2.5
Internationale Wanderungen Deutschlands in verschiedenen Perioden seit der Einigung

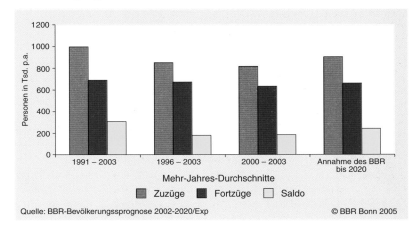

Quelle: BBR-Bevölkerungsprognose 2002-2020/Exp   © BBR Bonn 2005

Damit wurde sichergestellt, dass das BBR keine gravierenden Abweichungen zu den Annahmen anderer Prognoseinstitute hat. Die Zuzüge nach Deutschland werden – vom Durchschnitt der Jahre 2000 bis 2003 aus gesehen – noch leicht steigen. Zahlreiche Push- und Pull-Faktoren der internationalen Wanderungen sprechen dafür, unter anderem die EU-Osterweiterung mit ihrer Mobilitätserleichterung für die Beitrittsländer. Doch bestehen zwischen verschiedenen Wanderungsströmen – ähnlich kommunizierenden Röhren – vielfältige Wechselbeziehungen, die ihrerseits stabilisierend auf die Gesamthöhe der Zuwanderungen einwirken können und deshalb die partielle Vorhersage von Teilströmen eher verbieten. Jährliche Zuzüge steigen von ca. 867 Tsd. (2005) auf 900 Tsd. (2012) und halten dieses Niveau. In 18 Prognosejahren kommen knapp 16 Mio. Personen, jahresdurchschnittlich knapp 900 Tsd. nach Deutschland. Gegenüber den 1990er Jahren sind das rund 100 Tsd. Personen p. a. weniger.

Karte 2.3
Regionale Verteilung der Außenzuzüge im Prognosezeitraum

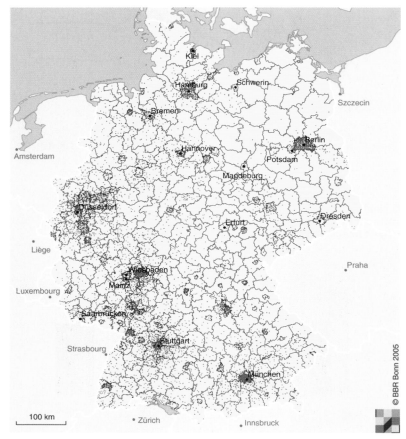

1 Punkt entspricht einem Anteil von
0,01% der Zuzüge nach Deutschland

Kreise, Stand 31.12.2000
Quelle: BBR-Bevölkerungsprognose 2002-2020/Exp

© BBR Bonn 2005

Demgegenüber bewegen sich die Fortzüge ins Ausland im Bereich unter 700 Tsd. Personen. Während der 18 Prognosejahre ziehen damit fast 12 Mio. Personen weg, im Jahresdurchschnitt gut 650 Tsd. Auch die Fortzüge liegen gegenüber den 1990er Jahren um 50 Tsd. niedriger: Das internationale Wanderungsvolumen wäre unter diesen Annahmen künftig und langfristig jedes Jahr mit rund 1,5 Mio. um ein Fünftel geringer als in den bewegten frühen 1990er Jahren.

Die Nettowanderungen (der Wanderungssaldo) der Prognose belaufen sich auf knapp 4,2 Mio. Personen, jahresdurchschnittlich rund 230 Tsd. Im Durchschnitt der 1990er Jahre lagen die Nettowanderungen noch bei 366 Tsd. Unsere Annahmen bedeuten somit ein um fast 140 Tsd. oder um ein gutes Drittel niedrigeres Niveau der Nettozuwanderung.

Die internationalen Wanderungen waren bisher überproportional mit den alten Ländern verflochten. Auf die neuen Länder entfielen im Durchschnitt der 1990er Jahre 15 % der Nettozuwanderung, obwohl deren Bevölkerungsanteil über 20 % betrug. Ein Teil dieser unterproportionalen Teilhabe erklärt sich aus der Siedlungsstruktur: Dünn besiedelte, zumal peripher gelegene Regionen sind nicht die bevorzugten Zielgebiete internationaler Zuwanderung. Die Annahmen zur künftigen regionalen Verteilung unterstellen nunmehr eine ähnlich starke Beteiligung der neuen Länder entsprechend ihrer Siedlungsstruktur. Gemessen an der Bevölkerung werden die Zuzüge und Fortzüge weiterhin unterproportional am internationalen Wanderungsgeschehen partizipieren. In diesem Aggregat ist Berlin komplett enthalten. Das frühere West-Berlin mit seinen hohen Ausländeranteilen hat wesentlichen Anteil am weiteren Wanderungsgeschehen der neuen Länder.

Langfristbetrachtung bis 2050

Für zahlreiche Fragestellungen der Raumordnungspolitik ist der Zeithorizont der Bevölkerungsprognose mit 2020 zu kurz gegriffen. Die Lebensdauer von Infrastrukturinvestitionen kann weit über diesen Zeitpunkt hinausgehen. Für Fragestellungen der Investitionsplanung, des künftigen Auslastungsgrades oder des Bedarfes benötigt man eher langfristige Abschätzungen der Nachfrage- und Bedarfsträgerseite. Kleinräumige Bevölkerungsprognosen können diesen Anspruch kaum seriös erfüllen. Es bietet sich bestenfalls die Möglichkeit an, mit Hilfe von Modellrechnungen grobe Tendenzen für einen weiter gefassten Zeithorizont zu skizzieren. Dies wurde hier erstmals versucht. Als Instrumentarium wurde das Prognosemodell für Kreise bis 2020 verwendet. Eine Annahmendiskussion über die Zeit nach 2020 wurde kaum geführt. Stattdessen wurde ein sehr eng gefasster Statusquo-Ansatz der Annahmensetzung gewählt. Dies bedeutete im Einzelnen:

- Das im Jahr 2020 erreichte Fertilitätsverhalten – bezüglich Niveau, Altersstruktur und räumlicher Muster – wurde bis 2050 fest geschrieben.

- Als einzige Komponente verläuft die Lebenserwartung dynamisch über das Jahr 2020 hinaus. Die Annahmen orientieren sich an der Amtlichen Statistik und übernehmen aus der 10. koordinierten Bevölkerungsvorausberechnung, mittlere Variante, die Mortalitätsraten im räumlichen Differenzierungsgrad alte/neue Länder. Die kleinräumigen Muster auf der Kreisebene werden ebenfalls dynamisiert. Erwartet wird eine leichte Konvergenz, wodurch die regionalen Unterschiede in der Lebenserwartung geringer werden.

- Die Binnenmobilität in Form von altersspezifischen Fortzugsraten wird nach 2020 konstant gehalten. Die Verteilung der Fortzüge auf Zielregionen wird anhand eines dann ebenfalls zeitstabilen Musters erzeugt.

- Die im Jahr 2020 erreichten Außenwanderungen (Zuzüge 900 Tsd., Fortzüge 645 Tsd.) werden für jedes der folgenden 30 Jahre angenommen. Daraus folgt ein Nettowanderungsgewinn von ca. 7,7 Mio. Personen, die gleichwohl nicht ausreichen, um den Bevölkerungsbestand zu stabilisieren.

Der „lange Ast" der Raumordnungsprognose ist nur mit äußerster Vorsicht zu benutzen. Wohl können die alterstrukturellen Effekte auf die natürlichen Bewegungen und deren Bedeutung für die Siedlungsstruktur mit hinreichender Gewissheit geschätzt werden, doch werden diese „verunsichert" durch die Wanderungsbewegungen. Insofern werden hier nur relativ wenige Informationen aus diesen Modellrechnungen bis 2050 vorgestellt.

Der demographische Wandel

Der demographische Wandel setzte bereits vor 40 Jahren ein: Ab 1965 begannen die Geburtenzahlen zu sinken. Seit 1970 wird das Bestandserhaltungsniveau unterschritten, Frauen bekommen weniger Kinder, als für eine stabile Bevölkerung notwendig wären. Seit 30 Jahren liegt das Reproduktionsniveau konstant bei zwei Dritteln: Von Generation zu Generation verringert sich die potenzielle Elterngeneration um jeweils ein Drittel. Diese wesentliche Ursache des demographischen Wandels wird seit jeher begleitet vom kontinuierlichen Anstieg der Lebenserwartung und von mehr oder weniger starken Zuzügen aus dem Ausland. Beide tragen zur Bevölkerungsdynamik, zur Alterung und zur Heterogenisierung der Bevölkerung bei. Bestandteile des demographischen Wandels sind:
- die veränderte Dynamik des Bevölkerungswachstums
- die Veränderung der Altersstruktur der Bevölkerung
- die wachsende Internationalisierung der Bevölkerung durch Zuwanderungen aus dem Ausland

Die langfristig erwarteten Trends der Bevölkerungsabnahme, der Alterung und der Internationalisierung wurden bisher überlagert durch Besonderheiten, deren – zumeist politische oder ökonomische – Ursachen bereits viele Jahre oder gar Jahrzehnte zurückliegen (Weltkriege, Wirtschaftszyklen, politische Umbruchphasen). Zudem zeigen neuere Bevölkerungsprognosen des BBR in räumlicher Differenzierung, dass zwar die Alterung und die Internationalisierung überall – wenn auch unterschiedlich intensiv – stattfinden werden, dass jedoch die Abnahme der Bevölkerung keineswegs alle Regionen treffen wird. Mindestens für die nächsten beiden Jahrzehnte, wird es – wie bisher auch schon – ein Nebeneinander von wachsenden und schrumpfenden Gemeinden und Regionen geben.

Bevölkerungsdynamik

Kurz nach der Wiedervereinigung Ende 1990 hatte die Bundesrepublik Deutschland knapp unter 80 Mio. Einwohner. Zwölf Jahre später, zu Beginn der hier vorgelegten Prognose, war die Bevölkerung auf gut 82,5 Mio. angewachsen. In der

(6)
Das Ungleichgewicht zwischen Geburten und Sterbefällen entsteht, weil die Zahl der Geburten zurückgeht. Doch werden nicht weniger Kinder geboren, weil die durchschnittliche Kinderzahl je Frau sinkt, sondern weil es weniger Frauen im gebärfähigen Alter gibt, die überhaupt Kinder bekommen könnten. Diese Ursache besitzt eine viel höhere Prognosesicherheit als die Komponente „Fertilitätsverhalten". Die Größenordnung des Bevölkerungsrückgangs der Frauen im gebärfähigen Alter ist erheblich. Die gesamte Gruppe (15 bis unter 45 Jahre) wird in Deutschland zwischen 2002 und 2020 um etwa 2,4 Mio. weniger; dies sind ca. -14 % (Westen -11 %, Osten -27 %). Der „harte Kern" der 25- bis unter 35-jährigen Frauen (sie gebären zwei von drei Kindern eines Jahrgangs) nimmt um gut 200 Tsd. ab, das entspricht -4 % (Westen -2 %, Osten -12 %). Der starke Rückgang aufgrund des „Pillenknicks" der 1960er/ 1970er Jahre ist nunmehr weitgehend abgeschlossen.

Zwischenzeit wurden fast 9,4 Mio. Kinder geboren, starben 10,4 Mio. Menschen, waren 12,2 Mio. Personen nach Deutschland zu- und knapp 8,4 Mio. aus Deutschland weggezogen. Der Zuwachs um knapp 2,8 Mio. Personen kam dadurch zustande, dass die Sterbeüberschüsse von gut 1 Mio. weit mehr als ausgeglichen wurden durch internationale Wanderungsgewinne von 3,8 Mio. Die importierte Dynamik überdeckte die Schrumpfungstendenzen, die der Bevölkerung aufgrund der natürlichen Entwicklung innewohnen.

Im Zeitraum von 1990 bis 2002 zeigten sich folgende Trends:

- sinkende Geburtenzahlen
- eine zunächst stagnierende bis leicht sinkende Zahl der Sterbefälle, die seit 2002 kräftig ansteigt
- die Konsolidierung der Zuzüge aus dem Ausland auf mittlerem Niveau zwischen 800 Tsd. und 900 Tsd. Personen
- eine leicht sinkende Zahl der Fortzüge aus Deutschland um rund 700 Tsd. Personen

Daraus resultieren stetig steigende Sterbeüberschüsse und ein um ein stabiles Niveau schwankender Außenwanderungssaldo mit der Folge, dass der zunächst noch hohe jährliche Zuwachs der Bevölkerung stark sinkt und gegen Null tendiert.[6]

Unter den oben beschriebenen Annahmen ergibt sich folgende Bevölkerungsentwicklung:

Im Zeitraum 2003 bis 2020 werden in Deutschland etwas über 12 Mio. Kinder geboren, knapp 17 Mio. Menschen werden sterben. Daraus erwachsen Sterbeüberschüsse in einer Größenordnung von ca. 4,6 Mio. Aus dem Ausland werden 16 Mio. Personen zuziehen, etwas weniger als 12 Mio. werden Deutschland verlassen. Die Wanderungsgewinne werden über 4 Mio. liegen und somit die Sterbeüberschüsse nicht mehr ganz ausgleichen können. Die Bevölkerung wird ganz leicht, um knapp 0,5 Mio. Personen abnehmen, das sind noch nicht einmal 0,5 %. Die zusätzlichen räumlichen Bewegungen – Binnenwanderungen über Kreisgrenzen hinweg in einer Größenordnung von knapp 48 Mio. – führen nur zu Umverteilungen und allerdings damit zu einer wesentlich höheren Dynamik in Teilräumen.

Die Modellrechnungen über das Jahr 2020 hinaus belegen dann die Beschleunigung des Schrumpfungsprozesses. Die Sterbeüberschüsse werden sich in diesen weiteren 30 Jahren zu fast 14 Mio. aufsummieren, während mit Wanderungsgewinnen von unter 9 Mio. zu rechnen sein wird. So verbleibt eine Lücke von fast 5 Mio., die Bevölkerungszahl sinkt bis 2050 auf ca. 77,3 Mio. Personen. Der Modellcharakter an diesen Größenordnungen bezieht sich vor allem auf die Wanderungsannahmen. Die Annahmen der natürlichen Bewegungen können noch relativ sicher gesetzt werden, insbesondere ist hier die Dynamik der Lebenserwartung über 2020 hinaus bis 2050 berücksichtigt. Für die Wanderungen dagegen wurden die bis 2020 erreichten Werte lediglich ab dann konstant gehalten. Da diese Annahmen mit dem Ziel getroffen wurden, langfristige Tendenzen – unter ausdrücklicher Ausschließung kurzfristiger Schwankungen – zu treffen, entspricht der durchschnittliche jährliche Wanderungsgewinn zwischen 2020 und 2050 in etwa jenem, der auch in den letzten 20 Jahren beobachtet wurde.

Ost-West-Vergleich

Alte und neue Länder unterschieden sich in den 1990er Jahren im demographischen Geschehen gravierend, mit vielfach gegenläufigen Entwicklungen. Künftig werden diese Differenzen geringer, die Gegensätz-

Tabelle 2.1
Basisergebnisse der BBR-Bevölkerungsprognose (Personen in Tsd.)

		Alte Länder	Neue Länder	Bund
1990	**Bevölkerung**	**61 573,6**	**18 179,5**	**79 753,2**
1991 bis 2002	Geburten	7 943,3	1 414,3	9 357,7
	Sterbefälle	8 032,0	2 404,3	10 436,3
	natürlicher Saldo	-88,7	-989,9	-1 078,6
	Außenwanderrungssaldo	3 273,6	588,6	3 862,2
	Binnenwanderungssaldo	768,8	-768,8	0,0
	Gesamtwanderungssaldo	4 042,3	-180,2	3 862,2
2002	**Bevölkerung**	**65 527,3**	**17 009,4**	**82 536,7**
2003 bis 2020	Geburten	10 009,9	2 128,6	12 138,5
	Sterbefälle	13 148,3	3 550,5	16 698,8
	natürlicher Saldo	-3 138,4	-1 422,0	-4 560,4
	Außenwanderungssaldo	3 525,1	637,6	4 162,7
	Binnenwanderungssaldo	527,0	-527,0	0,0
	Gesamtwanderungssaldo	4 052,1	110,6	4 162,7
2020	**Bevölkerung**	**66 441,0**	**15 698,1**	**82 139,0**
2021 bis 2050	Geburten	15 179,0	2 722,4	17 901,4
	Sterbefälle	24 828,7	6 748,8	31 577,4
	natürlicher Saldo	-9 649,7	-4 026,3	-13 676,0
	Außenwanderungssaldo	7 184,1	1 613,1	8 797,2
	Binnenwanderungssaldo	175,6	-175,6	0,0
	Gesamtwanderungssaldo	7 359,7	1 437,5	8 797,2
2050	**Bevölkerung**	**64 151,0**	**13 109,2**	**77 260,2**

Quelle: Laufende Raumbeobachtung des BBR, BBR-Bevölkerungsprognose 2002–2050/Exp

lichkeiten schwächen sich ab. Es wird immer deutlicher, dass sich beide Landesteile auf eine ähnliche Zukunft hinbewegen, dass allerdings die schockartigen Veränderungen nach der Wende im Osten zu einer vorübergehenden Beschleunigung des demographischen Wandels führten. Der Westen wird bis 2020 noch nicht mit Bevölkerungsabnahmen zu rechnen haben, die Sterbeüberschüsse von gut 3 Mio. (hohe Eintreffwahrscheinlichkeit) werden immer noch durch Wanderungsgewinne aus den neuen Ländern und aus dem Ausland von gut 4 Mio. (hohes Prognoserisiko) überkompensiert. In den darauf folgenden 30 Jahren ist dann auch für den Westen ein Bevölkerungsschwund zu erwarten: Den nahezu 10 Mio. Sterbeüberschüssen stehen nur noch gut 7 Mio. Wanderungsgewinne, zumeist aus dem Ausland, gegenüber. Der Pfad der Schrumpfung ist endgültig erreicht und wird kaum noch – allenfalls in sehr langen Zeiträumen – verlassen werden können.

Die neuen Länder verbuchten von 1990 bis 2002 fast 1 Mio. Sterbeüberschüsse und verloren weitere 770 Tsd. Personen durch Abwanderung in den Westen, konnten aus dem Ausland knapp 600 Tsd. Zuzüge netto verbuchen. Unter dem Strich ergab sich ein Bevölkerungsverlust von knapp 1,2 Mio. oder fast 7 %. Während des Zeitraums bis 2020 wird sich der Schrumpfungsprozess verlangsamen, auch die Ursachen werden ihre Gewichte verschieben. Dies geschieht dadurch, dass die Sterbeüberschüsse in etwa auf dem bisherigen Niveau bleiben, dass sich die Binnenwanderungsverluste gegenüber dem Westen entschieden verringern und dass die Außenwanderungsgewinne nur geringfügig abnehmen.

Die neuen Länder verlieren demnach ca. 1,3 Mio. an Bevölkerung, den Sterbeüberschuss von 1,4 Mio. können sie nur geringfügig mit Wanderungsgewinnen mindern. Die wesentliche Bestimmungsgröße der Dynamik sind die natürlichen Bewegungen, und da die Lebenserwartung stark steigt, ist es die geringe Zahl an Geburten, die hauptsächlich diese Entwicklung trägt. Nach 2020 wird sich diese Tendenz noch beschleunigen, weil dann die geburtenschwachen Jahrgänge der Wendezeit in die Elterngeneration hineingewachsen sein werden und zu einem weiteren – strukturbedingten – Geburtenrückgang führen. Bis 2050

Abbildung 2.6
Ursachen der langfristigen Bevölkerungsdynamik im Ost-West-Vergleich

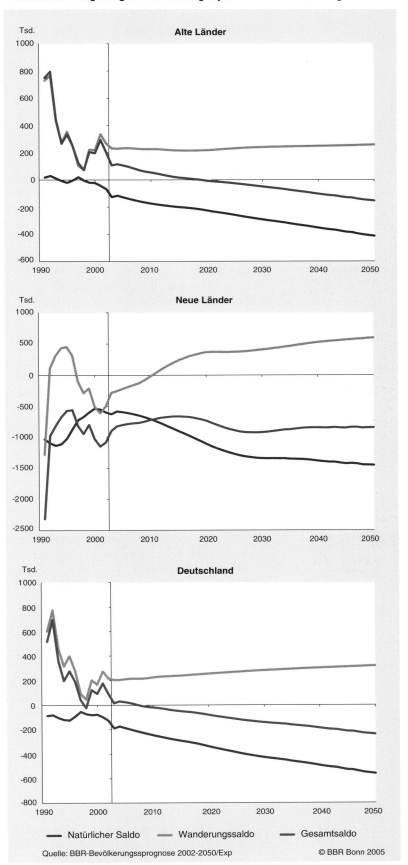

Quelle: BBR-Bevölkerungsprognose 2002-2050/Exp   © BBR Bonn 2005

werden weitere 4 Mio. Sterbeüberschüsse hinzukommen, durch Wanderungsgewinne um 1,4 Mio. könnte diese Lücke noch zu einem guten Drittel geschlossen werden. Die Bevölkerungszahl der neuen Länder geht dann gegen 13 Mio., ohne Berlin gegen 10 Mio. Personen.

Bevölkerungen verändern sich nicht stetig, sondern zumeist in Wellen, die von Generation zu Generation weiter getragen werden und sich erst allmählich abschwächen. Deshalb kann ein komparativ-statischer Zeitvergleich wie in Tabelle 2.1 wichtige Sonderentwicklungen verbergen. Stattdessen ist eine Zeitraumbetrachtung nützlich, wie sie in Abbildung 2.6 für die natürlichen und die räumlichen Bewegungen dargestellt ist. Die Bevölkerungsveränderung im Zeitverlauf kündigt für Deutschland einen seit 2000 fast linear wachsenden Sterbeüberschuss an, der zwischen 2020 und 2030 die 400-Tsd.-Marke erreicht haben wird. Noch vor 2010 werden die Wanderungsgewinne nicht mehr entscheidend für die Dynamik sein. Dieser Verlauf gilt mit leichter Zeitverzögerung (Schrumpfung ab 2020) auch für die alten Länder, während die neuen Länder zunächst noch – als Reaktion auf die massiven Veränderungen Anfang der 1990er Jahre – Sonderentwicklungen durchlaufen werden.

Insbesondere werden dort die Sterbeüberschüsse bis Mitte der 2020er Jahre erheblich steigen. Nach 2030 kommt es zur Stabilisierung – allerdings auf hohem Niveau. Gegenläufig zu den natürlichen Bewegungen steigt der Wanderungssaldo seit 2001, er wird um 2010 sein Vorzeichen wechseln, Wanderungsverluste gehören dann – allerdings nur für die neuen Länder als Ganzes, nicht für jeden seiner Teilräume – der Vergangenheit an. Der Osten wird allerdings nach wie vor an den internationalen Wanderungsgewinnen nur unterproportional beteiligt sein. Durch diese Wanderungsgewinne wird der Zuwachs an Sterbeüberschüssen ausgeglichen, die jährliche Bevölkerungsabnahme pendelt sich langfristig – zumindest bis etwa 2050 – bei gut 80 Tsd. Personen ein.

Spaltung der Dynamik

Der Paradigmenwechsel vom Wachstum zur Schrumpfung, zentraler Bestandteil des demographischen Wandels, verläuft in seiner räumlichen Ausprägung wie bei einem Dominoeffekt. Nacheinander wechseln Gemeinden und Kreise mit ihrer Bevölkerungsdynamik von der wachsenden zur schrumpfenden Kategorie. Insofern ist die Trendumkehr kein Bruch, sondern vielmehr ein kontinuierlicher Prozess, der längst begonnen hat, der aber bis 2020 noch keineswegs abgeschlossen sein wird.

In den letzten fünf Jahren vor Prognosebeginn, zwischen den Jahresenden 1997 und 2002, hatten gut 3 000 Gemeinden Bevölkerungszuwächse, über 1 800 Gemeinden dagegen Bevölkerungsverluste. Die wachsenden Gemeinden waren noch deutlich in der Mehrheit, in ihnen lebten 49 Mio. oder knapp 60 % der Bevölkerung. Ihr Zuwachs in diesen fünf Jahren betrug mehr als 3 %. In schrumpfenden Gemeinden lebten ca. 34 Mio. Personen, der Bevölkerungsverlust belief sich dort auf etwa 3 %. Bis 2020 verschieben sich diese Relationen. Dann wird etwa in jeder zweiten aller Gemeinden mit etwas mehr als der Hälfte der Bevölkerung eine Abnahme erwartet. Die Einwohnerzahl wird von 43 Mio. auf knapp 40 Mio. absinken, ein Verlust um mehr als 7 %. Andererseits erwarten die wachsenden Gemeinden einen Zuwachs in fast ähnlicher Größenordnung, ihr regionaler Anteil steigt dadurch bis 2020 wieder über die 50-%-Marke.

Die Betrachtung der gespaltenen Dynamik auf der etwas gröberen Ebene der Kreise zeigt ein ähnliches Bild, erlaubt aber gegenüber der Gemeindeprognose zusätzlich einen längerfristigen Blick in die Zukunft, da die Modellrechnungen bis 2050 diesen räumlichen Bezug verwenden. Die Bevölkerung in Kreisen mit Wachstum wird sich bis 2050 noch einmal mehr als halbieren, gut 17 Mio. Personen in 85 Kreisen werden noch um knapp 0,5 Mio. Personen zunehmen. Das Gros der Kreise, 355 mit einer Bevölkerung von zunächst noch fast 65 Mio., wird mehr als 5 Mio. oder 8 % Bevölkerung verlieren.

Die bereits skizzierte Spaltung der Dynamik auf Gemeindeebene zeigt schon für die jüngere Vergangenheit räumliche Muster, die sich in der Zukunft weiter akzentuieren. Bisher ist die Bevölkerungsabnahme eher – aber nicht ausschließlich – ein Phänomen der neuen Länder. Im Westen schiebt sich ein schmaler Streifen mit stagnierender oder schrumpfender Bevölkerung von der tschechischen Grenze nordwestwärts über Franken und Nordhessen bis ins Ruhrgebiet. An-

Tabelle 2.2
Gespaltene Dynamik der Bevölkerungsentwicklung

Gemeinden	Bevölkerung (in Tsd.)		Veränderung 1997–2002		Regionaler Anteil	
in der Vergangenheit	1997	2002	abs. in Tsd.	relativ in %	1997	2002
wachsend (3 030)	47 456	48 991	1 535	3,2	57,8	59,4
schrumpfend (1 814)	34 607	33 546	-1 061	-3,1	42,2	40,6
Bund (4 844)	82 063	82 537	474	0,6	100,0	100,0
in der Zukunft	2002	2020	Veränderung 2002–2020		2002	2020
wachsend (2 373)	39 590	42 462	2 872	7,3	48,0	51,7
schrumpfend (2 471)	42 947	39 678	-3 269	-7,6	52,0	48,3
Bund (4 844)	82 537	82 140	-397	-0,5	100,0	100,0

Kreise	Bevölkerung (in Tsd.)		Veränderung 1997–2002		Regionaler Anteil	
in der Vergangenheit	1997	2002	abs. in Tsd.	relativ in %	1997	2002
wachsend (265)	52 205	53 570	1 365	2,6	63,6	64,9
schrumpfend (175)	29 853	28 967	-886	-3,0	36,4	35,1
Bund (440)	82 058	82 537	479	0,6	100,0	100,0
in der Zukunft	2002	2020	2002–2020		2002	2020
wachsend (211)	43 036	45 381	2 345	5,4	51,1	55,2
schrumpfend (229)	39 501	36 759	-2 742	-6,9	47,9	44,8
Bund (440)	82 537	82 140	-397	-0,5	100,0	100,0

Länder	Bevölkerung (in Tsd.)		Veränderung 1997–2002		Regionaler Anteil	
in der Vergangenheit	1997	2002	abs. in Tsd.	relativ in %	1997	2002
wachsend (9)	65 367	66 383	1 016	1,6	79,7	80,4
schrumpfend (7)	16 691	16 154	-537	-3,2	20,3	19,6
Bund (16)	82 058	82 537	479	0,6	100,0	100,0
in der Zukunft	2002	2020	2002–2020		2002	2020
wachsend (6)	37 743	38 934	1 191	3,2	45,7	47,4
schrumpfend (10)	44 794	43 206	-1 588	-3,5	54,3	52,6
Bund (16)	82 537	82 140	-397	-0,5	100,0	100,0

Kreise	Bevölkerung (in Tsd.)		Veränderung 2020–2050		Regionaler Anteil	
in der ferneren Zukunft (Modellrechnung)	2020	2050	abs. in Tsd.	relativ in %	2020	2050
wachsend (85)	17 262	17 702	440	2,5	21,0	22,9
schrumpfend (355)	64 878	59 558	-5 320	-8,2	79,0	77,1
Bund (440)	82 140	77 260	-4 880	-5,9	100,0	100,0

Quelle: BBR-Bevölkerungsprognose 2002–2050/Exp

sonsten ergibt sich ein sehr komplexes Bild mit durchweg wachsenden Gemeinden im Norden und – weniger kohärent – im Süden. Ein gewisser Zusammenhang ergibt sich mit dem Relief und auch mit der Siedlungsstruktur. Einige Mittelgebirgslagen (Bayerischer Wald, Schwäbische Alb, Schwarzwald, Pfälzer Wald, Rhön, Rothaargebirge) hatten teils stagnierende bis abnehmende Bevölkerungen. Westdeutsche Städte (Abnahme) und ostdeutsches Umland (Zunahme) verzeichneten Entwicklungen entgegen dem sonstigen Trend. Besonders auffällig im Osten sind die dynamischen Gebiete, die sich zum suburbanem Raum der beiden größten Städte, Berlin und Hamburg, entwickeln.

Der Ost-West-Gegensatz der Dynamik wird sich vorwiegend wegen der Abnahmen im Westen, kaum wegen gravierender Zunahmen im Osten abgeschwächt haben. Allerdings zeigen die Ursachen weiterhin ein signifikantes Muster, das auch ein Ost-West-Gefälle aufweist. Dieses betrifft nicht so sehr die natürliche Entwicklung als vielmehr die Wanderungsbilanz. Im Westen werden Wanderungsgewinne durch Sterbeüberschüsse eher übertroffen, im Osten werden Sterbeüberschüsse durch Wanderungsverluste eher noch verschärft. Gleichwohl gibt es auch im Westen Gemeinden, die aus zwei Gründen Bevölkerung verlieren werden.

1993 bis 2002

**Karte 2.4
Kleinräumige Bevölkerungsdynamik
in Vergangenheit und Zukunft**

**Veränderung der Bevölkerungszahl
1993 bis 2002 in %**

bis unter -7,5

-7,5 bis unter -2,5

-2,5 bis unter 2,5

2,5 bis unter 7,5

7,5 und mehr

Verbandsgemeinden, Stand 31. 12. 2003
Quelle: Laufende Raumbeobachtung des BBR

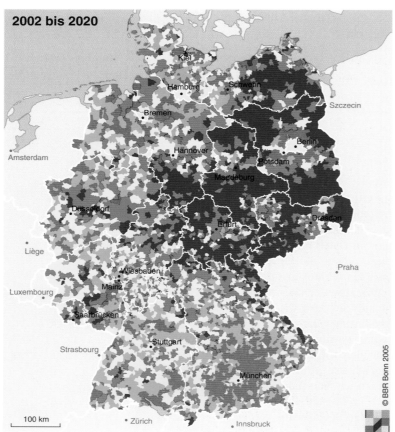

2002 bis 2020

**Veränderung der Bevölkerungszahl
2002 bis 2020 in %**

bis unter -10

-10 bis unter -3

-3 bis unter   3

3 bis unter 10

10 und mehr

Verbandsgemeinden, Stand 31. 12. 2003
Quelle: BBR-Bevölkerungsprognose 2002-2020/Exp

Die erwartete Dynamik der Gemeinden bis 2020 (Karte 2.4) zeigt ein nur leicht verändertes Muster gegenüber der Vergangenheit. Die frühere Grenze bildet sich in der Bevölkerungsentwicklung kaum noch ab, wiewohl tendenziell ein Ost-West-Gefälle weiterhin feststellbar ist. Vom Ruhrgebiet in Richtung Osten erstreckt sich ein breiter keilförmiger Korridor, in dem vermehrt und zusammenhängend Gemeinden mit abnehmender Bevölkerung liegen. Nordhessen, das südöstliche Niedersachsen und Teile Frankens bilden diesen Keil. In den neuen Ländern dürfen allenfalls suburbane Räume größerer Städte wie Berlin, Leipzig, Dresden, Halle oder Rostock mit Bevölkerungszunahme rechnen. Die bisher ausgedehnten Wachstumsregionen des Westens ziehen sich zurück auf ihre Kerne und „verinseln" immer mehr. Als größere zusammenhängende Gebiete verbleiben im Süden der Raum um München und im Nordwesten das Gebiet um die beiden Hansestädte. Auch die Rheinschiene von Düsseldorf bis in die Oberrheinische Tiefebene und zum Mittleren Neckar, der südliche Schwarzwald und das Bodenseegebiet erwarten noch ein gewisses Wachstum. Die gespaltene Dynamik führt zu einer großräumigen Bevölkerungsumverteilung, die im Osten anders aussieht als im Westen.

Quellen der Dynamik

Die Bevölkerungsdynamik resultiert aus den natürlichen und den räumlichen Bewegungen. Je nach Ausprägung des natürlichen Saldos und der Nettowanderungen können sich acht verschiedene Konstellationen ergeben. Sie lassen sich mit der so genannten Webb-Klassifikation darstellen (vgl. Karte 2.5). Alle acht Möglichkeiten kamen zwischen 1994 und 2002 in den Gemeinden der Bundesrepublik Deutschland auch vor, allerdings in sehr unterschiedlicher Häufigkeit. Ein doppelt gespeistes Wachstum – Geburtenüberschüsse *und* Wanderungsgewinne – hatten 1 836 Gemeinden mit knapp 24 Mio. Einwohnern. Fast immer (bei 1 515 Gemeinden) war der Wanderungsgewinn größer als die Geburtenüberschüsse. Die meisten Gemeinden (1 911 mit 31 Mio. Einwohnern) hatten Sterbeüberschüsse verbunden mit Wanderungsgewinnen. Bei zwei von drei (1 419 mit 21,3 Mio. Einwohnern) konnten die Wanderungsgewinne die Sterbeüberschüs-

se mehr als ausgleichen, beim Rest (492 Gemeinden) konnten die Wanderungsgewinne die Sterbeüberschüsse lediglich mindern, die Bevölkerung nahm ab. Bevölkerungsabnahmen aus gleich zwei Gründen – Sterbeüberschüsse *und* Abwanderung – hatten 800 Gemeinden. Auf die neuen Länder konzentrierte sich die Konstellation, bei der die Sterbeüberschüsse die Wanderungsverluste übertrafen. Eher in den Kernstädten – auch in jenen der alten Länder – findet man Wanderungsverluste, die noch größer sind als die Sterbeüberschüsse.

Karte 2.5 mit der Webb-Klassifikation macht die Ursachen der veränderten Dynamik deutlich. Der Vergleich der Vergangenheit mit der Zukunft zeigt das Ausmaß des Wandels – aber auch der Kontinuität. Denn knapp 34 Mio. Einwohner werden – wie bisher auch – in wachsenden Gemeinden leben. Genauso werden 28 Mio. Einwohner – wie bisher auch – in schrumpfenden Gemeinden leben. Fast 15 Mio. Einwohner leben in Gemeinden, wo das Wachstum sich in Schrumpfung kehrt, und immerhin 5 Mio. Personen wohnen in Gemeinden, in denen – auch das gibt es – sich die Schrumpfung in Wachstum umkehrt.

Häufigste Konstellation des Wechsels ist, dass Geburtenüberschüsse zu Sterbeüberschüssen werden, dass aber die Wanderungsgewinne immer noch hoch genug sind, um die Bevölkerung wachsen zu lassen (819 Gemeinden mit 13,8 Mio. Einwohnern). Die nächst größten Gruppen sind Gemeinden, die nunmehr so hohe Sterbeüberschüsse bekommen, dass ihre Wanderungsgewinne nicht mehr zum Wachstum reichen (442 Gemeinden mit 6 Mio. Einwohnern) und solche, bei denen der neue Trend der Sterbeüberschüsse gleich so stark wird, dass die Wanderungsgewinne ihn nicht mehr ausgleichen können (163 Gemeinden mit 2,5 Mio. Einwohnern). Resultat dieser Verschiebungen ist, dass bis 2020 die Mehrzahl der Menschen (fast 59 Mio. oder über 70 %) in Gemeinden mit Sterbeüberschüssen *und* Wanderungsgewinnen leben. Im größeren Teil (ca. 60 %) reichen die Wanderungsgewinne noch für Wachstum. Diese Vorhersage ist aber recht labil, weil ja die Wanderungen eine geringere Prognosefähigkeit als die natürlichen Bewegungen aufweisen.

Geburtenüberschüsse waren und bleiben – so sie überhaupt auftreten – ein stabilisierendes Element der Bevölkerungsentwick-

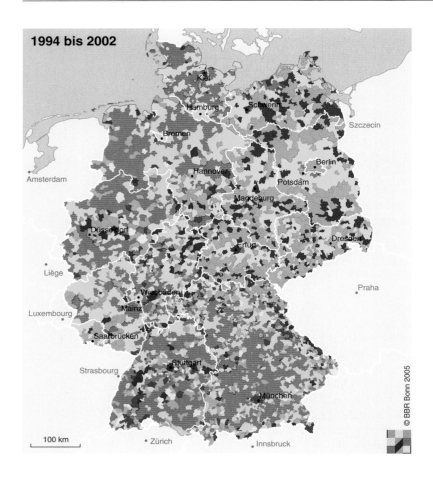

1994 bis 2002

Karte 2.5
Ursachen der Bevölkerungsdynamik
in Vergangenheit und Zukunft

2003 bis 2020

Beiträge der natürlichen und räumlichen
Bevölkerungsbewegungen

Geburtenüberschuss > Wanderungsverlust

Geburtenüberschuss > Wanderungsgewinn

Wanderungsgewinn > Geburtenüberschuss

Wanderungsgewinn > Sterbeüberschuss

Sterbeüberschuss > Wanderungsgewinn

Sterbeüberschuss > Wanderungsverlust

Wanderungsverlust > Sterbeüberschuss

Wanderungsverlust > Geburtenüberschuss

Verbandsgemeinden, Stand 31. 12. 2003
Quelle: Laufende Raumbeobachtung des BBR,
BBR-Bevölkerungsprognose 2002-2020/Exp

lung. Neben dem Ost-West-Gefälle ergeben sich auch kleinräumige siedlungsstrukturelle Besonderheiten zwischen den Städten und ihrem Umland sowie den ländlichen Regionen. In der jüngeren Vergangenheit fanden Geburtenüberschüsse ausschließlich im westdeutschen Teil dieser Kategorien statt. Zudem konzentrierten sie sich auf Gebiete geringerer Verdichtung. Zu zwei Dritteln traten sie in den Umlandgemeinden auf, zu knapp einem Drittel in ländlichen Regionen. Geburtenüberschüsse traten weit unterdurchschnittlich in den Städten auf. Insgesamt nimmt das Ausmaß der Geburtenüberschüsse weiter ab, die räumliche Verteilung zeigt dagegen eine hohe Stabilität: Weiterhin sind Geburtenüberschüsse eine Sache des Westens, kaum jedoch der dortigen Städte. Die Proportionen zwischen den Umland- und den ländlichen Regionen werden sich leicht zugunsten der stadtferneren Gemeinden verschieben. Hauptursache dieser Geburtenüberschüsse ist die

„Strukturgunst" jener Gemeinden, hohe Anteile an jungen Familien – ausgelöst durch die regionaldemographische Phasenverschiebung und zusätzlich durch selektive Wanderungen.

Auch die räumliche Verteilung der Sterbeüberschüsse zeigt ihre Besonderheiten, sie ist im Westen die Kehrseite der Medaille zu den Geburtenüberschüssen – mit Überrepräsentanz in den Städten. Der Osten war in der Vergangenheit bei den Sterbeüberschüssen weit überrepräsentiert – 57 % bei nur gut 20 % der Bevölkerung. Im Westen fand sich die Hälfte aller Sterbeüberschüsse in den Kernstädten. Auch hier werden sich die Verteilungsmuster „normalisieren": Der Anteil des Ostens wird sinken, er bleibt gleichwohl noch über dem Durchschnitt. Im Westen wird der Anteil der Umlandgemeinden an den Sterbeüberschüssen erheblich steigen – eine Spätfolge der frühen Suburbanisierung der 1960er Jahre. Damals waren verstärkt junge Familien in das Um-

Abbildung 2.7
Räumliche Verteilung der Geburten- und Sterbeüberschüsse in Vergangenheit und Zukunft[7]

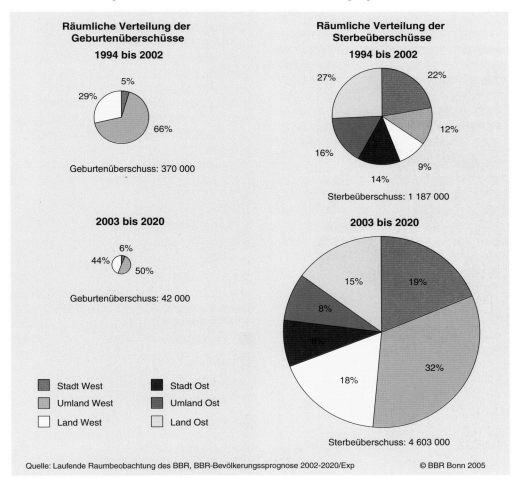

(7)
In Abb. 2.7 sind die Kreise nach dem Kriterium getrennt, ob dort Geburtenüberschüsse (linke Seite) oder Sterbeüberschüsse (rechte Seite) vorlagen (obere Zeile) oder vorliegen werden (untere Zeile). Für beide Teilmengen wurde anschließend gefragt, wo dieser Tatbestand wie stark auftrat oder auftreten wird. Die doppelte räumliche Differenzierung unterscheidet nach Ost (Blautöne) und West (Rot-Gelbtöne) sowie nach kleinräumigen siedlungsstrukturellen Kategorien (Stadt-Umland-Land). Die jeweilige Größe des natürlichen Saldos ist durch die Fläche der Kreise dargestellt. Die Proportionen unterstreichen eindringlich, wie Sterbeüberschüsse zum dominanten Ereignis und Geburtenüberschüsse zu einer winzigen Restgröße werden.

1993 bis 2002

Karte 2.6
Räumliche Muster der natürlichen Salden
in Vergangenheit und Zukunft

2003 bis 2020

Natürlicher Saldo
je 1000 Einwohner p.a.

■	bis unter -5
■	-5 bis unter -3
▨	-3 bis unter -1
□	-1 bis unter 1
▨	1 und mehr

Verbandsgemeinden, Stand 31. 12. 2003
Quelle: Laufende Raumbeobachtung des BBR,
BBR-Bevölkerungsprognose 2002-2020/Exp

land gezogen; diese sind zwischenzeitlich gealtert und erhöhen dort nunmehr die Zahl der Sterbefälle.

Wie sehr die Geburtenüberschüsse von der demographischen Landkarte verschwinden werden, macht Karte 2.6 mit dem natürlichen Saldo deutlich. Selbst in den späten 1990er Jahren hatten weite Teile der alten Länder ihrer günstigen Altersstruktur wegen noch Geburtenüberschüsse oder zumindest einen in etwa ausgeglichenen Saldo. Sterbeüberschüsse waren eher die Ausnahme, sie konzentrierten sich räumlich auf die Kernstädte, auf wenige entweder altindustrialisierte hochverdichtete oder strukturschwache dünn besiedelte Gebiete. Nur die Kreise der neuen Länder hatten bereits flächendeckend hohe bis sehr hohe Sterbeüberschüsse.

Bis 2020 wird es kaum noch Kreise geben, die – aufsummiert über die 18 Prognosejahre – noch Geburtenüberschüsse verzeichnen können. Solche Kreise sind ländlich oder suburban geprägt, haben sich durch die Zuwanderung junger Familien eine gewisse „Strukturgunst" bewahrt oder sie zehren noch vom späteren und geringeren Rückgang der Fertilität. Langfristig wird jedoch kein Kreis mehr aus sich heraus wachsen, denn in allen liegt die durchschnittliche Kinderzahl je Frau seit Jahren unter dem kritischen Wert für das Bestanderhaltungsniveau.

Trendwende auf lange Sicht

Der Wechsel vom Wachstum zum Bevölkerungsrückgang tritt mit hoher Wahrscheinlichkeit in allen Regionen ein, doch streut der Eintritt dieses Ereignisses über eine weite Zeitspanne. Für die Bundesrepublik Deutschland als Ganzes wird zum Ende dieses Jahrzehnts mit der Trendumkehr gerechnet. Da er jedoch wesentlich vom Umfang der internationalen Wanderungen abhängt, ist seine Datierung entsprechend schwierig. Fest steht hingegen, dass die Trendwende in vielen Kreisen bereits stattgefunden hat. Karte 2.7 zeigt, in welchem Zeitraum unter den gegebenen Annahmen mit dem Ereignis zu rechnen ist. Mit blauer Farbe sind die Kreise markiert, die schon vor 2000 zu schrumpfen begannen. Ihr Muster ist hinlänglich bekannt.

Im laufenden Jahrzehnt wechseln relativ wenige Kreise den Trend. Sie liegen fast

ausschließlich in den alten Ländern und arrondieren den „Keil der Schrumpfung", der sich geographisch an die neuen Länder anschließt. Der größte Teil der westdeutschen Kreise wechselt in den zwei Jahrzehnten nach 2025. Länger als bis 2025 wachsen dann nur noch einige Kreise im suburbanen Raum von München und im Großraum Alpenrand-Bodensee. Festzuhalten ist, dass die Spaltung der Dynamik eine zwar vorübergehende Phase ist, dass dieses Nebeneinander von wachsenden und schrumpfenden Kreisen jedoch über viele Jahrzehnte andauert und erhöhte Aufmerksamkeit erfordert.

Karte 2.7
Der langfristige Wandel der Bevölkerungsdynamik

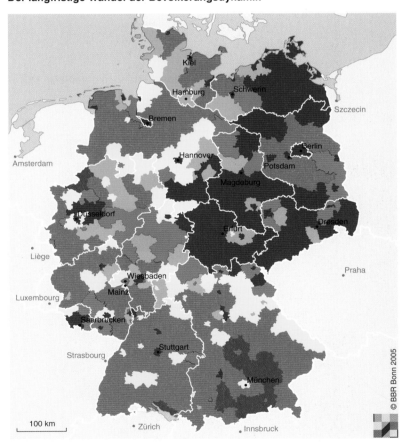

© BBR Bonn 2005

Jahr der maximalen Bevölkerungszahl im Zeitraum 1990 bis 2050

Kreise, Stand 31.12.2000
Quelle: Laufende Raumbeobachtung des BBR,
BBR-Bevölkerungsprognose 2002-2050/Exp

- bis 1994
- 1995 bis 1999
- 2000 bis 2009
- 2010 bis 2024
- 2025 bis 2044
- 2045 und später

Alterung der Bevölkerung

Alterung ist ein vielschichtiger Prozess. Sie bezieht sich auf die innere Zusammensetzung der Bevölkerung und insbesondere auf die Relation der Altersgruppen zueinander. Da Art und Umfang der staatlichen Daseinsvorsorge sehr stark vom Alter der Personen abhängen, ist die Alterung auch von politischer Bedeutung. Die demographische Definition der Alterung ist indes wertfrei. Der Anteil jüngerer Altersgruppen sinkt zumeist, der Anteil älterer Menschen steigt stark an. Das Durchschnittsalter der Bevölkerung steigt ebenfalls. Dies kann auf verschiedene Weisen geschehen. Der Vergleich der alten und der neuen Länder macht dies für die 1990er Jahre deutlich: Motor der Alterung war im Osten die Abnahme der Jugendlichen, im Westen dagegen die Zunahme der alten Menschen. Dies ist jedoch nur eine Momentaufnahme, der Alterungsprozess wird – dies zeigen auch die Langfristprognosen des Statistischen Bundesamtes – erst in den 2030er Jahren ihren Höhepunkt erreichen.

In den alten Ländern wurde die Alterung getragen durch (vgl. Abb. 2.8) eine Zunahme der Menschen über 26 Jahre, sehr stark (um jahresdurchschnittlich über 2 %) durch die 60- bis 75-Jährigen („Junge Alte") und am stärksten durch die über 75-Jährigen (die „Hochbetagten", fast 2,6 %). Die jugendlichen Altersklassen wurden durchlaufen von demographischen Wellen, ausgelöst durch den Babyboom der 1960er Jahre und den anschließenden „Pillenknick". So nahm die Altersgruppe der 20- bis unter 26-Jährigen in den 1990er Jahren Jahr für Jahr um fast

Abbildung 2.8
Dynamik ausgewählter Altersgruppen in Vergangenheit und Zukunft und im Ost-West-Vergleich

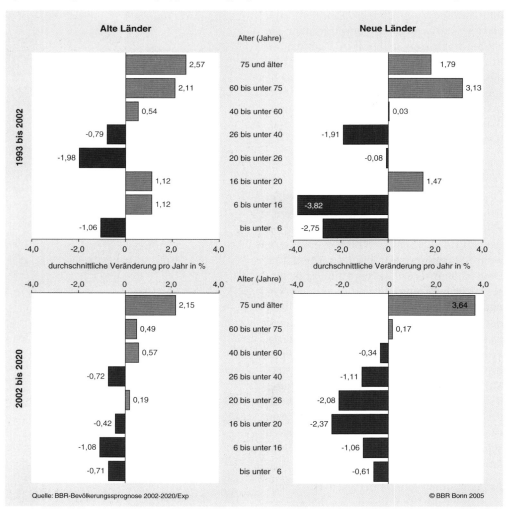

Quelle: BBR-Bevölkerungsprognose 2002-2020/Exp   © BBR Bonn 2005

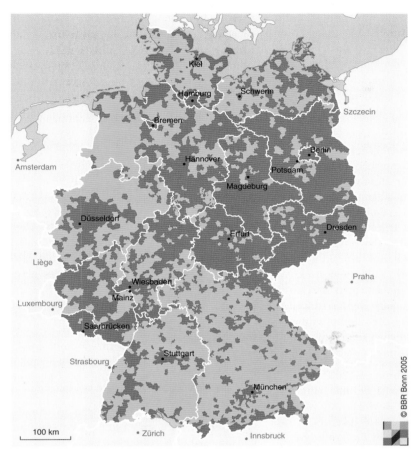

**Karte 2.8
Regionale Altersstrukturen 2002
und regionale Alterung bis 2020**

**Altersstruktur im Vergleich
zum Bundesdurchschnitt**

- älter
- jünger

Verbandsgemeinden, Stand 31. 12. 2003
Quelle: Laufende Raumbeobachtung des BBR

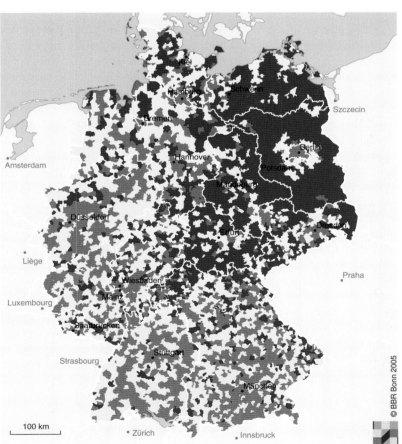

Alterung 2002 bis 2020

- überdurchschnittlich
- durchschnittlich
- unterdurchschnittlich

Verbandsgemeinden, Stand 31. 12. 2003
Quelle: BBR-Bevölkerungsprognose 2002-2020/Exp

2 % ab, die Zahl der 6- bis unter 16-Jährigen als Nachkommen der Babyboomer stieg dagegen um über 1 % an. Der starke Geburtenrückgang der 1960er/1970er Jahre führte nun – eine Generation später – zu einem „Echo-Effekt" bei deren Kindern mit Schwerpunkt im Vorschulalter.

In den neuen Ländern war die Alterung eine Folge des Geburtenrückgangs und der Westwanderung mit starken Abnahmen fast aller Gruppen unter 26 Jahren. Hinzu kam – noch stärker als im Westen – die Zunahme der jungen Alten, was den Alterungsprozess dort beschleunigte. Die Zahl der Kinder im Vorschulalter halbierte sich nahezu, die Zahl der Schulpflichtigen sank um ein Sechstel, die der 20- bis unter 26-Jährigen um knapp ein Viertel. Diese schockartigen altersstrukturellen Veränderungen werden noch auf Jahrzehnte hinaus die demographische Entwicklung der Bevölkerung prägen und kontinuierliche Planungen erschweren.

Eine Momentaufnahme für 2002 zeigt regionale Altersunterschiede mit Hilfe des Billeter-Maßes. Die Bevölkerung wird für die Konstruktion dieses Indikators in drei Altersgruppen unterteilt, die grob den drei Generationen Kinder – Eltern – Großeltern entsprechen und zueinander ins Verhältnis gesetzt werden. Diese Maßzahl ist dimensionslos und schwer interpretierbar, erlaubt jedoch gute Vergleiche zwischen Regionen und Zeitpunkten. Karte 2.8 zeigt leicht erklärliche Muster, die zugleich die starke altersselektive Wirkung von Wanderungen unterstreichen. Auffällig ist ein breiter Raum zwischen Sachsen und dem östlichen Niedersachsen, der überdurchschnittlich alt ist. Auch die altindustrialisierten Regionen an Rhein, Ruhr und Saar, viele Kernstädte mit Wanderungsverlusten junger Familien sowie landschaftlich attraktive Regionen an der Küste und am Alpenrand (mit Wanderungsgewinnen älterer Menschen) haben ältere Bevölkerungen oder sind zumindest älter als ihr Umland. Jünger sind hingegen Regionen im Umland von Städten, die als Zielgebiete im Suburbanisierungsprozess fungieren, sowie Regionen mit höherer Fertilität. Trotz der beschleunigten Alterung des Nordens der neuen Länder seit der Einigung ist dort die Bevölkerung immer noch jünger als im Süden.

Die altersstrukturellen Veränderungen der nächsten Zukunft sind durchweg von Ereignissen verursacht, die vor langen Jahren, wenn nicht Jahrzehnten stattfanden. Demographische Wellen, ausgelöst durch historische Ereignisse oder verhaltensbeeinflussenden Wertewandel, prägen noch heute die innere Zusammensetzung der Bevölkerung und deren aktuelle wie künftige Dynamik. Osten und Westen haben häufig gleichgerichtete Tendenzen, jedoch bei unterschiedlicher Intensität (vgl. Abb. 2.8). Die neuen Länder erwarten stärkere altersstrukturelle Verwerfungen als die alten Länder. Dies betrifft die Zunahme der Hochbetagten (um 66 % gegenüber knapp 40 %) ebenso wie die Abnahme der Jugendlichen von 16 bis unter 26 Jahre (-40 % gegenüber Konstanz). Ähnlich starke Abnahmen werden für die unter 6-Jährigen Kinder gesehen.

Gegenläufige Entwicklungen sind zu erwarten bei

- den 20- bis unter 26-Jährigen mit Abnahmen um über ein Drittel in den neuen Bundesländern, dagegen mit leichten Zunahmen im Westen;
- den 40- bis unter 60-Jährigen mit Zunahmen um 10 % im Westen, mit Abnahmen um ca. 6 % im Osten.

Diese wenigen Beispiele zeigen, dass die Alterung ein ganz diffiziler Prozess ist, der in den verschiedensten Ausprägungen auftreten und daher auch unterschiedlichsten Handlungsbedarf erzeugen kann. Unstrittig ist, dass die Alterung überall stattfindet, jedoch mit wechselnder Geschwindigkeit. Der untere Teil der Karte 2.8 zeigt diesen Befund mit Hilfe der Veränderung des Billeter-Maßes für den Zeitraum bis 2020. Die Dynamik hat ihr eigenes Muster, das von der Ausgangssituation 2002 abweicht. Große Teile der neuen Länder werden, insbesondere wenn sie eine geringere Verdichtung aufweisen, schneller altern. Im Westen ist dieser siedlungsstrukturelle Zusammenhang ebenfalls festzustellen, wenn auch auf niedrigerem Niveau. Die Rheinschiene, über Stuttgart nach München hin verlängert, altert langsamer, ebenso viele kreisfreie Städte, die jedoch bereits eine ältere Ausgangsposition hatten. Schneller ist die Alterung in suburbanen Räumen mit nachlassender Zuzugsintensität. Eine relativ homogene Bevölkerung durchläuft dort ihren Familienzyklus, die Kohorteneffekte werden durch weitere selektive Wanderungen nur wenig abgeschwächt.

Internationalisierung der Bevölkerung

Deutschland ist zwar nicht *de jure*, wohl aber *de facto* schon seit Jahrzehnten ein Einwanderungsland. Dies ist eine logische Folge der wirtschaftlichen Öffnung. Ein Land, das auf den freien Welthandel setzt und auf den globalen Gütermärkten erfolgreich agieren will, kann nicht zugleich und folgenlos die Abschottung der Faktormärkte betreiben. Geht eine weitere Öffnung der Kapitalmärkte noch einigermaßen problemlos vonstatten, so hat die internationale Mobilisierung des Faktors Arbeit Konsequenzen, die weit über die ökonomische Dimension hinausgehen. Zuwanderung hat zwar ökonomische Push- und Pull-Faktoren, sie regelt sich gleichwohl nicht allein über Marktmechanismen. Sie bedarf vielmehr einer Vorbereitung und der tatkräftigen Mithilfe der aufnehmenden Gesellschaft. Integration ist eine der großen Herausforderungen unserer Zeit. Sie in Angriff zu nehmen wurde allerdings lange und sträflich vernachlässigt, ihre Bedeutung weit unterschätzt.

Zuzüge und Fortzüge über die Außengrenzen der Bundesrepublik Deutschland machen unseren Untersuchungsgegenstand erheblich komplexer. Bereits im eng demographischen Bereich verursachen internationale Wanderungen Primäreffekte auf den Bevölkerungsbestand bezüglich seiner Größe, seiner inneren Zusammensetzung und seiner räumlichen Verteilung. Sekundäreffekte betreffen die Bevölkerungsbewegungen Geburten, Sterbefälle und Binnenwanderungen, an denen Migranten beteiligt sind. Mit Blick auf den Integrationsbedarf wären zusätzliche Informationen hilfreich, vor allem die Staatsangehörigkeit und/oder das Vorhandensein eines „Migrationshintergrundes". Beide Kriterien haben für die Abschätzung von Integrationsbedarfen ihre Stärken und Schwächen.

Das BBR-Prognosemodell unterscheidet allerdings nicht nach der Nationalität. Insofern ist zwar eine Ex-post-Bestandsaufnahme der Ausländer in den Kreisen, nicht jedoch deren Prognose möglich. Andererseits ist das Merkmal Staatsangehörigkeit der Ausprägung „nicht-deutsch" nur *ein* Kriterium für die Internationalisierung unserer Bevölkerung. Seit 1988 sind mehr als 2 Mio. Personen aus Osteuropa zugezogen, die als Aussiedler zwar die deutsche Staatsbürgerschaft besitzen, gleichwohl aber Migranten sind und mehr oder weniger starken

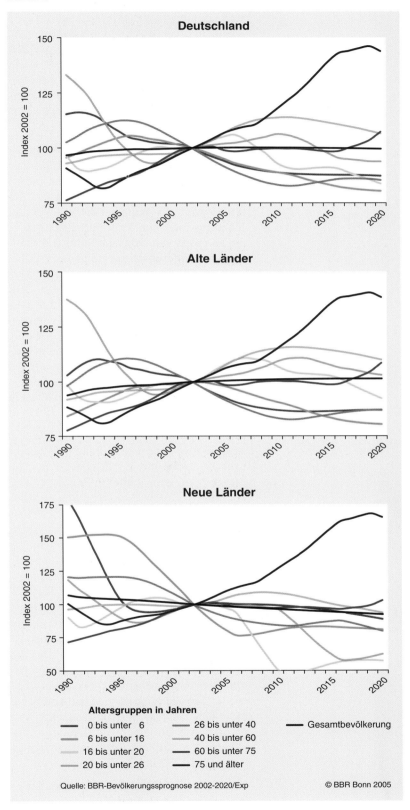

Abbildung 2.9
Demographische Wellen in den alten und neuen Ländern von der Einigung bis 2020

Quelle: BBR-Bevölkerungsprognose 2002-2020/Exp

© BBR Bonn 2005

Integrationsbedarf mitgebracht haben. Die Ausgangssituation des Bestandes an Ausländern verknüpfend mit den künftigen internationalen Wanderungen wurde eine Schätzung des Ausländeranteils versucht, wohl wissend, dass bei dieser Fortschreibung der Migrationshintergrund das wesentliche Kriterium war. Zudem ist bei einer solchen Rechnung auch nicht der Wechsel der Staatsbürgerschaft (die Zahl der Einbürgerungen) ins Auge gefasst.

Deutschland zeichnete sich schon immer durch lebhafte internationale Wanderungsaktivitäten aus. Die Zugezogenen hatten allerdings eine geringe Sesshaftigkeit, Rotation war zum Prinzip erhoben. Vor der Einigung, zwischen 1950 und 1990, gab es ein Volumen von nahezu 40 Mio. internationalen Wanderungsbewegungen und dabei einen Außenwanderungssaldo von 6,2 Mio. Personen (die Übersiedler aus der DDR sind hier herausgerechnet). Nach der Einigung lief bis 2003 ein Wanderungsvolumen von 22 Mio. bei einem Saldo von ca. 4 Mio. Personen auf. Die Relation zwischen beiden Größen hat sich leicht verschoben, auf 100 Wandernde sind 18 verblieben – der Anstieg ist zurückzuführen auf die Aussiedler, die ja auf Dauer hierher kamen.

Nach den turbulenten 1990er Jahren hat sich die internationale Mobilität zwischenzeitlich konsolidiert. Insbesondere die Zuzüge aus dem früheren Ostblock sind auf ein als „durchschnittlich" angesehenes Niveau zurückgegangen. Wegen der EU-Osterweiterung wird allerdings mit verstärkten wirtschaftlichen Kontakten gerechnet, die sich auch in einer erhöhten Faktormobilität und somit in einem höheren Wanderungsvolumen manifestieren könnten. Die Annahmen der BBR-Prognose liegen deshalb zwar niedriger als der Durchschnitt der Jahre 1991 bis 2003, doch etwas höher als der kurzfristige Durchschnitt der Jahre 2000 bis 2003 und entspricht grob der mittleren Außenwanderungsvariante der 10. koordinierten Bevölkerungsvorausberechnung der Amtlichen Statistik. Im Durchschnitt wird bis 2020 mit jährlichen Wanderungsgewinnen von ca. 230 Tsd. Personen gerechnet, unter ihnen 200 Tsd. Ausländer.

Die internationalen Zuwanderungen haben ihr eigenes räumliches Muster. Es orientiert sich an der Siedlungsstruktur und hat zudem ein starkes Ost-West-Gefälle. Wichtige Pull-Faktoren für diese Muster waren und sind die Verteilung von Arbeitsplätzen mit hohem Ausländeranteil – zumeist im sekundären Sektor – und die Existenz sozialer Netze, die die Integration der neu zugewanderten Personen fördern. Insofern hat die Wohnstandortwahl internationaler Zuzüge sich selbst verstärkende Effekte mit dem Ergebnis, dass der Ausländeranteil ein starkes räumliches Gefälle aufweist.

Zuzüge konzentrieren sich auf große Agglomerationen und deren Städte. Deutlich zu erkennen sind in Karte 2.9 die süddeutschen Großstädte wie München und Nürnberg, Stuttgart, das Rhein-Neckar- und das Rhein-Main-Gebiet, im Westen und Norden das Ruhrgebiet mit seiner Rheinschiene, Hannover, die beiden Hansestädte und als Sonderfall Berlin. Die ostdeutschen Großstädte starten erst eine Zuzugsbiographie, dort fehlen noch gewachsene soziale Netze. Gleichwohl sind in Städten wie Dresden, Leipzig, Halle oder Rostock bereits Konzentrationstendenzen internationaler Zuzüge zu erkennen.

Der akkumulierte siedlungsstrukturelle Effekt solcher Zuwanderungen zeigt sich in den Ausländeranteilen entsprechender Kategorien wie den Kreistypen. In Westdeutschland korrelieren diese Anteile eindeutig mit der Bevölkerungsdichte bei hohen Werten (12 bis 16 %) in den Kernstädten, mit fallender Tendenz bis unter die 6 % in den ländlichen Kreisen und Regionen. In den neuen Ländern zeigen lediglich Kernstädte der großen Agglomerationen – unter ihnen befindet sich allerdings Berlin – einen deutlich höheren Ausländeranteil, alle anderen Kategorien bewegen sich nahe der 2-%-Schwelle. Integration ist offensichtlich vorwiegend eine städtische Aufgabe.

Die Fortschreibung des Ausländeranteils in die Zukunft bedarf einiger zusätzlicher Annahmen, da ja das Prognosemodell keine ausländischen Personen ausweist. Deren Fortschreibung ist eine Kombination der Ausgangssituation von 2002 mit dem internationalen Wanderungsgeschehen während des Prognosezeitraums. Aufgrund der Wanderungsgewinne von ca. 4 Mio. bis 2020 wird mit einem weiteren Anstieg der Ausländeranteile gerechnet, zumal im selben Zeitraum die Zahl der Deutschen aufgrund der Sterbeüberschüsse kleiner wird. Der Status-quo-Charakter der Prognose hat zur Folge, dass die bisherigen Trends in die vor allem westdeutschen Städte fortgeschrie-

Karte 2.9
Ausländeranteil 2002 und Ausländeranteil 2020 (geschätzt)

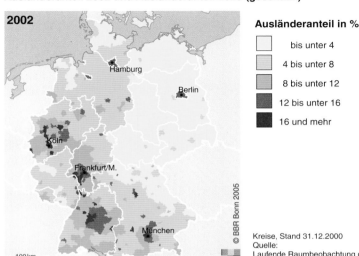

Ausländeranteil in %

- bis unter 4
- 4 bis unter 8
- 8 bis unter 12
- 12 bis unter 16
- 16 und mehr

Kreise, Stand 31.12.2000
Quelle:
Laufende Raumbeobachtung des BBR,
BBR-Bevölkerungsprognose 2002-2020/Exp

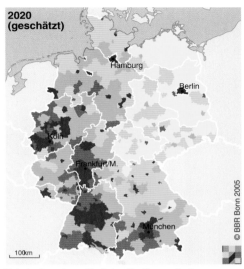

Fortschreibung der ausländischen Bevölkerung durch
prognostizierte Außenwanderungen, demographische Verrechnung
und Korrektur von Sonderfällen

ben werden und keine Trendbrüche erwartet werden. Gleichwohl zeigt sich, dass die Internationalisierung in den alten Ländern stärker in die Fläche geht. Insbesondere das Umland der großen Agglomerationen hat durchweg mit hohen Anteilen an Menschen mit Migrationshintergrund zu rechnen. Um die kleineren Städte wird dagegen weiterhin – wenn auch auf höherem Niveau – ein starkes Gefälle erwartet. In den neuen Ländern bilden sich neue Muster aus, die sich an der dortigen Siedlungsstruktur fest machen lassen. Neben dem Stadt-Land- wird deshalb ein Nord-Süd-Gefälle erwartet. An großen Teilen des Nordostens werden die erwarteten Zuwanderungen fast völlig vorbei gehen.

Synthese des demographischen Wandels

Der demographische Wandel besitzt sehr unterschiedliche räumliche Schwerpunkte, die sich teils überlagern, teils sogar gegenläufige Tendenzen zeigen. Diese Erkenntnis legt es nahe, ein Fazit zu ziehen, das eine Synthese der zunächst separat dargestellten Komponenten des demographischen Wandels beinhaltet. Karte 2.10 folgt diesem Ansatz, indem zentrale Ergebnisse der Bevölkerungsprognose zusammengefasst werden. Die Karte dient somit dazu, zwei Fragen zu beantworten:

- Wo haben die Komponenten des demographischen Wandels ihre räumlichen Schwerpunkte?

- Wo fallen verschiedene Komponenten des demographischen Wandels zusammen?

Keineswegs sollen dabei für einzelne Kreise oder Teilräume individuelle Ergebnisse gezeigt oder gar eine verbindliche Aussage zu deren demographischer Zukunft getroffen werden. Vielmehr wird die regionale Vielfalt innerhalb Deutschlands dargestellt und es werden Teilräume identifiziert, in denen der demographische Wandel besonders auffällig stattfindet. Somit werden die dominierenden räumlichen Muster der Prognoseergebnisse nochmals verdeutlicht.

Für die kartographische Darstellung wurden aus der Bevölkerungsprognose Indikatoren zu den drei großen Aspekten der Bevölkerungsdynamik, der Alterung und der Internationalisierung berechnet. Diese wurden allerdings einer räumliche Arrondierung und Generalisierung, mithin also einer Vergröberung und Schematisierung unterzogen. Eine solche Vorgehensweise wird dem Charakter der Prognoseergebnisse besonders gerecht, weil dadurch weniger feststehende quantitative Größen als vielmehr qualitative räumliche Trends und Tendenzen charakterisiert werden.

Trotz der stark generalisierten Darstellung lassen sich auffällige Konstellationen identifizieren, die sich aus der Überlagerung der verschiedenen Teilaspekte ergeben und besonders markante Muster bilden: Die regionale Spaltung der Dynamik mit Bevölke-

Karte 2.10
Der demographische Wandel im Raum – eine Synthese

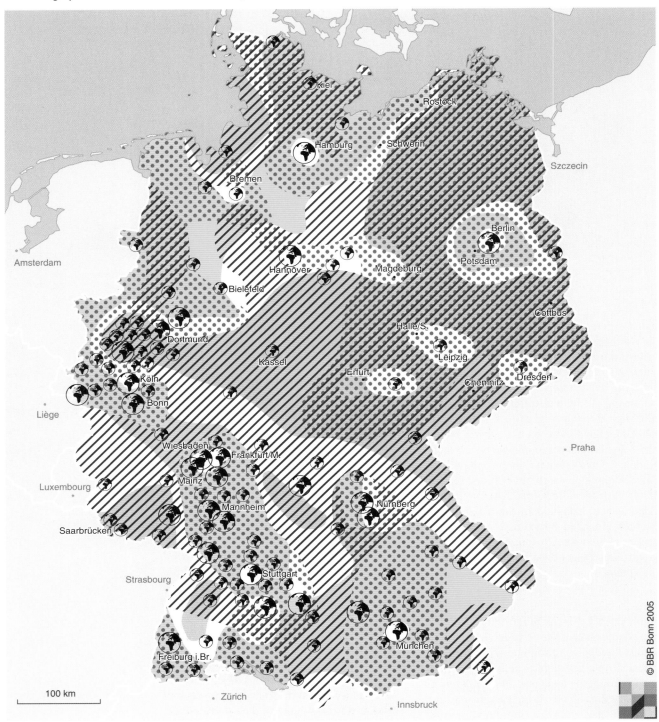

Ausprägung von Komponenten des demographischen Wandels bis 2020

Bevölkerungsdynamik	Alterung	Internationalisierung
deutliche Abnahme	starke Abnahme der Schulpflichtigen	stark
deutliche Zunahme	starke Zunahme der Hochbetagten	sehr stark

Quelle: BBR-Bevölkerungsprognose 2002-2020/Exp

© BBR Bonn 2005

rungszunahmen im Süden und Nordwesten sowie in den Randbereichen der Agglomerationen stellt auch eine grundlegende Rahmenbedingung dar. In diesen wachsenden oder schrumpfenden Bevölkerungen findet ein Alterungsprozess statt, der unterschiedliche Ursachen hat und eine ebenso unterschiedliche Intensität aufweist. So ist in den meisten wachsenden Regionen weniger die Abnahme der jüngeren Altersgruppen, sondern die Zunahme der Zahl der alten Menschen von Bedeutung. Dies gilt für die Wachstumsräume der alten Länder und – weitgehend flächendeckend – auch für die neuen Länder.

In den meisten schrumpfenden Regionen sind dagegen Abnahmen der schulpflichtigen Jahrgänge zu verzeichnen. Wenn gleichzeitig eine starke Zunahme der Hochbetagten stattfindet, sind die altersstrukturellen Verwerfungen doppelt bedeutsam. Genau diese Konstellation gilt für weite Teile des ländlichen Raumes in den neuen Ländern. Hier kumulieren – mit Ausnahme der Internationalisierung – die Komponenten des demographischen Wandels in ihren deutlichsten Ausprägungen. Auf der Karte können diese Regionen somit als Problemräume identifiziert werden. Auf jeden Fall handelt es sich um diejenigen Räume, in denen die umfangreichsten Anpassungen an die sich wandelnden demographischen Rahmenbedingungen stattfinden müssen.

Die Internationalisierung als dritte bedeutsame Veränderung der Zusammensetzung der Bevölkerung überlagert wiederum die anderen Ergebnisse. Sie findet vorwiegend in den Städten statt, also dort, wo die altersstrukturellen Verschiebungen eine geringere Bedeutung haben. In den alten Ländern betrifft dies im Süden und Westen Deutschlands auch zunehmend kleinere Städte und höher verdichtete Kreise in den Agglomerationsräumen. In den neuen Ländern bleibt die Zunahme der Bevölkerungsgruppen mit Migrationshintergrund dagegen auf wenige Kernstädte beschränkt.

Positionierung der BBR-Ergebnisse in der Prognoselandschaft

Die BBR-Prognose liefert als Einzige bundesweit flächendeckend kleinräumige Ergebnisse. Der Rechenakt samt der Annah-

mensetzung vollzieht sich auf der Kreisebene. Prognosen für größere räumliche Einheiten wie die Länder ergeben sich durch Aggregation der Kreisergebnisse. Dieses methodische Vorgehen des Bottom-up hat große Vorteile, erschwert andererseits eine Harmonisierung der Annahmen mit anderen Prognosen für größere Einheiten. Prognosevergleiche sind daher am leichtesten über die Prognoseergebnisse anzustellen, wiewohl hinter ihnen immer ein ganzes Bündel von Annahmen steckt. Ein Ergebnisvergleich wird hier anhand der Bevölkerungszahl in Deutschland versucht, die für das Jahresende 2020 vom BBR oder anderen Instituten prognostiziert wurde.

Diese Zahl wird auf zwei räumlichen Ebenen zu anderen Prognosen in Beziehung gesetzt. Eine stammt von den Vereinten Nationen, ist die aktuelle Revision von 2004. Die andere stammt von der Amtlichen Statistik und ist als 10. koordinierte Bevölkerungsvorausberechnung ebenfalls noch aktuell. Beide Prognosen rechnen in Varianten, wobei allerdings für verschiedene Modellparameter veränderte Annahmen gesetzt werden. Die UNO-Prognose variiert die Fertilität, wofür eher die weltweiten Trends sprechen, während in Deutschland – zumindest in den alten Ländern – eine hohe Zeitstabilität der Fertilität kaum in Frage gestellt wird. Das Statistische Bundesamt lässt daher in seiner 10. koordinierten Vorausberechnung die Fertilität des Westens konstant, variiert aber die Dynamik der Lebenserwartung und das Ausmaß der internationalen Wanderungen. Da für beide Parameter jeweils drei Varianten angenommen werden, ergeben sich in deren Kombination insgesamt neun Varianten. Darunter ist die fünfte die mittlere Variante. Im Prognose-Endjahr liegt das BBR mit seinem Bundesergebnis bei einem relativen Abstand von weniger als 1 % zu den mittleren Varianten sowohl der UNO als auch des Statistischen Bundesamtes. Zumindest vom erwarteten Niveau der Bevölkerungsgröße sind die Prognosen praktisch identisch.

Die Variante 5 wurde auch ausgewählt, um auf der nächst tieferen räumlichen Ebene, den Bundesländern, einen weiteren Vergleich mit der BBR-Prognose zu ziehen. Dort zeigt sich eine stärkere Abweichung zwischen den Prognosen, die sich allerdings auf wenige Länder konzentriert. Denn 11 der 16 Bundesländer haben eine Differenz von weniger als 3 % im Prognoseergebnis. Größere Abweichungen verzeichnen die Stadtstaaten und solche Länder, für die der Bevölkerungsaustausch mit diesen Stadtstaaten einen hohen Anteil am gesamten Mobilitätsvolumen besitzt (Brandenburg mit Berlin, Mecklenburg-Vorpommern mit Hamburg). Dies weist auch schon auf die Ursachen jener Abweichungen hin. In der BBR-Prognose werden die kleinräumigen Wanderungen explizit berücksichtigt und nehmen dort einen Umfang an, der zu einer stärkeren räumlichen Umverteilung führt, als dies in der 10. koordinierten Bevölkerungsvorausberechnung der Fall ist. Resultat ist, dass die Wanderungsgewinner der Suburbanisierung (hier: Brandenburg und Mecklenburg-Vorpommern) in der BBR-Prognose eine höhere Dynamik aufweisen. Umgekehrt haben die Stadtstaaten ein höheres Prognoseergebnis in der 10. koordinierten Bevölkerungsvorausberechnung.

Fasst man nunmehr die Länder, die als Herkunfts- und Zielregionen jener Wanderungsströme fungieren, zu Gruppen zusammen, dann saldieren sich die Zuzüge und Fortzüge innerhalb dieser Aggregate, der Umverteilungseffekt zwischen den Ländern verschwindet. Es verbleiben die großräumigen Wanderungen über die Ländergruppen hinaus. Zu einem solchen Vergleich wurden fünf Ländergruppen gebildet, die diese Saldierung der kleinräumigen Wanderungen leisten. Ergebnis für diese Gruppen war eine starke Annäherung der Prognoseergebnisse. Das heißt, die BBR-Annahmen

zur kleinräumigen Wanderung tragen zu einem erheblichen Teil zu den Abweichungen in den Prognoseergebnissen bei. Allerdings sind diese Annahmen sehr solide empirisch abgesichert, denn sie stützen sich auf die tatsächliche Wanderungsverflechtung zwischen den Kreisen seit der Einigung und berücksichtigen zusätzlich die Altersstruktur der Wandernden.

Unter den Prognosedifferenzen verbleiben weitere systematische Reste, denn das BBR prognostiziert die beiden Gruppen der neuen Länder günstiger und im Gegenzug zwei Gruppen der alten Länder (Norden, Süden) schwächer. Dies ist auf die Ost-West-Wanderungen zurückzuführen, die allerdings in der BBR-Prognose nicht eigenständig gesetzt werden, sondern sich aus der Wanderungsverflechtungsmatrix zwischen allen Kreisen der Bundesrepublik ergeben. Wesentlicher Grund für die sinkenden Binnenwanderungsverluste der neuen Länder ist der Potenzialansatz der Fortzüge. Ab Ende dieses Jahrzehnts kommen die geburtenschwachen Jahrgänge des Wendeschocks in das mobile Alter, so dass das Abwanderungspotenzial stark schrumpft, während das Zuwanderungspotenzial aus dem Westen relativ stabil bleibt. Die Abweichungen zwischen der BBR-Prognose und der mittleren Variante der 10. koordinierten Bevölkerungsvorausberechnung sind so gering, dass sie sich in ihren Aussagen nicht widersprechen, sondern vielmehr gegenseitig in der Sicht der Dinge bestätigen und ergänzen.

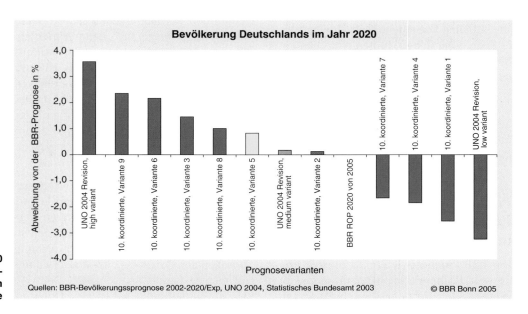

Abbildung 2.10
Vergleich der BBR-
Ergebnisse mit den
Prognosen anderer Institute

3 Die privaten Haushalte

Claus Schlömer

Einleitung

Für eine Vielzahl von Lebensbereichen spielen die unterschiedlichen Formen des Zusammenlebens der Menschen in privaten Haushalten eine entscheidende Rolle. Die privaten Haushalte werden künftig von markanten Veränderungen betroffen sein, die eng mit den bereits in Kapitel 2 angesprochenen Aspekten des demographischen Wandels zusammenhängen. Die Haushaltsprognose des BBR liefert somit Erkenntnisse, die eine Ergänzung der Bevölkerungsprognose darstellen. Im System der Raumordnungsprognose stellt sie das zweite Standbein zur Erforschung und Prognose der zukünftigen demographischen Entwicklung dar.

Dabei handelt es sich aber keinesfalls nur um eine isoliert zu betrachtende Erweiterung der demographischen Merkmalspalette um die Zugehörigkeit zu bestimmten Haushaltstypen. Vielmehr besteht zwischen der Bevölkerung und den privaten Haushalten eine enge inhaltliche Verknüpfung.

Lebenszyklus

Eine zentrale Rolle spielt in diesem Zusammenhang das Konzept des Lebenszyklus, das in Abbildung 3.1 veranschaulicht wird. Hier sind verschiedene Abfolgen von Formen des Zusammenlebens mit anderen Menschen dargestellt, die in der Regel mit bestimmten Altersstufen verbunden sind. In der Praxis ließe sich dieses Schema noch weiter ausdifferenzieren. Den Lebensabschnitten entsprechen meist typische Haushaltsgrößen, die in einigen Fällen (Alleinlebende und Paare) auch eindeutig bestimmbar sind. Auf jeden Fall kann das Prinzip der Verbindung von Altersgruppen der Bevölkerung und Haushalten verschiedener Größe nachvollzogen werden. Wenn also Informationen über die künftige altersmäßige Zusammensetzung der Bevölkerung vorliegen, lassen sich daraus systematische Erkenntnisse zur künftigen Anzahl und Größenstruktur der privaten Haushalte ableiten.

Der Begriff Lebenszyklus wurde ursprünglich weitgehend mit Familienzyklus gleichgesetzt. Dies entspricht einer direkten, ge-

wissermaßen standardisierten Abfolge der Lebensphasen mit Auszug aus dem Elternhaus, Eheschließung, Familiengründung und -auflösung. Neben diesen traditionellen Phasen existieren mittlerweile zahlreiche zusätzliche Übergangsmöglichkeiten zwischen verschiedenen Haushaltstypen. Die Individualisierung und Diversifikation der Lebensstile, getragen vom kulturellen und sozialen Wertewandel der Gesellschaft, machen die Erfassung und Systematisierung von privaten Haushalten zunehmend schwieriger. Steigende Zahlen von Alleinerziehenden, Wohngemeinschaften oder nichtehelichen Lebensgemeinschaften tragen ebenso zu dieser Problematik bei wie die steigende Heterogenität innerhalb von Familien.[1]

Anhand Abbildung 3.1 lässt sich somit ein zentrales Problem erläutern, mit dem die Erstellung von Haushaltsprognosen ver-

Abbildung 3.1
Schema des Lebenszyklus-Konzepts[2], ergänzt um typische Altersstufen und Haushaltsgrößen

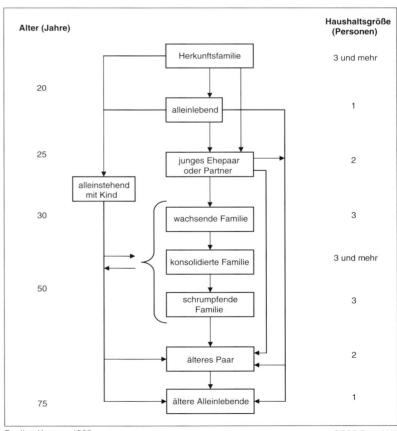

Quelle: Kemper 1985   © BBR Bonn 2005

(1)
Für die Ursachen dieser Diversifikation nennt Hoffmann-Nowotny sechs Möglichkeiten, die er an strukturellen und kulturellen Merkmalen sowie deren Wandel festmacht: (1) Innerhalb der Haushalte wird die Struktur (meist ein hierarchisiertes System mit wechselseitigen Abhängigkeiten und Verbindlichkeiten) schneller wandelbar und dadurch instabil. (2) Früher innerhalb der Familie ausgeübte Funktionen wurden ausgelagert und nunmehr von der Gesellschaft erfüllt, die materielle Bedeutung von Familien für die individuelle Existenzsicherung nahm daher ab. (3) Die materiellen Zwänge zum Zusammenleben wurden ersetzt durch emotionale Bedürfnisse und Neigungen, die tendenziell durch Instabilität gekennzeichnet sind. (4) Schwächere soziale Bindungen im Familienverband erlauben eine höhere soziale und/oder räumliche Mobilität, die ihrerseits der Stabilität von Lebensformen abträglich sind. (5) Der zunehmende Individualismus fördert die Destabilisierung sozialer Gebilde im Primärbereich. (6) Das größere Güter- und Dienstleistungsangebot verringert für den Einzelnen die Notwendigkeit, einem größeren Haushalt mit spezialisierter Haushaltsproduktion anzugehören. Vgl. Hoffmann-Nowotny, H.-J.: Haushalt und Familie 2000. Gießener Universitätsblätter (1988) 21/1, S. 5–12

(2)
Nach Kemper, F.-J.: Die Bedeutung des Lebenszyklus-Konzepts für die Analyse intraregionaler Wanderungen. In: Kemper, F.-J.; Laux, H.-D.; Thieme, G. (Hrsg.): Geographie als Sozialwissenschaft. Beiträge zu ausgewählten Problemen kulturgeographischer Forschung. Colloquium Geographicum Band 18, Bonn 1985

(3)
Vgl. Statistisches Bundesamt: Fachserie 1: Bevölkerung und Erwerbstätigkeit. Reihe 3: Haushalte und Familien 2001, S. 16

(4)
Zum Beispiel: Bucher, H.; Schlömer, C.: Wohnungsmärkte im demographischen Wandel. Das Ruhrgebiet in Nordrhein-Westfalen und Deutschland. In: vhw Forum Wohneigentum (2005) Heft 3, S. 122–128, und: Sigismund, M.; Waltersbacher, M.: Wohnungsmarkt Ruhrgebiet – Investieren in schrumpfende Märkte? In: vhw Forum Wohneigentum (2005) Heft 3, S. 129–134

bunden ist. Die Pfade, die sich außerhalb der traditionellen Schiene des Familienzyklus bewegen, werden immer bedeutsamer. Die privaten Haushalte als Gegenstand der Prognose werden dadurch immer schwieriger fassbar und entziehen sich verstärkt einfachen und verallgemeinernden Aussagen.

Haushalte und Wohnungsmarkt

Private Haushalte sind nach ihrer amtlichen Definition Gemeinschaften von Personen, die zusammen wohnen und wirtschaften[3], sowie Personen, die allein wohnen und wirtschaften. Das gemeinsame Wohnen bedeutet dementsprechend, dass es auch die privaten Haushalte sind, die als Nachfrager auf dem Wohnungsmarkt erscheinen. Die Bevölkerungszahlen allein reichen an dieser Stelle nicht aus.

Ein wichtiger Zweck der Haushaltsprognose besteht deshalb in der Verwendung für Aussagen zum Wohnungsmarkt. Dies kann zum Beispiel durch die zielgerichtete Analyse von Prognoseergebnissen geschehen.[4] Darüber hinaus fungiert die Haushaltsprognose aber auch als Input zur Wohnungsmarktprognose des BBR, die in Kapitel 5 vorgestellt wird.

Wohnungsmärkte sind typischerweise regionale Märkte. Wer eine Wohnung bezieht, kann dies in den meisten Fällen nicht überall tun, sondern ist auf die Region beschränkt, in der er zum Beispiel seinen Arbeitsplatz – auch als Pendler – täglich erreichen kann. Wohnungen sind als Immobilien zudem an einen Standort gebunden. Für die grundsätzliche räumliche Verteilung der privaten Haushalte sind damit wesentliche Rahmenbedingungen vorgegeben.

Die genaue Wohnstandortwahl innerhalb dieses Raums hängt dann in der Regel von anderen Faktoren ab. Dies sind insbesondere ökonomische Größen wie Preise und Mieten für die benötigte Wohnungsgröße, aber auch Wohnumfeldbedingungen und lebensstilspezifische Präferenzen. Weiterhin können sich diese kleinräumig wirkenden Mechanismen im Zuge von Umgestaltungen des Haushaltstyps, etwa bei Familiengründung, häufig verändern. Unter diesen Bedingungen ist die Frage, wie sich die Zahl und Zusammensetzung der privaten Haushalte einer ganzen Region entwickeln wird,

wesentlich leichter zu beantworten als die Frage, wo innerhalb dieser Region welche Veränderungen der Haushaltszahlen stattfinden werden.

Die Raumordnungsregionen des BBR decken zumindest näherungsweise diese Wohnungsmärkte ab und bilden deshalb das zentrale räumliche Bezugssystem der Haushaltsprognose. Deren Regionalisierung ist somit nicht nur durch die Einbindung in die Raumordnungsprognose mit ihrer grundsätzlichen Ausrichtung auf die räumliche Dimension begründet, sondern sie berücksichtigt diese direkt mit den Inhalten der Prognose zusammenhängende Problematik.

Für einen Teil der Ergebnisse erfolgt dennoch eine feinere räumliche Ausdifferenzierung auf die Ebene der Landkreise und kreisfreien Städte. Diese stellt allerdings nur eine Ergänzung der Prognose auf der Ebene der Raumordnungsregionen dar. Sie hat vor allem den Zweck, auch kleinräumig wirkende Mechanismen der grundsätzlichen Zusammenhänge zwischen Bevölkerungsentwicklung und Haushalten zu beschreiben. Auf keinen Fall können und sollen hier Aussagen zur Haushaltsentwicklung in einzelnen Kreisen oder Städten interpretiert werden. Die im Vorspann dieses Bandes genannten „Risiken und Nebenwirkungen" gelten speziell an dieser Stelle für die Haushaltsprognose.

Methodik

Wie werden nun die Anforderungen, die sich aus dem Erkenntnisziel der Haushaltsprognose ergeben, umgesetzt? Diese Aufgabe ist trotz der vergleichsweise einfachen Konzeption keinesfalls frei von methodischen Schwierigkeiten. Neben der bereits angesprochenen zunehmenden Heterogenisierung der Bevölkerung und der Haushalte kommen hier weitere Probleme ins Spiel, die mit der Verfügbarkeit der Datengrundlagen zusammenhängen.

Quotenverfahren

Die Haushaltsprognose arbeitet mit dem so genannten Quotenansatz. Die Ergebnisse einer Bevölkerungsprognose, Teilpopulationen differenziert nach Geschlecht und Altersgruppen, werden mit Haushaltsvorstandsquoten multipliziert. Diese geben an, wie hoch der Anteil derjenigen Personen eines bestimmten Alters und Geschlechts ist, die Vorstand eines bestimmten Haushaltstyps sind. Da jeder Haushalt genau einen Vorstand besitzt, kann durch diese Rechnung die Zahl der Haushalte aus der Bevölkerung bestimmt werden.

Nach einem ähnlichen Prinzip funktioniert das Haushaltsmitgliederquotenverfahren. Diese Quoten bezeichnen den Anteil einer Bevölkerungsgruppe eines bestimmten Alters und Geschlechts, der Mitglied eines bestimmten Haushaltstyps ist. Auch diese Quoten lassen sich mit den entsprechenden Bevölkerungszahlen verknüpfen und ergeben so eine weitere Möglichkeit, die Zahl der Haushalte zu berechnen. Die Haushaltsprognose des BBR basiert auf einer simultanen und aufeinander abgestimmten Anwendung beider Quotenverfahren. Nähere Informationen sind in den letzten Publikationen zur Haushaltsprognose zu finden.[5]

Für die Quoten ist als Modellinput folgender Differenzierungsgrad erforderlich:
- 97 Raumordnungsregionen (vgl. Karte 1.1 in Kap. 1)
- Zeitraum: Jahresende 1990 bis Jahresende 2020, davon 1990 bis 2002 ex-post-geschätzte und 2003 bis 2020 prognostizierte Zahlen
- fünf Haushaltsgrößen: Einpersonenhaushalte, Zweipersonenhaushalte, Dreipersonenhaushalte, Vierpersonenhaushalte und Haushalte mit fünf oder mehr Mitgliedern
- demographische Merkmale der Haushaltsvorstände und Haushaltsmitglieder: Geschlecht und sechs Altersgruppen (0–24 Jahre, 25–34 Jahre, 35–44 Jahre, 45–54 Jahre, 55–64 Jahre, 65 Jahre und älter)

Das Modell ist vergleichsweise einfach konzipiert, besitzt jedoch einen hohen sachlichen und nicht zuletzt räumlichen Differenzierungsgrad. Um Haushaltsvorstandsquoten und Haushaltsmitgliederquoten für den Prognosezeitraum zu erhalten, müssen diese Größen zunächst für die Gegenwart und jüngere Vergangenheit ermittelt werden. Diese Aufgabe ist keineswegs trivial.

In der amtlichen Statistik, die die Datenbasis des Bevölkerungsmodells bildet und die letztlich auf die kommunalen Meldebehör-den und Standesämter zurückgreift, werden zwar alle Personen relativ gründlich erfasst, nicht aber deren Verteilung auf die privaten Haushalte. Somit ist man auf zusätzliche Datenquellen angewiesen. Für die Prognose der privaten Haushalte ist dies der Mikrozensus, der seit 1991 für Gesamtdeutschland – in der DDR gab es keine vergleichbare Datenerhebung – jährlich umfangreiche Informationen zu den privaten Haushalten liefert. Die vorliegende Prognose kann erstmals auf die Mikrozensen der Jahre 2001, 2002 und 2003 zurückgreifen.

Daten aus dem Mikrozensus lassen sich nicht in beliebig feiner räumlicher und gleichzeitig sachlicher Differenzierung extrahieren, da der Stichprobenumfang dies nicht zulässt. Aus diesem Grund müssen vor der eigentlichen Prognoserechnung umfangreiche analytische Vorarbeiten geleistet werden. Diese gewährleisten, dass eine optimale Ausschöpfung aller Informationen aus dem Mikrozensus erfolgt. So werden wechselweise entweder der räumliche oder der sachliche Differenzierungsgrad der Auswertungen reduziert, um zumindest in Teilbereichen Ergebnisse in ausreichender Qualität zu ermitteln. Diese Teilergebnisse werden schließlich stufenweise ausdifferenziert und aneinander angepasst.

Ein erheblicher Teil des Haushaltsmodells besteht somit aus der Berechnung und Schätzung von Haushaltszahlen und Parametern zum Haushaltsbildungsverhalten für die jüngere Vergangenheit. Diese Werte bilden die Basis für die eigentliche Prognose. Die Zeitreihen der Haushaltsvorstands- und -mitgliederquoten werden auf Trends hin analysiert, die dann gegebenenfalls in die Zukunft fortgeschrieben werden. Für den Modellbetreiber besteht dabei jederzeit die Möglichkeit, solche zunächst automatisch erzeugten Trendfortschreibungen beliebig zu modifizieren. Dies ist vor allem dann der Fall, wenn exogene Erkenntnisse über zu erwartende Entwicklungen berücksichtigt werden sollen.

Diese Trendanalyse erfolgt zunächst auf der Bundesebene und wird dann regional weiter ausdifferenziert. Allerdings geschieht dies nicht durch eine unmittelbare Festlegung der Quoten für die einzelnen Regionen. Ein solches Vorgehen würde entweder die Kapazitäten des Prognostikers weit überschreiten und wäre völlig unökonomisch, oder es müsste weitgehend mechanisch

(5)
Bucher, H.; Schlömer, C.: Die privaten Haushalte in den Regionen der Bundesrepublik Deutschland. Eine Prognose des BBR bis zum Jahr 2015. In: Inform. z. Raumentwickl. (1999) Heft 11/12, S. 773–792

Schlömer, C.: Die Haushalte in den Regionen der Bundesrepublik Deutschland zwischen 1990 und 2020. In: Inform. z. Raumentwickl. (2004) Heft 3/4, S. 127–149

(6)
Es handelt sich hierbei um Bevölkerungsstrukturdaten von der GfK Marktforschung, die auch Merkmale zu den privaten Haushalten in den Kreisen beinhalten. Diese sind aufgrund ihrer Erhebung aber nicht mit den Daten aus dem Mikrozensus vergleichbar oder gar rechnerisch verknüpfbar. Sie werden deshalb nur als ergänzende Informationen verwendet.

(7)
Die Zuordnung der Kreise zu den Kreistypen und deren Definition sind in Kapitel 1 dargestellt. Für die Verteilung der Haushalte auf die Kreise wird zudem ein weiterer Kreistyp eingeführt. Dabei handelt es sich um Universitätsstädte, die in der Regel eine sehr spezifische Haushaltsgrößenstruktur aufweisen.

ablaufen, so dass alle Regionen über einen Kamm geschoren würden, ohne dass Spielraum für eine regionale Differenzierung bliebe. Eine solche regionale Differenzierung ist aber genau das zentrale Erkenntnisziel der Prognose. Aus diesem Grund erfolgt als nächster Schritt eine Prognose des Haushaltsbildungsverhaltens auf einer regionalen Zwischenebene, die speziell für die Annahmensetzung eingerichtet wird.

Hierbei handelt es sich in der Regel um Gruppen von Regionen, für die in der Vergangenheit eine ähnliche Entwicklung zu verzeichnen war und für die auch eine gemeinsame Trendentwicklung in der Zukunft angenommen wird. Die Prognose des Haushaltsbildungsverhaltens auf dieser regionalen Zwischenebene ist das methodische Herzstück der Annahmenfindung. Hier werden die wichtigsten Erkenntnisse zur künftigen Entwicklung des Haushaltsbildungsverhaltens in seiner räumlichen

Dimension für die Modellrechnungen umgesetzt.

Für die Regionen selbst werden Regionalfaktoren berechnet, die die relative Position jeder Region innerhalb der jeweiligen Gruppe beschreiben. Diese Faktoren werden für die Zukunft weitgehend konstant gehalten. Die Möglichkeit, eine regional unterschiedliche Dynamik zu modellieren, ist so primär auf der regionalen Zwischenebene angesiedelt. Mit den für alle Regionen und den gesamten Zeitraum prognostizierten Haushaltsvorstands- und -mitgliederquoten wird dann die endgültige Prognoserechnung durchgeführt. Abbildung 3.2 zeigt nochmals das Zusammenwirken der Komponenten des Haushaltsprognosemodells.

Kleinräumige Verteilung auf Kreise

Die für die Raumordnungsregionen prognostizierte Zahl der Haushalte wird anschließend auf die Kreise verteilt. Dies geschieht unter Zuhilfenahme der Bevölkerungsprognose und zusätzlichen Informationen aus der Laufenden Raumbeobachtung des BBR, die Aufschluss über die kleinräumige Verteilung der Haushalte innerhalb der Regionen geben.[6] Mit diesen beiden Informationen lassen sich zunächst die Haushalte insgesamt – ohne Berücksichtigung ihrer Größe – auf die Kreise verteilen. Für den letzten Schritt, der darin besteht, für jeden Kreis die Haushaltsgrößenstruktur zu bestimmen, werden zusätzliche Informationen aus dem Mikrozensus herangezogen. Die Schwierigkeit, verlässliche Daten für die jüngere Vergangenheit zu erhalten, die auf der Ebene der 97 Raumordnungsregionen als Basis für die Prognose dienen können, tritt verständlicherweise bei der Betrachtung der noch feineren räumlichen Ebene der Kreise erst recht auf. Es ist daher unmittelbar einsichtig, dass auch hier keine Daten für einzelne Kreise zur Verfügung stehen können. Stattdessen wird der Mikrozensus für neun Kreistypen[7] ausgewertet.

Als Ergebnis steht dann die Zahl der Haushalte nach fünf Größenklassen in jedem der 440 Kreise zur Verfügung. Das Verfahren bedingt aber, dass die Haushaltsgrößenstrukturen für einzelne Kreise prinzipiell verzerrt sein können, entweder zum Regionswert oder zum Wert des siedlungsstrukturellen Kreistyps, dem sie angehören. Aus diesen Gründen gestatten sowohl die Berechnun-

Abbildung 3.2
Das BBR-Haushaltsmodell der Raumordnungsprognose und seine Komponenten

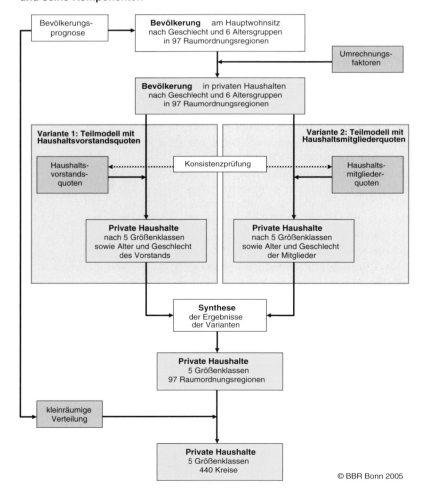

© BBR Bonn 2005

gen für die 1990er Jahre als auch die eigentliche Prognose in erster Linie Aussagen zur Entwicklung in charakteristischen Kreistypen, die sich als Aggregat von Kreisen mit ähnlicher Siedlungsstruktur ergeben. Ergebnisse für einzelne Kreise dürfen somit nicht zu weit interpretiert werden. Denn Gegenstand der Haushaltsprognose ist die kleinräumige Haushaltsdynamik als Ganzes mit ihren grundlegenden Strukturen und Trends.

Simulationsmodelle als Alternative

Eine mögliche Alternative zu den Quotenverfahren wären Simulationsmodelle, die jeweils die direkte Veränderung (Transformation) von einem Haushaltstyp zum anderen beinhalten. Übertragen auf das Schema des Lebenszyklus (Abb. 3.1) heißt das, dass solche Modelle direkt an den Pfeilen ansetzen. Simulationsmodelle sind damit zwar prinzipiell näher an der Realität als die Quotenverfahren, bringen dafür aber andere gravierende Probleme mit sich. Zunächst sind sie weitaus schwieriger mit empirischen Daten zu füllen. Diese Daten müssten nämlich die Übergänge zwischen verschiedenen Haushaltstypen – noch dazu in räumlicher Differenzierung – abbilden. Die amtliche Statistik erfasst solche Prozesse nur sehr unzureichend. Auch der Mikrozensus stellt in erster Linie eine jährliche Momentaufnahme der Verteilung der Bevölkerung auf Haushalte verschiedenen Typs dar.

Weiterhin ist die Transparenz der Simulationsmodelle eingeschränkt, zumal ihre Komplexität mit der angestrebten Regionalisierung immer größer werden müsste. Die unbestrittene Einfachheit des Quotenansatzes kann somit auch als eine Stärke angesehen werden. Das Ziel besteht nicht nur darin, Haushaltszahlen zu prognostizieren, sondern auch das Zustandekommen dieser Zahlen nachvollziehen zu können. Zwar können mit dem Quotenverfahren auf die hinter der Veränderung von Haushaltszahlen stehenden Prozesse der Haushaltsneubildung, -auflösung oder -größenänderung nur indirekte Rückschlüsse gezogen werden. Diese Schlussfolgerungen lassen sich aber wiederum sehr gut mit den Einflüssen der (isoliert betrachteten) Bevölkerungsprognose verbinden.

Annahmen

Formale Anforderungen

Die Darstellung der Methodik beinhaltet bereits die formalen Anforderungen, die von den Annahmen erfüllt werden müssen. Die Parameter zum Haushaltsbildungsverhalten müssen für die 97 Raumordnungsregionen und für den Prognosezeitraum, also die Jahre 2003 bis 2020, festgelegt werden. Dies macht deutlich, dass es sich bei den Annahmen um eine sehr umfangreiche Datenmenge handelt. Dieser Umstand macht es beinahe unmöglich, die Annahmensetzung – selbst auf der regionalen Zwischenebene – vollständig zu dokumentieren.

Dieser zentrale Schritt der Annahmensetzung ist für sechs Regionsgruppen erfolgt. Sie sind das Ergebnis einer Clusteranalyse, die eine Auswertung des Verlaufs der regionsspezifischen Haushaltsvorstands- und -mitgliederquoten in den Jahren 1996 bis 2002 darstellt. Zwei der fünf Cluster umfassen die meisten Regionen der neuen Länder, wobei sich wiederum eine Unterscheidung zwischen den Agglomerationen (insbesondere den Regionen Leipzig und Dresden) und den weniger verdichteten Regionen herausgebildet hat. Berlin bildet zusammen mit den beiden anderen Stadtstaaten Hamburg und Bremen einen dritten Cluster. Die übrigen Gruppen setzen sich aus den Regionen der alten Länder zusammen. Neben einer sehr großen, durchschnittlichen Kategorie existiert auch hier ein Cluster, der hauptsächlich durch die Agglomerationen geprägt wird. Eine weitere Gruppe beinhaltet vor allem solche Regionen, die – in Nachbarschaft der Agglomerationsräume – Umlandfunktionen der großen Zentren wahrnehmen.

Neben der Ost-West-Trennung sind also auch hier siedlungsstrukturelle Merkmale zum Vorschein gekommen. Diese deuten darauf hin, dass die untersuchten Merkmale zum Haushaltsbildungsverhalten vor allem dann starke regionale Unterschiede aufweisen, wenn man eher kleinräumige Muster betrachtet. Dazu zählen insbesondere die Gegensätze zwischen Kernstädten und ihrem Umland. Diese Eigenschaften kommen auf der Ebene der Raumordnungsregionen nur in Ausnahmefällen sehr deutlich zur Geltung, so bei den Stadtstaaten und den ihnen benachbarten Regionen. In den meisten Fällen bleibt dieses vorwiegend lokale Gefälle innerhalb der Regionen und wird weitgehend saldiert.

Inhalte der Annahmenfindung

Inhaltlich befassen sich die Annahmen der Haushaltsprognose mit folgender Frage: Wie wird sich die Bevölkerung in der Zukunft auf Haushalte verschiedener Größe verteilen? Dies macht deutlich, dass es sich hierbei um weitere Eigenschaften und Charakteristika derselben Bevölkerung handelt, die zuvor ohne direkte Berücksichtigung der Haushalte prognostiziert wurde. Ein erster Schritt der Annahmensetzung erfolgt damit außerhalb des eigentlichen Modells als Teil der Bevölkerungsprognose. Dies bedeutet auch, dass die dort erfolgte Annahmensetzung zu demographisch relevanten Verhaltensparametern nicht völlig unabhängig vom eigentlichen Haushaltsbildungsverhalten zu betrachten ist.

So hat die Entwicklung der altersspezifischen Fertilität direkte Folgen für die Haushaltsbildung. Mit der Geburt jedes Kindes wird faktisch ein Familienhaushalt gegründet oder vergrößert. Für die Annahmensetzung der Haushaltsprognose ist es daher vorteilhaft, die Annahmen und Inhalte der zugrundeliegenden Bevölkerungsprognose zu kennen und zu berücksichtigen, auch wenn die Methodik der Prognosen dies nicht zwingend erforderlich macht.[8] So wäre es technisch durchaus möglich, die Annahmen der Haushaltsprognose mit einer völlig anderen Bevölkerungsprognose zu verbinden.

Trends im Haushaltsbildungsverhalten

Die eigentliche Annahmensetzung der Haushaltsprognose bleibt aber die Umsetzung des Haushaltsbildungsverhaltens mit Hilfe der Haushaltsvorstands- und Haushaltsmitgliederquoten. Diese Quoten sind in Tabelle 3.1 für Deutschland insgesamt dargestellt. Sie zeigen damit allgemein gültige Trends jenseits bestehender und prognostizierter regionaler Unterschiede. Die Trends beruhen auf langfristigen zeitreihenanalytischen Beobachtungen. Sie führen im Gegensatz zur letzten veröffentlichten Prognose[9] an einigen Stellen zu deutlicheren Ausprägungen bezüglich der Bevorzugung bestimmter Haushaltsgrößen durch die jeweiligen Altersgruppen. Die generellen Entwicklungen sind aber die gleichen.

• Bei den Männern stellen sich insgesamt leichte Abnahmen der Haushaltsvorstands-

quoten ein. Eine Ausnahme bilden nur die unter 25-Jährigen, wo ein anhaltender Trend zu Singlehaushalten besteht.

• Innerhalb der Altersgruppen erfolgt bei den Männern eine Tendenz zu kleineren Haushalten, insbesondere zu Einpersonenhaushalten. Über die Hälfte der 25- bis unter 35-Jährigen wird demnach im Jahr 2020 Vorstand eines Ein- oder Zweipersonenhaushalts sein und sich von der früher typischen Rolle als junge Familienväter verabschiedet haben. Spiegelbildlich dazu nimmt der Anteil der älteren Männer (55- bis 64-Jährige), die Vorstand eines Familienhaushalts sind, weiter zu. Beide Trends sind eine Folge des fortgesetzten Hinausschiebens der Familiengründung auf spätere Lebensjahre.

• Bei den Frauen erfolgt ein Anstieg in fast allen Altersgruppen. Dies betrifft vor allem die mittleren Altersgruppen (35- bis unter 55-Jährige). Dieser Trend verläuft zum Teil komplementär zu den Quoten der Männer; es kommt also zu einer fortgesetzten Auflösung der traditionellen Rollenverteilung (Mann als Haushaltsvorstand). Auch allein erziehende Mütter tragen zu dieser Entwicklung bei. Einen Rückgang gibt es nur bei den über 65-jährigen Frauen. Dies sind typischerweise Einpersonenhaushalte, wo der 2002 noch bestehende Sondereinfluss der durch den Zweiten Weltkrieg verursachten hohen Witwenquoten endgültig der Normalität weicht.

• Die größte Konstanz im Haushaltsbildungsverhalten weisen die über 65-jährigen Männer auf, von denen auch in Zukunft weit über zwei Drittel Vorstand eines Zweipersonenhaushalts (typischerweise Rentnerehepaar) sein werden.

Zeitliche und räumliche Analogieschlüsse

Tabelle 3.1 beinhaltet sehr generelle Trends, die für die eigentlichen Modellrechnungen letztendlich für jede einzelne Region festgelegt werden müssen. Die Darstellung der so benötigten umfangreichen Annahmenparameter ist in ihrer Gesamtheit kaum möglich. Stattdessen werden hier insbesondere Prinzipien und Regeln der Annahmensetzung vermittelt, die vor allem exemplarischen Charakter haben.

Bei der Extrapolation von Zeitreihen ist es für die Annahmenfindung einer regionalisierten Prognose sinnvoll, die Entwick-

(8)
Ebenso beinhaltet jeder Sterbefall – sofern der Verstorbene in einem privaten Haushalt lebte – eine Verkleinerung oder Auflösung dieses Haushalts. Damit hat auch die Annahmensetzung zur Lebenserwartung einen Einfluss auf das Haushaltsbildungsverhalten.

(9)
Vgl. Schlömer, C.: Die Haushalte, a.a.O., S. 139

Tabelle 3.1
Das Haushaltsbildungsverhalten in Deutschland.
Annahmen zur Entwicklung der Haushaltsvorstandsquoten bis zum Jahr 2020

Alter des Haushaltsvorstands von ... bis unter ... Jahre	Vorstand eines Haushalts mit ... Personen	Geschlecht des Haushaltsvorstands					
		männlich			weiblich		
		Quoten 2002 (in %)	Quoten 2020 (in %)	Veränderung 2002 bis 2020 in %-Punkten	Quoten 2002 (in %)	Quoten 2020 (in %)	Veränderung 2002 bis 2020 in %-Punkten
0–25	1	5,4	6,1	0,7	6,1	7,4	1,3
	2	1,9	2,3	0,5	1,9	2,9	1,0
	3	0,6	0,5	-0,1	0,4	0,4	0,0
	4	0,2	0,2	0,0	0,1	0,1	0,0
	5+	0,1	0,1	0,0	0,0	0,0	0,0
	alle	8,1	9,3	1,1	8,5	10,8	2,4
25–35	1	28,7	32,8	4,0	18,1	21,7	3,6
	2	17,4	20,1	2,6	9,6	10,4	0,8
	3	13,1	10,8	-2,3	4,6	4,8	0,1
	4	10,1	7,3	-2,7	1,9	1,9	0,0
	5+	3,2	3,0	-0,2	0,6	0,5	0,0
	alle	72,5	73,9	1,4	34,8	39,3	4,5
35–45	1	21,0	26,5	5,6	9,7	12,0	2,3
	2	12,9	12,4	-0,5	8,4	10,2	1,8
	3	17,0	12,9	-4,2	6,2	7,9	1,7
	4	24,8	20,4	-4,5	3,1	3,9	0,8
	5+	10,3	8,6	-1,6	1,1	1,3	0,1
	alle	86,0	80,8	-5,2	28,6	35,4	6,8
45–55	1	15,8	19,6	3,8	11,8	12,8	1,0
	2	25,4	21,5	-3,9	8,8	9,9	1,1
	3	22,4	18,5	-3,8	3,9	4,4	0,6
	4	19,5	18,7	-0,8	1,4	1,6	0,3
	5+	7,9	7,8	-0,1	0,4	0,3	-0,1
	alle	91,0	86,1	-4,9	26,2	29,1	2,9
55–64	1	14,0	16,5	2,5	20,2	20,1	-0,1
	2	59,2	53,9	-5,3	6,5	6,4	-0,1
	3	15,0	17,1	2,1	1,0	0,9	-0,1
	4	5,5	6,4	0,8	0,3	0,3	0,0
	5+	1,8	1,2	-0,6	0,1	0,1	0,0
	alle	95,6	95,1	-0,5	28,1	27,8	-0,3
65 und älter	1	16,9	16,6	-0,4	48,3	41,2	-7,1
	2	71,3	72,8	1,4	4,8	4,7	-0,1
	3	6,3	5,0	-1,3	0,5	0,5	0,0
	4	1,1	0,8	-0,4	0,1	0,1	0,0
	5+	0,5	0,4	0,0	0,1	0,1	0,0
	alle	96,1	95,6	-0,6	53,8	46,6	-7,2

Quelle: Mikrozensus 2003; BBR-Haushaltsprognose 2002–2020/Exp

lung in den einzelnen Teilräumen nicht isoliert voneinander, sondern in Relation zu anderen Regionen oder Regionstypen zu betrachten. Das in der Gegenwart oder jüngeren Vergangenheit beobachtete Haushaltsbildungsverhalten einer Region kann die Vorgabe für die Zukunft anderer Regionen sein. Dahinter steht eine bei vielen demographischen Verhaltensparametern feststellbare regionale Phasenverschiebung. Die gleichen Prozesse finden in manchen Regionen früher statt als in anderen.

Des Weiteren kann über räumliche Analogieschlüsse auch eine Annahme zur Konvergenz zwischen verschiedenen Teilräumen umgesetzt werden. Eine besondere Rolle kommt in diesem Zusammenhang der Angleichung oder zumindest einer Annäherung des Haushaltsbildungsverhaltens zwischen alten und neuen Ländern zu. Eine solche Annahme basiert auf einer Fortschreibung von relativ jungen Entwicklungen in den neuen Ländern, die Hinweise zur Ausdifferenzierung zwischen den siedlungsstrukturellen Raumtypen zeigen. Demnach nähert sich das Haushaltsbildungsverhalten in den ostdeutschen Agglomerationsräumen, etwa in Leipzig oder Dresden, stärker dem in westdeutschen Agglomerationen an.

Abbildung 3.3
Schema der Annahmensetzung

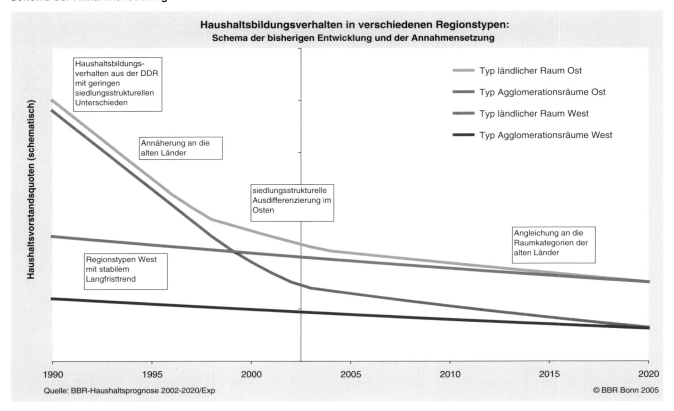

Quelle: BBR-Haushaltsprognose 2002-2020/Exp   © BBR Bonn 2005

(10)
Die CD-ROM ist beim Selbstverlag des BBR erhältlich. Sie stellt umfangreiche Ergebnisse der Raumordnungsprognose aus den Bereichen Bevölkerung, private Haushalte, Erwerbspersonen und Wohnungsmarkt bereit. Darüber hinaus sind die Textbeiträge dieses Berichte-Bands sowie zusätzliche Auswertungen und graphische Darstellungen von Prognoseergebnissen enthalten.

Bisher waren noch aus DDR-Zeiten und den Strukturbrüchen der Wendezeit stammende Besonderheiten für die Regionen der neuen Länder typisch. Dies gilt zum Beispiel für Familienhaushalte mit vergleichsweise jungem Vorstand, die in der DDR flächendeckend in Stadt und Land stark dominierten, während siedlungsstrukturelle Unterschiede nur von nachgeordneter Bedeutung waren. Diese Haushaltstypen sind für die Vermittlung der Annahmensetzung besonders geeignet. An ihnen orientiert sich Abbildung 3.3. Die stark schematisierte Graphik zeigt, wie sich als Fortschreibung von bestehenden Trends diese Prinzipien der Annahmensetzung und ihre Einbettung in die Entwicklung seit 1990 darstellen und wie die Sonderentwicklungen der neuen Länder mittelfristig durch die langfristigen Trends der Regionstypen aus den alten Ländern abgelöst werden.

Das Schema demonstriert zudem, dass eine simple Trendfortschreibung – etwa des Verlaufs der Zeitreihen in den neuen Ländern – im Kontext der gesamten Entwicklung keinesfalls zu plausiblen Annahmen füh-

ren muss. Stattdessen sind hier inhaltliche Überlegungen seitens der Modellbetreiber mindest genauso wichtig wie die formale und datentechnische Seite der Modellrechnungen.

Ergebnisse

Es entspricht dem erwähnten hohen räumlichen und sachlichen Differenzierungsgrad der Prognose, dass eine umfassende Darstellung aller Ergebnisse weder möglich noch sinnvoll ist. An dieser Stelle werden deshalb die wichtigsten Resultate zusammengefasst, sowie einige besonders charakteristische Entwicklungen wiedergegeben. Ausführliche Ergebnisse der Haushaltsprognose werden auf der CD-ROM „Raumordnungsprognose 2020/2050" veröffentlicht.[10]

Obwohl die Haushaltsprognose naturgemäß den Fokus auf die Zukunft richtet, wird bei der Vorstellung der Ergebnisse ebenso wie bei der Beschreibung der Annahmen auch des Öfteren ein Blick in die Vergangenheit vollzogen. Diese Vorgehensweise demonstriert, dass die prognostizierten Entwicklungen Teil eines kontinuierlichen Prozesses sind, der hier seit der Wiedervereinigung dargestellt wird, in weiten Teilen aber bereits früher begonnen hat. Dies gilt insbesondere für die alten Länder. In den neuen Ländern dagegen wurde mit der Wende 1989/90 auch im demographischen Bereich ein völlig neues Kapitel aufgeschlagen. Dies betrifft nicht zuletzt die privaten Haushalte, die durch ihre enge Verbindung zum Wohnungsmarkt, aber auch durch andere sich wandelnde ökonomische, politische und rechtliche Rahmenbedingungen erhebliche Umgestaltungen erfahren haben. Um dieser Sonderstellung gerecht zu werden, ist auch bei der Darstellung der Ergebnisse häufig eine Unterscheidung zwischen Ost und West sinnvoll.

Basisergebnisse

Tabelle 3.2 zeigt die Basisergebnisse für Deutschland insgesamt sowie im Ost-West-Vergleich. An den großen Trends der Vergangenheit ändert sich im Prognosezeitraum dabei nur wenig. Allerdings ist die künftige Entwicklung durch eine gegenüber den 1990er Jahren abgeminderte Dynamik gekennzeichnet:

• Die Bevölkerung vollzieht den Wandel vom Wachstum zur Schrumpfung und geht geringfügig zurück, die Zahl der Haushalte steigt dagegen um weitere 1,9 Mio., das entspricht einer Zunahme um 4,9 %. Entsprechend sinkt die durchschnittliche Haushaltsgröße von 2,13 auf 2,02.

• Die gegenläufige Dynamik der Haushaltsgrößen wird weiter fortgesetzt: Einer Zunahme der kleinen Haushalte steht die Abnahme der großen Haushalte mit drei oder mehr Mitgliedern gegenüber. Die größte Dynamik erfahren dabei die Zweipersonenhaushalte.

• Dieser Prozess bewirkt eine weitere Verschiebung der Anteile der Haushaltsgrößenklassen. Etwa drei Viertel aller Haushalte bestehen im Jahr 2020 aus einer oder zwei Personen.

Tabelle 3.2
Basisergebnisse der Haushaltsprognose

	1990		2002		Index (1990 = 100)	2020		Index (2002 = 100)
	absolut (in Tsd.)	Anteil in %	absolut (in Tsd.)	Anteil in %		absolut (in Tsd.)	Anteil in %	
Alte Länder (ohne Berlin)								
Bevölkerung in privaten Haushalten	61 868,9		65 784,7		106,3	66 626,7		101,3
Haushalte insgesamt	27 324,9	100,0	30 547,8	100,0	111,8	32 642,8	100,0	106,9
darunter Haushalte mit …								
einer Person	9 434,1	34,5	11 179,4	36,6	118,5	12 567,0	38,5	112,4
zwei Personen	8 338,5	30,5	10 269,4	33,6	123,2	11 907,0	36,5	115,9
drei Personen	4 522,7	16,6	4 180,1	13,7	92,4	4 021,9	12,3	96,2
vier Personen	3 542,5	13,0	3 482,6	11,4	98,3	2 951,7	9,0	84,8
fünf und mehr Personen	1 487,1	5,4	1 436,2	4,7	96,6	1 195,2	3,7	83,2
durchschnittliche Haushaltsgröße	2,26		2,15			2,04		
Neue Länder (mit Berlin)								
Bevölkerung in privaten Haushalten	18 208,7		16 999,5		93,4	15 644,4		92,0
Haushalte insgesamt	7 890,1	100,0	8 309,9	100,0	105,3	8 117,3	100,0	97,7
darunter Haushalte mit …								
einer Person	2 421,9	30,7	3 152,6	37,9	130,2	3 219,2	39,7	102,1
zwei Personen	2 490,9	31,6	2 879,6	34,7	115,6	3 181,3	39,2	110,5
drei Personen	1 482,4	18,8	1 288,9	15,5	86,9	1 002,7	12,4	77,8
vier Personen	1 195,6	15,2	786,2	9,5	65,8	570,7	7,0	72,6
fünf und mehr Personen	299,3	3,8	202,6	2,4	67,7	143,3	1,8	70,7
durchschnittliche Haushaltsgröße	2,31		2,05			1,93		
Bundesrepublik Deutschland								
Bevölkerung in privaten Haushalten	80 077,6		82 784,1		103,4	82 271,1		99,4
Haushalte insgesamt	35 215,0	100,0	38 857,7	100,0	110,3	40 760,0	100,0	104,9
darunter Haushalte mit …								
einer Person	11 856,1	33,7	14 332,0	36,9	120,9	15 786,2	38,7	110,1
zwei Personen	10 829,4	30,8	13 149,1	33,8	121,4	15 088,3	37,0	114,7
drei Personen	6 005,0	17,1	5 469,1	14,1	91,1	5 024,7	12,3	91,9
vier Personen	478,1	13,5	4 268,9	11,0	90,1	3 522,4	8,6	82,5
fünf und mehr Personen	1 786,4	5,1	1 638,8	4,2	91,7	1 338,5	3,3	81,7
durchschnittliche Haushaltsgröße	2,27		2,13			2,02		

Quelle: Laufende Raumbeobachtung des BBR, Mikrozensen 1991 und 2003, BBR-Haushaltsprognose 2002–2020/Exp

Alle diese Aussagen treffen tendenziell sowohl für die alten Länder als auch für die neuen Länder zu. Die demographischen Sonderentwicklungen, die die neuen Länder in den 1990er Jahren prägten, verlieren an Bedeutung. Sie sind aber trotzdem für einige Unterschiede zwischen Ost und West verantwortlich, die sich bis zum Ausgangsjahr 2002 herauskristallisiert haben, und die auch in der Zukunft noch Folgen haben werden. Vor allem der Vorsprung der neuen Länder bezüglich der Haushaltsverkleinerung bleibt in etwa konstant. Die durchschnittliche Haushaltsgröße im Jahr 2020 liegt mit 1,93 weiterhin deutlich unter dem Wert der alten Länder (2,02). Dies ist das Ergebnis einer Konsolidierung des Haushaltsverkleinerungsprozesses.

Grundsätzlich stehen hinter den massiven Änderungen der ostdeutschen Haushaltsstrukturen seit 1990 mehrere, sich überlagernde Prozesse:

In der DDR hatte sich eine andere Haushaltsgrößenstruktur entwickelt als im Westen. Eine wesentliche Rolle spielten dabei die Unterschiede im politisch-ökonomischen System. Da Haushalte auch durch das gemeinsame Wohnen von Menschen definiert sind, besteht eine enge Verbindung zwischen den Haushalten und dem Wohnungsmarkt. Ein ausreichendes, an den bevorzugten Haushaltsgrößen und -typen orientiertes Angebot an Wohnungen ist somit eine wichtige Voraussetzung für die Haushaltsbildung. In der DDR mit ihrem in weiten Teilen staatlich gelenkten Wohnungsmarkt musste es folglich dann zu Beschränkungen der Haushaltsbildung kommen, wenn die eigentlich gewünschten Haushalts- beziehungsweise Wohnformen nicht den Vorgaben entsprachen. Dies gilt vor allem für das gewollte Alleinleben jüngerer Erwachsener. Die in der DDR praktizierten frühen Eheschließungen und Geburten sind auch eine Reaktion auf die Bevorzugung von jungen Familien bei der Wohnraumvergabe. Somit bestand zum Zeitpunkt der Wiedervereinigung ein „Rückstau" an Haushaltsverkleinerungen.

Bei den größeren Haushalten fallen die gegenüber den alten Ländern etwas höheren Werte der Drei- und Vierpersonenhaushalte auf. Dies sind typischerweise die Haushalte (Familien mit einem bzw. zwei Kindern), auf die ein Großteil des Wohnungsangebots der DDR vornehmlich zugeschnitten war.

Haushalte mit fünf oder mehr Personen, also überwiegend große Familien, waren 1990 dagegen im Westen relativ häufiger anzutreffen. Sie spielen zwar in absoluten Zahlen keine große Rolle, zeigen aber sehr anschaulich die stärkeren Unterschiede in der Zusammensetzung der Haushaltsgrößen. In den alten Ländern hatte sich eine Tendenz zur Polarisierung der Haushaltsgrößenstruktur herausgebildet.

Die als Folge der Wiedervereinigung beginnenden Anpassungsprozesse an neue ökonomische und soziale Rahmenbedingungen bewirkten in den neuen Ländern eine spezielle Dynamik, die das zweite Charakteristikum der ostdeutschen Haushalte in den 1990er Jahren darstellt. Diese ist im Allgemeinen intensiver verlaufen als in den alten Ländern. Zu dieser Entwicklung hat nicht nur die Anpassung an das westliche Haushaltsbildungsverhalten beigetragen. Neben dieser Umverteilung der Bevölkerung auf die Haushalte sind durch erhebliche demographische Strukturbrüche, die sich nach 1989 vollzogen, einige markante Auswirkungen auf die Haushaltsdynamik vorgezeichnet:

• Die Wanderungsverluste gegenüber den alten Ländern führten zu einer tendenziellen Abnahme der Haushaltszahl (wenn ganze Haushalte fortzogen) oder zu Verkleinerungen (wenn einzelne Haushaltsmitglieder fortzogen).

• Der Geburtenrückgang der frühen 1990er Jahre führte kurzfristig zu Haushaltsverkleinerungen, weil erheblich weniger Kinder nachgeboren wurden, als erwachsen gewordene das Elternhaus verließen. Neben diesen unmittelbaren Folgen haben die Geburtenrückgänge auch langfristige Auswirkungen. Nach etwa zwanzig Jahren führen sie zu Ausfällen bei den Haushaltsneugründungen. Die Geburtenausfälle der Nachwendezeit sind nicht nur ein historisch unerreichter Einschnitt, sie sind auch ein demographischer Strukturbruch, der weitreichende (und oft irreversible) Folgen haben wird. Dies belegen die im Vergleich zum Westen deutlicheren Abnahmen der (Familien-)Haushalte mit drei und mehr Personen.

• Der Rückgang der Sterblichkeit vergrößerte die Zahl der Haushalte. Da insbesondere die Alterssterblichkeit abnahm, betraf dies vor allem die typischen Rentnerhaushalte, also Ein- und Zweipersonenhaushalte. Diese Effekte sind in der Zukunft, da sich die Lebenserwartungen zwischen Ost und West bereits jetzt deutlich angenähert haben, nur noch von geringer Bedeutung.

Mit der Entspannung der Wohnungsmärkte wurde es möglich, den „Rückstau" an Haushaltsverkleinerungen in den neuen Ländern abzubauen. Diese Konstellation wurde begünstigt durch die Bevölkerungsabnahme. Obwohl diese 6,6 % betrug, nahm die Zahl der Haushalte von 1990 bis 2002 um ca. 420 Tsd. oder 5,3 % zu. Dadurch sank die durchschnittliche Haushaltsgröße deutlich von 2,31 auf 2,05 Personen. Im Prozess der Haushaltsverkleinerung hat der Osten damit den Westen inzwischen überholt. Im Prognosezeitraum wird allerdings die Zahl der Haushalte in den neuen Ländern bis 2020 wieder leicht abnehmen.

Der grundsätzliche, aus der Theorie abgeleitete Zusammenhang zwischen dem Alter des Haushaltsvorstands und der Haushaltsgröße (vgl. Abb. 3.1) lässt sich nun für die Gegenwart und den Prognosezeitraum anhand der konkreten Daten überprüfen. Das Ergebnis dieser Analyse ist in Tabelle 3.3 dargestellt.[11] Hohe (positive) Werte bedeuten, dass der jeweilige Haushaltstyp von der Altersgruppe überdurchschnittlich bevorzugt wird, niedrige (negative) Werte treten dann auf, wenn Personen einer Al-

tersgruppe besonders selten Vorstand eines Haushalts der jeweiligen Größe sind.

Die „parabelförmige" optische Hervorhebung der hohen Werte in der Tabelle ist damit eine vereinfachte Visualisierung des Lebenszyklus in seiner Funktion als Grundlage der Haushaltsgrößenstrukturen. Dieser Zusammenhang ist auch für das Jahr 2020 nachvollziehbar. Aus diesen Prinzipien ergibt sich, dass sich Änderungen in der altersstrukturellen Zusammensetzung der Bevölkerung direkt auf die Anteile der einzelnen Haushaltsgrößen auswirken müssen, ohne dass das individuelle Verhalten, also die Haushaltsvorstandsquoten, sich verändert. Man spricht dann von so genannten Struktureffekten. Demgegenüber stehen die so genannten Verhaltenseffekte, Modifikationen der Haushaltsgrößenstrukturen, die auf den Veränderungen der Bevorzugung bestimmter Haushaltstypen durch Personen einer bestimmten Altersgruppe entstehen. Die meisten Veränderungen bei Zahl und Zusammensetzung der privaten Haushalte basieren – in der Vergangenheit wie im Prognosezeitraum – auf dem Nebeneinander solcher Struktur- und Verhaltenseffekte. Dies gilt in besonderem Maße für die fortgesetzte Haushaltsverkleinerung, die das zentrale Ergebnis der Prognose bildet. Sowohl die Alterung der Bevölkerung als auch das Haushaltsbildungsverhalten verursachen diesen Trend zu kleinen Haushalten.

(11)
Die dargestellten standardisierten Residuen basieren auf Komponenten des χ^2-Tests, die hier aber nur deskriptiv verwendet werden. Die tatsächlich beobachteten Kombinationen von Altersgruppen und Haushaltsgrößen werden verglichen mit den dazugehörigen theoretisch zu erwartenden Häufigkeiten. Diese beschreiben die Verteilung der Haushaltsgrößen auf die Altersgruppen der Haushaltsvorstände, die sich ergeben würde, wenn kein Zusammenhang zwischen den beiden Merkmalen bestehen würde.

Tabelle 3.3
Zusammenhang zwischen Haushaltsgröße und Alter des Haushaltsvorstandes im Zeitvergleich

Jahresende	Vorstand eines Haushalts mit ... Personen	Alter des Haushaltsvorstands von ... bis unter ... Jahre					
		0–24	25–34	35–44	45–54	55–64	65 und älter
2002	1	**22,8**	**8,4**	-15,2	-18,1	-11,7	**21,7**
	2	-8,2	-11,5	-23,9	-6,6	**26,0**	**18,8**
	3	-9,2	5,1	**15,0**	**18,3**	-2,5	-26,6
	4	-12,2	0,6	**37,1**	**17,0**	-15,1	-30,9
	5+	-7,8	-2,7	**25,5**	**11,3**	-10,3	-18,9
2020	1	**20,1**	**11,5**	-7,0	-14,4	-12,6	**10,2**
	2	-8,0	-12,7	-22,8	-13,4	**17,5**	**24,8**
	3	-9,3	3,3	**12,6**	**18,5**	5,9	-26,7
	4	-11,0	-1,4	**32,9**	**25,6**	-9,9	-30,0
	5+	-6,4	-0,8	**22,8**	**17,3**	-10,8	-17,7
Differenz 2020 minus 2002	1	-2,7	3,1	**8,2**	3,7	-0,8	**-11,4**
	2	0,2	-1,3	1,1	**-6,9**	**-8,6**	5,9
	3	-0,1	-1,8	-2,4	0,2	**8,4**	0,0
	4	1,2	-2,0	-4,2	**8,6**	**5,2**	0,8
	5+	1,4	1,9	-2,7	**5,9**	-0,6	1,2

Anmerkung: Die angegebenen Werte sind standardisierte Residuen (erläutert in Fußnote 11)

Quelle: BBR-Haushaltsprognose 2002–2020/Exp

Dementsprechend werden in letzter Zeit wiederholt Begriffe wie „Singularisierung"[12] oder „Vereinzelung"[13] als eine weitere Komponente des demographischen Wandels genannt, die sich in den Ergebnissen der Haushaltsprognose widerspiegelt und die in Kapitel 2 zur Bevölkerungsprognose beschriebenen Merkmale ergänzt.

An der grundsätzlichen Dominanz des Lebenszyklus als Bestimmungsgröße für die Haushaltsbildung ändert sich in der Zukunft zwar nur wenig, an einigen Stellen in Tabelle 3.3 sind aber durchaus Veränderungen erkennbar. Der Vergleich der Jahre 2002 bis 2020 zeigt somit eine Zusammenfassung von Änderungen im Haushaltsbildungsverhalten. Hier ist insbesondere die Zunahme der Werte bei den größeren Haushalten und den 45- bis 64-Jährigen bemerkenswert. Dies hängt vor allem mit der weiter anhaltenden Verlagerung der Familienbildung in spätere Lebensphasen zusammen. Altersgruppen, die bisher schwerpunktmäßig die Eltern von bereits aus dem Elternhaus ausgezogenen Kindern bilden, sind in Zukunft zunehmend noch Vorstand eines Familienhaushalts. Auf der anderen Seite sind die jüngeren Altersgruppen stärker als bisher in den kleinen Haushalten zu finden, auch weil ein zunehmend größerer Teil von ihnen seine Familienbildungsphase noch vor sich hat.

Regionale Unterschiede

Eine zentrale Eigenschaft der regionalen Bevölkerungsentwicklung in den 1990er Jahren ist das Nebeneinander von wachsenden und schrumpfenden Regionen. Für die Haushalte gilt diese pauschale Aussage nicht. Auch Regionen mit merklichen Bevölkerungsverlusten sind bezüglich der Zahl der Haushalte durch Zunahmen, zumindest aber durch Stabilität gekennzeichnet. Dies gilt in besonderem Maße für die neuen Länder. Hier kompensieren die mit der Haushaltsverkleinerung verbundenen Zunahmen der Haushaltszahlen die durch Bevölkerungsverluste ausgelösten Abnahmen, so etwa in ländlichen Regionen in Mecklenburg-Vorpommern.

Karte 3.1 zeigt die Dynamik der privaten Haushalte auf der Ebene der Raumordnungsregionen. Eine Sonderrolle kommt den Regionen Brandenburgs zu, in denen die Gemeinden des Berliner Umlands liegen. Sie hatten allein durch ihre Wanderungsgewinne im Zuge der Suburbanisierung deutliche Bevölkerungsgewinne zu verzeichnen. Diese waren aber auf das eigentliche engere Berliner Umland begrenzt. Der Zuschnitt der Raumordnungsregionen in Brandenburg bewirkt also eine kartographische Überzeichnung dieser Entwicklung.

Im Westen stehen vorwiegend ländliche Regionen an der Spitze der Dynamik: das Emsland und das westliche Niedersachsen, das südöstliche Bayern und Teile von Rheinland-Pfalz. Hierbei handelt es sich um (ländliche und überwiegend katholisch geprägte) Regionen, in denen der Geburtenrückgang der 1960er/70er Jahre besonders spät einsetzte. Diese regionaldemographische Phasenverschiebung bescherte den Regionen zwei Jahrzehnte später noch viele Haushaltsneugründungen, zu einer Zeit also, wo diese im Rest des Landes bereits rückläufig waren.

Die Agglomerationsräume der alten Länder fallen dagegen überwiegend durch nur mäßige Zunahmen der Haushaltszahlen auf. Erst in einem zweiten Ring um die Kernstädte fand noch ein nennenswertes Wachstum statt, was besonders deutlich bei den süddeutschen Agglomerationsräumen (München, Stuttgart) sichtbar wird. Vor allem im Süden der neuen Länder verläuft dieses siedlungsstrukturelle Gefälle teilweise umgekehrt. Hier hatten die Agglomerationsräume und verstädterten Räume sichtbare Zunahmen, während die Haushaltszahlen der ländlichen Räume in den 1990er Jahren stagnierten. An dieser Stelle spiegelt die Dynamik der privaten Haushalte räumliche Muster der Bevölkerungsdynamik wider.

Die künftige Dynamik der privaten Haushalte in den Regionen ist in Karte 3.2 dargestellt. Die Karte spiegelt in ihren Grundmustern die Dynamik der Bevölkerung wider. Allerdings besteht zwischen der Veränderung der Haushaltszahl und der Bevölkerung grundsätzlich ein Niveauunterschied, der sich aus der Haushaltsverkleinerung ableitet. In den meisten Fällen führt sie bei den Haushalten zu größeren Zunahmen oder geringeren Abnahmen als bei der Bevölkerungszahl. Bei der Bevölkerung weisen 51 Regionen Gewinne und 46 Regionen Verluste bis zum Jahr 2020 auf. Bei den Haushalten ist dagegen die Spaltung der Dynamik verschoben. Immerhin

(12)
Kemper, F.-J.: Bevölkerungsgeographische Entwicklungen seit der Wende in Berlin. In: Die Erde 134 (2003) Heft 3, S. 235–255

(13)
Mäding, H.: Demographischer Wandel als Herausforderung für die Kommunen. In: Gans, P.; Schmitz-Veltin, A.: Demographische Trends in Deutschland – Folgen für Städte und Regionen. Räumliche Konsequenzen des demographischen Wandels, Teil 6. Forschungs- und Sitzungsberichte der Akademie für Raumforschung und Landesplanung, Bd. 226. Hannover 2006, S. 338–354

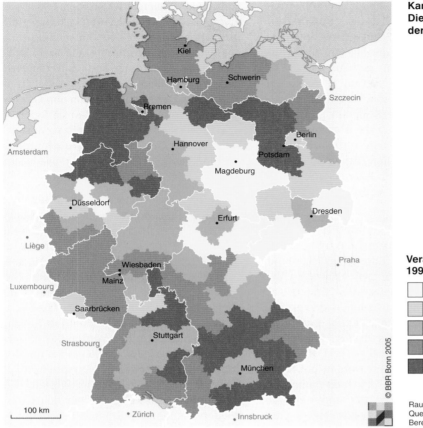

Karte 3.1
Die privaten Haushalte seit
der Wiedervereinigung

Veränderung der Zahl der Haushalte
1990 bis 2002 in %

	bis unter 2,5
	2,5 bis unter 7,5
	7,5 bis unter 12,5
	12,5 bis unter 17,5
	17,5 und mehr

Raumordnungsregionen, Stand 1.1.2000
Quelle: Mikrozensen 1991 und 2002,
Berechnungen des BBR

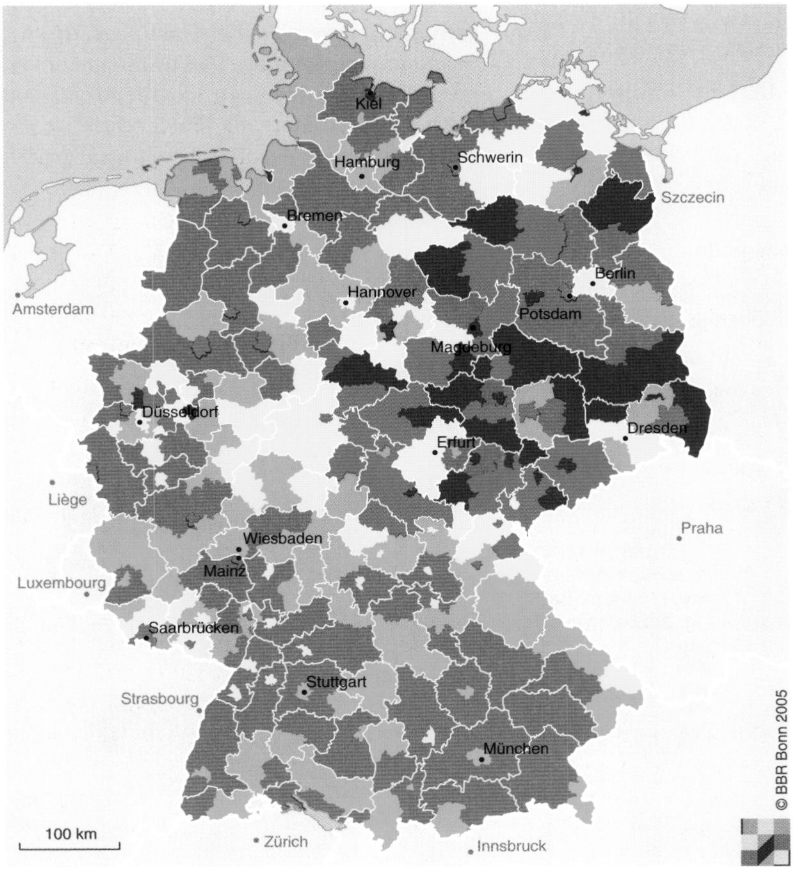

Karte 3.2
Die Dynamik der privaten Haushalte bis 2020

Veränderung der Zahl der Haushalte
2002 bis 2020 in %

	bis unter -10
	-10 bis unter -3
	-3 bis unter 3
	3 bis unter 10
	10 und mehr

Kreise, Stand 31.12.2000;
Raumordnungsregionen, Stand 1.1.2000
Quelle: Laufende Raumbeobachtung des BBR,
BBR-Haushaltsprognose 2002-2020/Exp

© BBR Bonn 2005

24 Regionen verzeichnen eine Abnahme der Haushaltszahl, 73 eine Zunahme. Im Zeitraum 1990 bis 2002 mussten hingegen nur vier Regionen (die alle im Süden der Neuen Länder liegen) geringe Verluste ihrer Haushaltszahlen in Kauf nehmen. Das künftige Nebeneinander von wachsenden und schrumpfenden Regionen ist also ein wesentliches Merkmal der Haushaltsdynamik in ihrer regionalen Verteilung. Diese Aussage gilt für die alten Länder ebenso wie für die neuen Länder. Allerdings bestehen einige Unterschiede bezüglich der betroffenen Regionstypen.

Im Westen konzentrieren sich Verluste und Stagnation vor allem auf die altindustrialisierten Regionen (Ruhrgebiet, Saarland, Wesermündung). Die bedeutsamsten Zunahmen der Haushaltszahlen finden sich dagegen bei Nachbarregionen der großen Agglomerationsräume. Dies ist besonders deutlich bei den süddeutschen Agglomerationen Stuttgart, München und Nürnberg zu sehen, aber auch im Norden bei Hamburg und Bremen. Auf der Kreisebene sind es häufig nicht mehr die unmittelbaren Umlandkreise, sondern ein zweiter Ring um die Agglomerationsräume, der die höchsten Gewinne aufweist. Die Kerne der Agglomerationsräume sind dagegen nur durch mäßiges Wachstum geprägt.

Im Osten weist das Umland von Berlin die höchsten Gewinne auf. Auch einige andere Agglomerationsräume der neuen Länder verzeichnen leichte Zunahmen. Dies gilt auch für das westliche Mecklenburg, das durch seine Lagegunst von Zuwanderungen aus dem Raum Hamburg und Lübeck profitiert. Die Abnahmen konzentrieren sich dagegen vor allem in Sachsen-Anhalt und Thüringen. Das Nebeneinander von Gewinnen und Verlusten ist im Osten stärker ausgebildet als im Westen. Dies gilt sowohl für die großräumige Verteilung als auch für das kleinräumige Gefälle, und hier wiederum innerhalb der Agglomerationsräume.

Die Haushaltsverkleinerung lässt sich zusammengefasst anhand der durchschnittlichen Haushaltsgröße nachvollziehen. Karte 3.3 gibt insbesondere Hinweise darauf, wo die Haushaltsverkleinerungen besonders ausgeprägt sein werden. Die Feststellung, dass die neuen Länder die alten Länder hinsichtlich der Haushaltsverkleinerung inzwischen überholt haben, findet sich auch in den Werten der einzelnen Regionen wieder. Die Regionen mit der größten durchschnittlichen Personenzahl je Haushalt liegen durchweg im Westen. Die Verhältnisse zum Zeitpunkt der deutschen Wiedervereinigung (vgl. Tab. 3.1) haben sich damit praktisch umgekehrt.

Bei der eigentlichen Dynamik ist der Zusammenhang mit der Siedlungsstruktur besonders ausgeprägt. Die größten Abnahmen finden in einigen Regionen in den alten Ländern statt, die 2002 relativ große Haushalte aufwiesen; dort ist das größte

Karte 3.3
Künftige Entwicklung der durchschnittlichen Haushaltsgröße

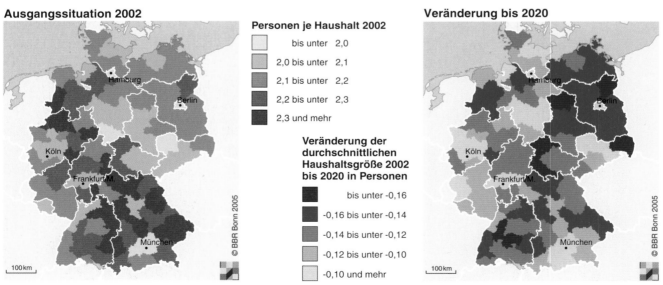

Raumordnungsregionen, Stand 1.1.2000; Quelle: Mikrozensus 2003, Berechnungen des BBR, BBR-Haushaltsprognose 2002-2020/Exp

Potenzial zur Verkleinerung vorhanden. Dies sind vor allem die Regionen in der Nachbarschaft der Agglomerationsräume. Die hohen Werte der durchschnittlichen Haushaltsgröße 2002 sind auch ein Ergebnis der vermehrten Verlagerung von Familienwanderungen aus den Agglomerationen in diese Räume in der jüngeren Vergangenheit.[14] Die starke Verkleinerung ist wiederum eine direkte Folge des normalen Lebenszyklus: Nach über 20 Jahren erreicht die Phase der Familienauflösung mit dem Fortzug der erwachsen gewordenen Kinder unausweichlich diese Regionen. Dies wird besonders bei den süddeutschen Agglomerationsräumen sichtbar, vor allem bei jenen Regionen in Baden-Württemberg, die ringförmig die Region Stuttgart umgeben.

Hinter der Abnahme der durchschnittlichen Haushaltsgröße steht die gegenläufige Dynamik der einzelnen Haushaltsgrößen. Die Karten 3.4 bis 3.7 zeigen die generelle Zunahme der Ein- und Zweipersonenhaushalte sowie die Abnahmen der größeren Haushalte in ihrer regionalen Differenzierung.[15]

Bei den Einpersonenhaushalten (Karte 3.4) fallen solche Regionen besonders auf, die Umlandfunktionen für benachbarte Regionen mit größeren Zentren erfüllen. Dies ist im Raum Berlin/Brandenburg besonders deutlich sichtbar, gilt aber ebenso für das Umland von Hamburg oder die bereits beschriebene Entwicklung in den Regionen,

die die süddeutschen Agglomerationen umgeben. Diese Räume zeichnen sich durch zwei Eigenschaften aus: Sie sind bezüglich der Bevölkerung weiterhin Wachstumsräume, und ihre Altersstruktur bewegt sich verstärkt in Richtung jener Altersgruppen, die kleine Haushalte bilden. Hier finden die größten Zunahmen statt. Dass bei den pauschal zunehmenden Einpersonenhaushalten aber auch Regionen mit Abnahmen existieren, beruht auf Bevölkerungsabnahmen, deren Auswirkungen nicht wie in vielen anderen Fällen durch die stärkere Bevorzugung von kleinen Haushalten durch die schrumpfende Bevölkerung kompensiert werden können. Dies sind nicht zuletzt solche Fälle, die bereits heute durch kleine Haushalte geprägt werden (vgl. Karte 3.3).

Was für die Einpersonenhaushalte zutrifft, gilt vielfach auch für die Zweipersonenhaushalte (Karte 3.5), den Haushaltstyp mit der insgesamt größten Zunahme. Hier sind ähnliche räumliche Muster wie bei den Einpersonenhaushalten dominierend, und die Ursachen sind ähnlicher Natur. Allerdings sind Regionen mit Abnahmen kaum anzutreffen. Dies zeigt nochmals, dass die Zunahme der Zweipersonenhaushalte besonders dynamisch verläuft.

Bei den Dreipersonenhaushalten (Karte 3.6) sind die Ost-West-Unterschiede besonders hervorstechend. In den neuen Ländern ist wiederum der Rückgang in den ländlichen peripheren Räumen (östliches Mecklen-

(14)
Vgl. Schlömer, C.: Binnenwanderungen seit der deutschen Einigung. In: Raumforschung und Raumordnung (2004) Heft 2, S. 96–108

(15)
Die Haushalte mit fünf und mehr Personen sind zwar für das Verständnis der Haushaltsdynamik in ihrer räumlichen Dimension und nicht zuletzt im Ost-West-Vergleich ein besonders markantes Beispiel, ihre absolute Zahl ist jedoch von untergeordneter Bedeutung. Für diese abschließende Betrachtung sind sie deshalb mit den Vierpersonenhaushalten zusammengefasst.

Karte 3.4
Dynamik der Einpersonenhaushalte bis 2020

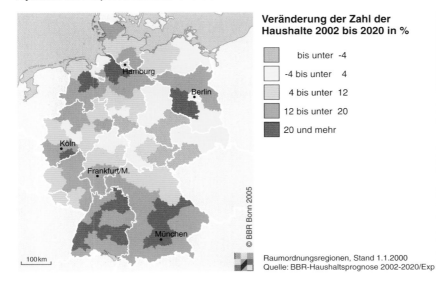

Veränderung der Zahl der Haushalte 2002 bis 2020 in %

- bis unter -4
- -4 bis unter 4
- 4 bis unter 12
- 12 bis unter 20
- 20 und mehr

Raumordnungsregionen, Stand 1.1.2000
Quelle: BBR-Haushaltsprognose 2002-2020/Exp

Karte 3.5
Dynamik der Zweipersonenhaushalte bis 2020

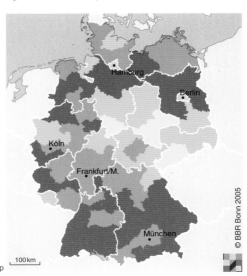

burg-Vorpommern, Thüringen, Sachsen-Anhalt) besonders ausgeprägt. Dies ist nicht nur eine Folge der Bevölkerungsverluste. Hierbei handelt es sich nicht zuletzt um solche Regionen, die in den 1990er Jahren einen noch recht hohen Anteil an Dreipersonenhaushalten aufwiesen, der jedoch durch den Abbau der Vierpersonenhaushalte zustande gekommen war. In der Zukunft durchlaufen auch diese schrumpfenden Familien weiter die Phasen der Auflösung im Zuge des Lebenszyklus. In den Agglomerationsräumen ist dieser Prozess weniger intensiv; am geringsten ist er im Großraum Berlin ausgebildet, der auch an dieser Stelle seine Sonderstellung innerhalb der neuen Länder offenbart.

Entgegen dem pauschalen Trend gibt es aber auch Regionen mit Zunahmen der Dreipersonenhaushalte. Diese liegen fast nur in den alten Ländern, mit einem besonderen Schwerpunkt in Oberbayern. Generell sind im Westen die Abnahmen längst nicht so gravierend wie im Osten, die alten Länder werden von Regionen mit annähernd stabiler Zahl der Dreipersonenhaushalte dominiert.

Bei den Vier- und Mehrpersonenhaushalten (Karte 3.7) lassen sich in den neuen Ländern ähnliche Muster wie für die Dreipersonenhaushalte erkennen. Auch hier haben die Agglomerationsräume mit dem Vorreiter Berlin die geringsten Verluste zu verzeichnen. Im Westen sind die räumlichen Schwerpunkte der Dynamik ebenfalls

in weiten Teilen deckungsgleich mit denen der Dreipersonenhaushalte, zeichnen sich aber durch ein anderes Niveau aus, das eine flächendeckende Abnahme zur Folge hat.

Kleinräumige Dynamik

Obwohl die Analyse der Dynamik auf der Ebene der Regionen eigentlich kleinräumige Unterschiede überdecken sollte, haben sich an mehr als einer Stelle Hinweise auf räumliche Muster herauskristallisiert, deren Ausprägung nicht großräumigen Charakter hat, sondern auf intraregional relevante Prozesse schließen lässt. Dies betrifft vor allem jene Regionen, die primär Umlandfunktionen für Agglomerationsräume erfüllen.

Die Verteilung der Ergebnisse der Haushaltsprognose auf die Kreise ermöglicht es, auch kleinräumige Unterschiede in der prognostizierten Entwicklung der privaten Haushalte zu untersuchen und darzustellen. Einige dieser Ergebnisse sind in der Karte 3.2 bereits zu sehen. Tiefergehende Aussagen sind jedoch in erster Linie für siedlungsstrukturelle Kreistypen sinnvoll. Eine solche Kategorisierung ist ähnlich gestaltet wie die räumliche Zwischenebene der Annahmensetzung und bleibt damit interpretierbar und übersichtlich.

Die kleinräumige Dynamik ist geprägt von Verschiebungen der Haushalte zwischen den Kernstädten und den Umlandkategorien. Diese folgen in weiten Bereichen der entsprechenden Bevölkerungsdyna-

Karte 3.6
Dynamik der Dreipersonenhaushalte bis 2020

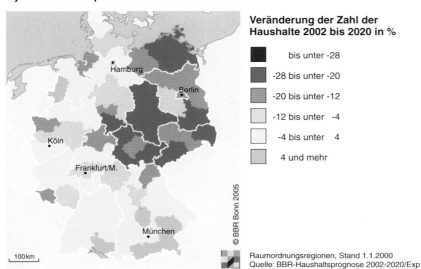

Veränderung der Zahl der
Haushalte 2002 bis 2020 in %

bis unter -28

-28 bis unter -20

-20 bis unter -12

-12 bis unter -4

-4 bis unter   4

4 und mehr

Raumordnungsregionen, Stand 1.1.2000
Quelle: BBR-Haushaltsprognose 2002-2020/Exp

Karte 3.7
Dynamik der Haushalte mit vier und mehr Personen bis 2020

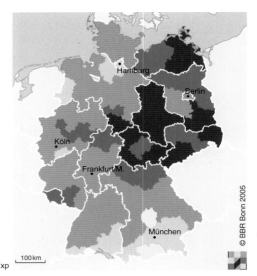

mik. Durch die fast flächendeckende Haushaltsverkleinerung sind die Zunahmen der Haushaltszahlen aber größer als die Bevölkerungsgewinne, Verluste dagegen sind bei den Haushaltszahlen geringer ausgeprägt.

Für die Darstellung der kleinräumigen Veränderungen der Haushaltsgrößenstrukturen wurden die neun Kreistypen zu drei Grundkategorien zusammengefasst, getrennt nach alten und neuen Ländern (vgl. Abb. 3.4). Diese Typen repräsentieren die Kernstädte, die verdichteten und hoch verdichteten Umlandkreise und die ländlichen Kreise. Der Haupttrend einer Haushaltsverkleinerung, der in einer Zunahme der Anteile der Ein- und Zweipersonenhaushalte und einer Abnahme der großen Haushalte besteht, gilt auch auf dieser räumlichen Ebene.

Tendenziell lässt sich für alle Verschiebungen der Anteile der Haushaltsgrößen eine ähnliche Beziehung zur Siedlungsstruktur nachweisen. Die Städte weisen durchweg die geringste Dynamik auf, die ländlichen Kreise die größte. Diese Unterschiede der Intensität sind in den neuen Ländern deutlicher als im Westen. Somit zeigt sich erneut der systematische Zusammenhang zwischen der Intensität des Verkleinerungsprozesses und der Ausgangssituation, der bereits auf der Ebene der Raumordnungsregionen charakteristisch war. Die Kernstädte, in denen die Haushaltsverkleinerung bereits am weitesten fortgeschritten war, haben nur noch mäßige Verschiebungen zugunsten der kleinen Haushalte zu verzeichnen. Die ländlichen Räume mit ihren vergleichsweise hohen Anteilen an großen Haushalten holen weiter auf. Auch das kleinräumige Gefälle der Haushaltsgrößenstrukturen bleibt zwar als solches erhalten, wird aber zusehends schwächer.

Fazit

Die Verteilung auf die privaten Haushalte lässt sich als ein zusätzliches Merkmal der inneren Zusammensetzung der Bevölkerung auffassen. Die Haushalte als ganzes unterliegen somit ebenso wie die Bevölkerung den verschiedenen Auswirkungen des demographischen Wandels. Die räumlichen Muster von Bevölkerungs- und Haushaltsdynamik sind daher in vielerlei Hinsicht kongruent. Diese Trends werden aber durch

Abbildung 3.4
Kleinräumige Dynamik der Haushaltsgrößenstruktur 2002 bis 2020

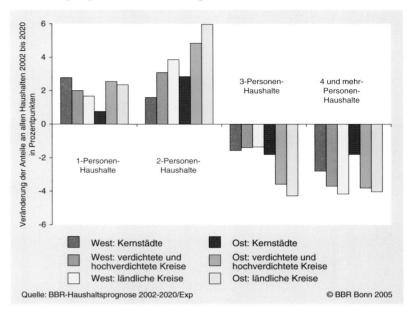

Quelle: BBR-Haushaltsprognose 2002-2020/Exp   © BBR Bonn 2005

die internen Verschiebungen, die sich hinter der Gesamtdynamik verbergen, überlagert.

Sowohl die Alterung der Bevölkerung als auch die Individualisierung der Gesellschaft bewirken eine Tendenz hin zu mehr kleineren Haushalten. Diese beiden Trends können so den allein auf die Bevölkerungsabnahmen zurückgehenden Schrumpfungsprozessen entgegenwirken. Dies gilt insbesondere für die kleinen Haushaltstypen. Für Ein- und Zweipersonenhaushalte sind daher – selbst in Regionen mit größeren Bevölkerungsabnahmen – Zunahmen der Haushaltszahlen durchaus realistisch. Für die großen Haushalte sind dagegen im Umkehrschluss die Schrumpfungs- und Stagnationsszenarien umso bedeutsamer.

Das Nebeneinander von Gegensätzen, von Wachstum und Schrumpfung charakterisiert die Probleme der regionalen Bevölkerungsentwicklung. Diese Polarisierung ist auch für die Zukunft der Haushalte in den Regionen charakteristisch. Sie wird aber durch die innere Dynamik der privaten Haushalte zusätzlich ausdifferenziert. Für die privaten Haushalte gilt ganz besonders die Notwendigkeit, in den Regionen individuelle Anpassungsstrategien – zum Beispiel der Wohnungsversorgung – zu verfolgen, die sich einem flächendeckenden Konzept entziehen.

4 Die Erwerbspersonen

Hansjörg Bucher, Claus Schlömer

Der langfristige demographische Wandel wird auch das Erwerbspersonenpotenzial und die Zahl der Erwerbspersonen treffen. Hinzu kommen vermutlich langfristige Veränderungen der Erwerbsbeteiligung, denn die Heraufsetzung des gesetzlichen Rentenalters wie auch eine Verkürzung der Ausbildungszeiten verlängern die Lebensarbeitszeit und modifizieren die demographischen Trends verstärkend oder abschwächend. Ergeben sich hierbei auch räumliche Besonderheiten? Auf diese Frage will die Erwerbspersonenprognose des BBR eine Antwort geben. Sie betrachtet eine Seite der regionalen Arbeitsmärkte aus dem Blickwinkel der Demographie und konzentriert sich dabei auf die fernere Zukunft. Nicht gefragt wird nach kurzfristigen Schwankungen der Marktsituation oder nach Reaktionen der anderen Markseite, wie sie sich in der „stillen Reserve" zeigen.

Auch BBR-Erwerbspersonenprognosen besitzen eine Tradition, wenngleich eine nicht so lange wie Bevölkerungsprognosen. Die ersten Prognosen waren noch Auftragsarbeiten für Bundesministerien, die Strukturdatenprognose der Bundesverkehrswegeplanung des Bundesverkehrsministeriums sowie ein Arbeitsmarktindikator für die Neuabgrenzungen der Fördergebietskulisse im Rahmen der Gemeinschaftsaufgabe „Verbesserung der regionalen Wirtschaftsstruktur" durch das Bundeswirtschaftsministerium. Seit 1994 als eigenständige Daueraufgabe, legt das BBR nunmehr zum vierten Mal eine regionalisierte Prognose der Erwerbspersonen vor.[1]

Methodik

Die neue Prognose stützt sich auf ein bewährtes Instrumentarium. Sie leistet vor allem eine Aktualisierung der Ausgangssituation von 1999 auf 2002 (jeweils Jahresende), lässt aber ihren Prognosehorizont unverändert bei 2020. Der Prognoseakt findet weiterhin auf der Ebene der Raumordnungsregionen statt, die näherungsweise auch als Arbeitsmarktregionen gelten können. Deren Prognoseergebnisse werden mit Hilfe zusätzlicher kleinräumiger Informationen auf die Kreise innerhalb der Regionen

verteilt. Der hohe Differenzierungsgrad des Prognosemodells erschwert die Darstellung der Annahmen und Ergebnisse. Deshalb werden parallel zu dieser Publikation Annahmen und Ergebnisse in größerem Umfang auf der CD-ROM „Raumordnungsprognose 2020/2050" veröffentlicht.[2]

Die Zahl der künftigen Erwerbspersonen wird prognostiziert durch eine Verknüpfung der Personen im erwerbsfähigen Alter mit deren Erwerbsbeteiligung. Die Personen werden übernommen aus der oben vorgestellten BBR-Bevölkerungsprognose. Damit verbleibt als zentrale Aufgabe die Prognose der Erwerbsbeteiligung, operationalisiert durch die Erwerbsquoten.

Diese werden für beide Geschlechter und alle Altersgruppen der erwerbsfähigen Bevölkerung ausgewiesen und haben neben dieser sachlichen eine zeitliche und eine räumliche Dimension, den ersten Wohnsitz der Erwerbspersonen. Die regionalen Erwerbsquoten werden für die Vergangenheit geschätzt und für die Zukunft prognostiziert. Die Quoten werden als modellexogen betrachtet, ihr zeitlicher Verlauf ist von einem langfristigen autonomen Trend abhängig. Dies kann aber kurzfristig anders sein. Denn die Erwerbsbeteiligung variiert in der Regel mit der Arbeitsmarktsituation: Der Weg in die stille Reserve führt dazu, dass das Erwerbsverhalten neben einem langen Trend auch kurzfristigen, konjunkturellen Schwankungen unterliegt. Deren Prognose liegt allerdings nicht im Anspruch des Modells, dessen Erkenntnisziel die Auswirkungen des demographischen Wandels auf das Arbeitskräfteangebot sind.

Bereits die Schaffung der empirischen Datenbasis erfordert erheblichen analytischen Aufwand. Erwerbspersonen werden in feiner sachlicher und räumlicher Differenzierung lediglich in langjährigen Abständen bei Volkszählungen vollständig erfasst, jedoch nicht fortgeschrieben. Eine Zeitreihe ergibt sich aus der jährlichen Stichprobe des Mikrozensus, in dessen festem Frageteil die Erwerbsbeteiligung bereits seit Jahrzehnten ermittelt und hochgerechnet wird. Die Datenbasis enthält insofern immer einen Stichprobenfehler, der für den Gesamtraum nahezu unerheblich ist, bei

(1)
Für das vereinte Deutschland wurden bisher BBR-Erwerbspersonenprognosen in folgenden Basispublikationen vorgestellt:

Maretzke, S.; Blach, A.: Das Arbeitskräfteangebot in den Regionen Deutschlands bis 2010. In: Inform. z. Raumentwickl. (1994) Heft 12, S. 881–902

Maretzke, S.: Die Entwicklung des Arbeitskräfteangebots in den Regionen Deutschlands bis 2015. In: Inform. z. Raumentwickl. (1999) Heft 11/12, S. 793–807

Bucher, H.; Schlömer, C.: Die Erwerbspersonen in den Regionen der Bundesrepublik Deutschland 1990 und 2020. In: Inform. z. Raumentwickl. (2004) Heft 3/4, S. 151–167

(2)
Die CD-ROM ist beim Selbstverlag des BBR erhältlich. Sie stellt umfangreiche Ergebnisse der Raumordnungsprognose aus den Bereichen Bevölkerung, private Haushalte, Erwerbspersonen und Wohnungsmarkt bereit. Darüber hinaus sind die Textbeiträge dieses Berichte-Bands sowie zusätzliche Auswertungen und graphische Darstellungen von Prognoseergebnissen enthalten.

Abbildung 4.1
Das BBR-Erwerbspersonenmodell in der Raumordnungsprognose und seine Komponenten

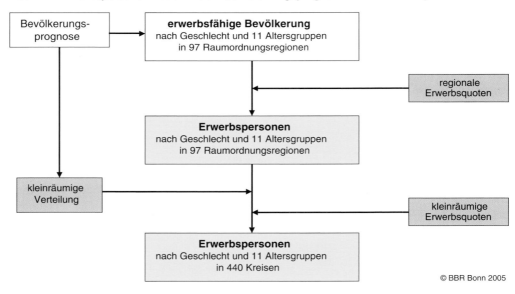

© BBR Bonn 2005

(3)
In diesen Sonderauswertungen werden Erwerbsquoten wechselweise a) in feiner räumlicher bei grober sachlicher und b) in grober räumlicher bei feiner sachlicher Differenzierung ermittelt. Feiner Regionsbezug sind die 97 Raumordnungsregionen, die grobe Regionalisierung wird über Clusteranalysen aus Informationen zur Erwerbsbeteiligung eigens für diese Regionalauswertung der Mikrozensen hergestellt. Beide räumliche und sachliche Ebenen werden so miteinander verknüpft, dass letztlich für jede der 97 Regionen die Erwerbsbeteiligung in feiner alters- und geschlechtsspezifischer Differenzierung festgestellt wird.

einer Regionalisierung jedoch zu größeren Qualitätsverlusten führen kann.

Um einerseits räumlich und sachlich hinreichend differenzierte Informationen zur Erwerbsbeteiligung zu erlangen, andererseits aber auch die Qualitätsansprüche an die Datenbasis nicht zu sehr senken zu müssen, werden seit ca. 20 Jahren in Kooperation zwischen dem Statistischen Bundesamt und dem Bundesamt für Bauwesen und Raumordnung mit einem ausgefeilten Verfahren Regionalaufbereitungen der Mikrozensen durchgeführt.[3] Aus dieser Kooperation existiert für das geeinte Deutschland eine Zeitreihe der Erwerbsquoten von 1991 bis 2003 für beide Geschlechter und jeweils elf Altersgruppen in den 97 Raumordnungsregionen. Sie ist die Datengrundlage für die Prognose der Erwerbsquoten.

Die Verhaltensinformationen der Vergangenheit stützen sich auf Schätzannahmen, die mit zahlreichen analytischen Verfahren abgesichert werden. In den Regionalaufbereitungen der Mikrozensen könnte zwar auch die Zahl der Erwerbspersonen ausgezählt werden, dies jedoch mit relativ hohem Fehlerrisiko. Daher wurden für die Vergangenheit kombinierte Schätzungen der Erwerbspersonen durchgeführt, indem die Bevölkerung aus der Fortschreibung (eine amtliche Statistik mit hohem Zuverlässigkeitsgrad) mit den – weniger zuver-

lässigen – Mikrozensus-Informationen zur Erwerbsbeteiligung verknüpft wurde. Dadurch erhält das Schätzergebnis eine bessere Qualität als ein Regionalergebnis, das sich einzig auf den Mikrozensus stützt. Mit diesem Verfahren wird zugleich der Stichtag vom April (Durchführung des Mikrozensus) auf das Jahresende des Vorjahres (Zeitpunkt der Fortschreibung) verlegt.

Annahmen

Von allen Personen im erwerbsfähigen Alter geht jeweils ein bestimmter Anteil einer Erwerbstätigkeit nach oder beabsichtigt, dies zu tun. In der Amtlichen Statistik ist genau definiert, was „Beteiligung am Erwerbsleben" bedeutet. Dieser Definition folgend verwenden wir die im Mikrozensus ermittelten Erwerbsquoten ohne irgendwelche Umschätzungen.

Erwerbsbeteiligung

Erwerbsquoten zeigen markante geschlechts- und altersspezifische Muster. Über die (Kalender-)Zeit zeigen viele dieser Muster eine relativ hohe Stabilität. Veränderungen fanden nach der Wiedervereinigung vor allem in den neuen Ländern statt. Diese sind noch nicht abgeschlossen und werden die nächsten Jahre – wenn auch in abgeschwächter Form – anhalten. Sie betreffen

Abbildung 4.2
Die Erwerbsbeteiligung von Männern und Frauen im zeit-räumlichen Vergleich

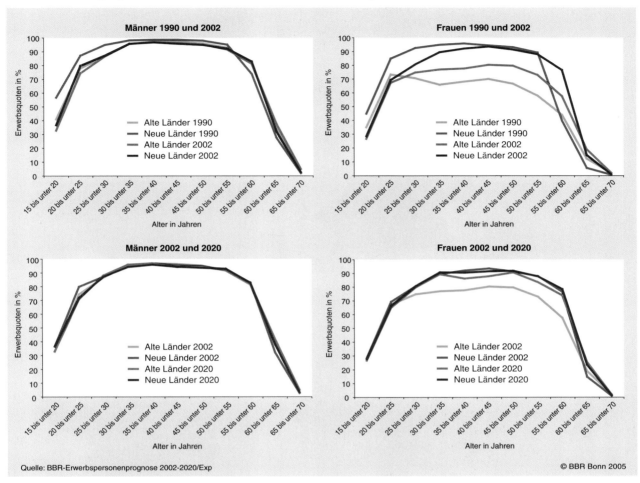

Quelle: BBR-Erwerbspersonenprognose 2002-2020/Exp   © BBR Bonn 2005

vornehmlich die Erwerbsbeteiligung der Frauen. Diese war in der DDR erheblich höher, insbesondere während der Lebensphase, in der Frauen Kinder aufziehen. Begünstigt wurde dies durch eine gut ausgebaute familiennahe Infrastruktur. Die Rahmenbedingungen für die Vereinbarkeit von Familie und Beruf haben sich zwischenzeitlich verschlechtert, wiewohl sie noch nicht auf das Westniveau abgesunken sind. Allerdings zeigt gerade die Erwerbsbeteiligung der Frauen in den alten Ländern die größte Dynamik. Zudem gerät die Vereinbarkeit von Beruf und Familie neuerdings immer stärker in das politische Blickfeld, wenn es um Strategien geht, die Folgen des demographischen Wandels abzuschwächen.[4]

Die Erwerbsquoten der Männer zeigen im Ost-West- wie auch im Zeitvergleich starke Ähnlichkeiten. Die jüngste Altersgruppe (unter 20 Jahre) hat eine niedrige Erwerbsquote bei ca. einem Drittel, weil ein großer Teil dieser Personen noch im Bildungssystem verweilt. Die neuen Länder mit einer zunächst höheren Quote haben sich hier schnell angeglichen. Im Lebensverlauf der Männer steigt die Quote rasch an, verdoppelt sich bei den bis zu 25-Jährigen, übertrifft die 90 % bei den 30-Jährigen und verharrt danach für über zwei Lebensjahrzehnte auf sehr hohem Niveau. Das tradierte Bild des Ernährers der Familie prägt den kohortenspezifischen Verlauf der Erwerbsquoten. Bei den 55- bis unter 60-Jährigen sinken sie ab auf rund 80 %, fallen stark auf unter 40 % bei den 60- bis unter 65-Jährigen und werden zur völligen Randgruppe bei den über 65-Jährigen. Bei den über 55-Jährigen zeigen sich wieder größere Ost-West-Unterschiede, sicherlich begünstigt durch

(4) Statistisches Bundesamt (Hrsg.): Fachserie 1/Reihe 4.1.1 Bevölkerung und Erwerbstätigkeit. Stand und Entwicklung der Erwerbstätigkeit 2004, Abschnitt 2 „Im Mikrozensus verwendete erwerbsstatistische Konzepte und Definitionen".

Karte 4.1
Die geschlechtsspezifische Erwerbsbeteiligung im Zeitvergleich 2002 und 2020

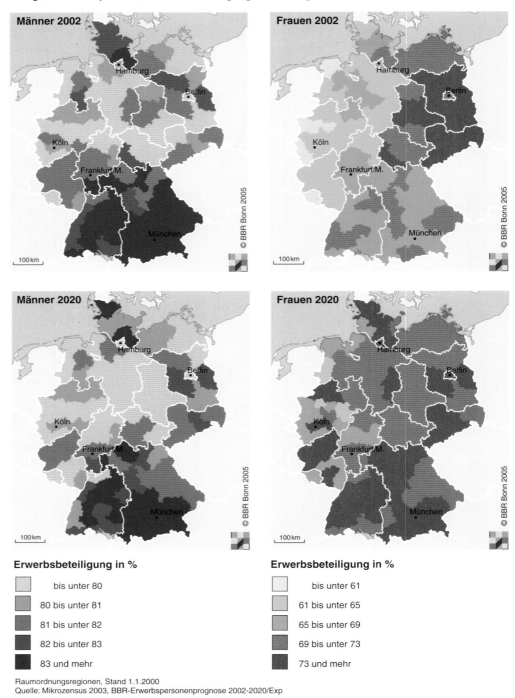

Erwerbsbeteiligung in %

□ bis unter 80
□ 80 bis unter 81
■ 81 bis unter 82
■ 82 bis unter 83
■ 83 und mehr

Erwerbsbeteiligung in %

□ bis unter 61
□ 61 bis unter 65
■ 65 bis unter 69
■ 69 bis unter 73
■ 73 und mehr

Raumordnungsregionen, Stand 1.1.2000
Quelle: Mikrozensus 2003, BBR-Erwerbspersonenprognose 2002-2020/Exp

den Versuch, mit verstärkten Vorruhestand-maßnahmen die Arbeitslosigkeit der neuen Länder formal niedrig zu halten.

Die Erwerbsquoten der Frauen zeigen für die 1990er Jahre sowohl große regionale Unterschiede wie zeitliche Veränderungen. Die Quoten der Frauen in den neuen Län-dern ähnelten zunächst noch stark der der Männer, sanken dann aber bei den unter 30-Jährigen bereits erheblich um ca. 15 Pro-zentpunkte ab. Bei den 40- bis 55-jährigen Frauen änderten sie sich nur wenig. Der starke Rückgang der Erwerbsbeteiligung gegen Ende des Erwerbslebens verschob sich dagegen um ca. fünf Lebensjahre und findet nunmehr erst um das 60. Lebensjahr statt. Der Rückgang der weiblichen Erwerbsbeteiligung in den neuen Ländern war somit stark altersselektiv. Er wurde von jungen Frauen vollzogen, die zum größten Teil unter 30 Jahre alt waren.

Auch bei den westdeutschen Frauen zeigte sich in den 1990er Jahren eine auffallende Verhaltensänderung, jedoch genau in die andere Richtung. In allen Altersgruppen zwischen 30 und 60 Jahren liegt die Erwerbsquote um 10 bis 15 Prozentpunkte höher als zur Zeit der Wiedervereinigung. Insbesondere der bisher übliche Rückgang der Quote bei den 30- bis unter 40-jährigen Frauen, vermutlich verursacht durch den Eintritt in Erziehungsurlaub, ist einer Stagnation der Quote auf hohem Niveau gewichen (ca. 77 %). Begünstigt wurde dieses vermehrte Verbleiben im Beruf auch durch den größeren Anteil kinderloser berufstätiger Frauen.

Jenseits des Ost-West-Gefälles zeigt das Erwerbsverhalten ein weit feineres räumliches Muster (vgl. Karte 4.1). Bei der hier abgebildeten Quote, die nach dem Geschlecht, nicht aber nach dem Alter unterscheidet, können zwar Verhaltensunterschiede noch von altersstrukturellen Effekten überlagert werden. Gleichwohl bilden sich plausible Muster ab mit hoher Erwerbsbeteiligung der Männer in Süddeutschland und einer räumlich gespaltenen Verteilung in Nordrhein-Westfalen (Zentrum-Rand-Gefälle) und in Niedersachsen (Ost-West-Gefälle). Bei den Frauen ist das Ost-West-Gefälle vorherrschend, schwächer zeigt sich innerhalb des Westens ein Nord-Süd-Gefälle, im Norden ein Zentrum-Rand-Gefälle. Traditionell niedrige Frauenerwerbsquoten zeigen die altindustrialisierten Regionen an Ruhr und Saar, obwohl dort ebenfalls eine Tertiarisierung der Wirtschaft stattfindet und das Arbeitsstellenangebot für Frauen dadurch vielfältig wird.

Formale Anforderungen

Das Modell fordert als Input Erwerbsquoten für beide Geschlechter, jeweils 11 Altersgruppen, 97 Regionen und für jedes der 18 Prognosejahre, das sind über 38 Tsd. Parameter. Die räumliche Differenzierung erfolgte in zwei Stufen. Zunächst wurde aus Raumordnungsregionen eine räumliche Zwischenebene von sechs Regionsgruppen

gebildet, die ihrerseits als Basis einer ersten Trendextrapolation fungierten.[5] In jeder dieser Regionsgruppen wurden aus empirischen Werten der Vergangenheit (1991 bis 2003) Trendfunktionen in Form von Regressionsgleichungen der Erwerbsquoten beider Geschlechter und der 11 Altersgruppen geschätzt. Die geschätzten Trends wurden, sofern sie eine Mindestqualität aufwiesen, in mehr oder weniger modifizierter Form in die Zukunft extrapoliert.

Mit der Wahl dieses Verfahrens wird unterstellt, dass die Ursachen, die auf das Erwerbsverhalten in der Vergangenheit Einfluss nahmen, auch in der Zukunft wirksam sein werden. Die Trends werden zunächst auf der synthetischen Ebene verhaltenshomogener Regionsgruppen geschätzt. Über die Reduktion der räumlichen Differenzierung wird zugleich die statistische Masse wieder erhöht, der Stichprobenfehler dadurch klein gehalten. Dabei werden die Regionen so zusammengefasst, dass sich die Regionsgruppen im Trend der Vergangenheit möglichst ähneln und sich deshalb für eine gemeinsame Trendfortschreibung in der Zukunft anbieten. Diese Trendannahmen werden wieder heruntergebrochen auf die räumliche Ebene, auf der der Prognoseakt stattfindet. Dies sind, wie bei früheren Prognosen auch, die 97 Raumordnungsregionen.

Die Zeitreihenanalyse wird durch einige Widrigkeiten erschwert. Die Ceteris-paribus-Bedingung der Zeitreihen wurde verletzt, weil sich der räumliche Bezugsrahmen durch die Verwaltungsreform in den neuen Ländern veränderte und die Erwerbsbeteiligung im Zuge einer europäischen Statistik-Harmonisierung der volkswirtschaftlichen Gesamtrechnung neu definiert wurde. Trendfortschreibungen der Erwerbsquoten für die beiden Geschlechter und die einzelnen Altersgruppen werden andererseits dadurch erleichtert, dass sie in ihrem lebenszyklischen Verlauf ganz charakteristische Formen aufweisen. Dazu zählt

- die stetige Zunahme der Erwerbsbeteiligung der Männer bis ca. zum 30. Lebensjahr, das Verharren auf sehr hohem Niveau (über 90 %), die stetige Abnahme ab dem ca. 55. Lebensjahr;
- eine ähnlich stetige Zunahme der Erwerbsbeteiligung der Frauen, jedoch mit einer Stagnation während der Lebensphase, in der kleine Kinder aufgezogen

(5)
Die Gruppierung erfolgte mit einer Clusteranalyse. Gruppierungsmerkmale waren Erwerbsquoten breiterer Altersgruppen (jung, mittel, alt) für beide Geschlechter und alle Mikrozensen von 1996 bis 2003. Gewählt wurden schließlich vier Regionsgruppen im Westen, zwei im Osten. Die räumlichen Muster der Cluster enthalten erkennbare Bezüge zum Siedlungssystem und zur sektoralen Wirtschaftsstruktur.

Tabelle 4.1
Die Erwerbsbeteiligung in Vergangenheit und Zukunft (Erwerbsquoten in %)

Jahres-ende	Alter von ... bis unter ... Jahre	Raumbezug					
		Alte Länder (ohne Berlin)		Neue Länder (mit Berlin)		Bundesrepublik Deutschland	
		männlich	weiblich	männlich	weiblich	männlich	weiblich
1990	15 – 20	41,0	35,0	56,8	44,9	44,6	37,3
	20 – 25	77,9	73,4	87,2	85,0	79,8	75,7
	25 – 30	86,7	70,7	95,0	92,7	88,5	75,5
	30 – 35	95,7	66,0	98,3	95,0	96,3	72,5
	35 – 40	97,3	68,2	98,8	96,0	97,7	75,0
	40 – 45	97,2	70,1	98,7	94,6	97,6	75,2
	45 – 50	95,9	66,6	98,1	93,3	96,4	73,0
	50 – 55	92,9	58,0	95,2	89,4	93,4	65,3
	55 – 60	81,4	43,9	73,9	39,7	79,7	42,9
	60 – 65	35,0	12,3	27,6	5,7	33,5	10,8
	65+	5,0	2,1	2,0	0,7	5,4	1,8
2002	15 – 20	32,8	26,7	36,8	28,6	33,8	27,2
	20 – 25	74,3	67,4	79,9	69,4	75,7	67,9
	25 – 30	86,6	74,8	87,3	80,8	86,7	76,0
	30 – 35	95,9	77,1	95,9	89,6	95,9	79,4
	35 – 40	96,9	77,8	96,9	92,3	96,9	80,6
	40 – 45	96,4	80,4	95,9	93,8	96,3	83,2
	45 – 50	95,3	79,7	95,0	91,5	95,2	82,3
	50 – 55	91,7	73,0	92,3	88,1	91,8	76,3
	55 – 60	81,3	57,7	83,0	76,6	81,6	61,7
	60 – 65	37,9	19,1	32,2	14,9	36,6	18,1
	65+	5,0	2,1	2,7	1,1	4,5	1,9
2020	15 – 20	33,1	26,7	36,6	28,0	33,7	26,9
	20 – 25	70,8	65,1	71,8	66,6	71,0	65,3
	25 – 30	88,2	79,8	87,4	80,8	88,1	79,9
	30 – 35	96,0	89,5	94,4	90,9	95,7	89,8
	35 – 40	97,0	86,3	96,1	90,7	96,8	87,2
	40 – 45	94,4	88,0	94,5	91,6	94,4	88,7
	45 – 50	94,5	90,8	93,8	92,0	94,4	91,0
	50 – 55	91,9	83,7	93,1	87,9	92,1	84,4
	55 – 60	82,0	74,0	82,8	78,6	82,2	74,9
	60 – 65	41,9	25,6	38,3	23,6	41,1	25,2
	65+	5,0	2,0	3,4	1,5	4,7	1,9

Quelle:　Mikrozensen 1991 und 2003, BBR-Erwerbspersonenprognose 2002–2020/Exp

werden (bis ca. Mitte 40), die stetige Abnahme ab dem ca. 50. Lebensjahr;

- die geschlechtsspezifischen Niveauunterschiede: die Erwerbsbeteiligung der Frauen ist durchweg niedriger als die gleichaltriger Männer, wobei allerdings der – hier nicht berücksichtigte – Familienstand eine wesentliche Rolle spielt.

Insgesamt werden Veränderungen des Erwerbsverhaltens eher behutsam angenommen. Dabei wird an den Grundmustern – in der Jugend stetige Zunahme, im Alter stetige Abnahme, für Frauen immer geringere Erwerbsbeteiligung – festgehalten. Auf Bundesebene sind Veränderungen eher bei den Frauen als bei den Männern, bei den jungen und alten eher als bei den mittleren Altersgruppen zu erwarten. Längerfristig ist mit einer stärkeren Ausschöpfung des Erwerbspersonenpotenzials zu rechnen.

Kürzere Ausbildungszeiten und damit ein früherer Eintritt ins Erwerbsleben, dort wiederum ein längerer Verbleib sind die langfristig erwarteten Tendenzen, wenn sich aufgrund des demographischen Wandels die Zahl der Erwerbspersonen verknappen sollte. Solche Trendwenden sind zwar plausibel, der Zeitpunkt ihres Eintretens allerdings völlig offen, da sie von der jeweiligen Arbeitsmarktsituation abhängen.

Bei der reinen Trendextrapolation unserer Prognose kommt es bis 2020 noch zu keinem Anstieg der Erwerbsbeteiligung der ganz jungen Erwerbsfähigen, wohl aber bei den ab 25-jährigen Männern und Frauen der alten Länder. In den neuen Ländern stagniert die Erwerbsbeteiligung der Jugendlichen. Die mittleren und höheren Altersgruppen der Männer zeigen in Ost und West hohe Stabilität, die der gleichaltrigen

Frauen nur in den neuen Ländern. Im Westen steigen die Erwerbsquoten der Frauen aller Jahrgänge, bei den über 45-Jährigen relativ stark. Dies sind allerdings auch Kohorten mit bisher besonders niedrigen Erwerbsquoten um 70 bis 75 %. Trotz eines Anstiegs auf dann zwischen 75 und 90 % wird im Westen die Erwerbsbeteiligung jener Frauen immer noch niedriger sein als die im Osten.

Die Trendextrapolation der Erwerbsquoten bis 2020 ergibt bei den Frauen einen starken Abbau der bisherigen regionalen Disparitäten. Ost- und Süddeutschland werden ähnliche Niveaus aufweisen, im Westen dagegen halten sich nach wie vor die niedrigeren Quoten der altindustrialisierten Räume. Bei den Männern führt die Trendextrapolation zu einer Polarisation. Große Teile des Nordens, Westens und Ostens werden einerseits ähnlich niedrige Erwerbsquoten aufweisen. Große Teile Süddeutschlands, zusätzlich einige Regionen in Sachsen und Brandenburg haben andererseits mit überdurchschnittlichen Quoten zu rechnen. Auffallend ist die hohe Erwerbsbeteiligung in Regionen, die in der Nachbarschaft großer Zentren liegen. Hier zeigt sich das Ergebnis langjähriger Suburbanisierungsprozesse mit ihren selektiven Wanderungen junger Familien, von denen viele Erwerbstätige nach wie vor ihren Arbeitsplatz in der Kernstadt beibehalten. Tägliche Mobilitätsprozesse mit Pendelaktivitäten zwischen Wohn- und Arbeitsort überbrücken dieses räumliche Auseinanderfallen von Arbeitsplätzen und Erwerbstätigen und den daraus resultierenden Verflechtungen.[6]

Die erwerbsfähige Bevölkerung

Die erwerbsfähige Bevölkerung wird in der Regel über das Alter definiert, meistens sind es die 15- bis unter 65-jährigen Personen. Jüngere Personen unterliegen noch der Schulpflicht und gelten deshalb nicht als erwerbsfähig; ältere, über 65-jährige Personen können dagegen noch erwerbstätig sein, allerdings ist deren Erwerbsbeteiligung nur noch sehr gering. Die Prognose der erwerbsfähigen Bevölkerung ist Teil der gesamten Bevölkerungsprognose. Die dort getroffenen Annahmen gelten auch hier, haben jedoch eine andere Bedeutung. Die erwerbsfähige Bevölkerung trägt ein geringeres Prognoserisiko als die Gesamtbevölkerung.

- Die Annahmen zur Fertilität tangieren die Arbeitsmärkte frühestens nach 15 Jahren. Bei einer mittelfristigen Prognose von knapp 20 Jahren werden die Annahmen deshalb erst im letzten Fünftel des Zeitraums bedeutsam.

- Die Annahmen zur Mortalität betreffen die verstorbenen Erwerbspersonen. In den Altersjahrgängen der erwerbsfähigen Bevölkerung ist die Sterblichkeit bereits sehr niedrig und hat wenig Spielraum für ein weiteres Absinken. Die großen Zuwächse an Lebenserwartung resultieren aus dem Ausschöpfen von Überlebenspotenzialen von Menschen, die das Erwerbsleben bereits hinter sich haben. Annahmen zur Entwicklung der Lebenserwartung beeinflussen daher die Zahl der erwerbsfähigen Bevölkerung nur geringfügig.

- Die schwierigen Annahmen zur Mobilität sind allerdings besonders bedeutsam für die Entwicklung der Erwerbsfähigen. Die höchste Mobilität verzeichnen in der Regel die Altersgruppen zwischen 18 und 30 Jahren. Ein überproportional großer Anteil des angenommenen Wanderungsvolumens entfällt daher auf die erwerbsfähige Bevölkerung. Zudem ergeben sich Wanderungsmotive auch aus der Arbeitsmarktsituation. Die Konstellation zwischen Erwerbspersonen und Arbeitsplätzen führt zu Anpassungsprozessen, in deren Verlauf erwerbsfähige Bevölkerung zu- oder abwandert. Auf die Annahmen der Binnen- wie auch der Außenwanderungen reagiert die Bevölkerung im Alter bis ca. 30 Jahre besonders sensibel, sowohl was ihre Gesamtzahl als auch was ihre räumliche Verteilung betrifft. Wanderungen bergen das größte Risiko der Erwerbspersonenprognose.[7]

- Bei der Prognose einer Teilgruppe, die über das Alter definiert ist, kommt es zu weiteren Zugängen und Abgängen dadurch, dass die nächst jüngere in die Altersklasse „hineinaltert" und dass die Personen an der oberen Grenze aus der Gruppe „herausaltern". Die Alterung der Menschen ist das einzige deterministische Ereignis des Bevölkerungsprozesses – eine Modellkomponente ohne jegliches Prognoserisiko, die deshalb einen starken Beitrag zur Prognosesicherheit leistet. Die Kinder und Jugendlichen, die in den nächsten 15 Jahren in das erwerbsfähige Alter hineinaltern werden, leben alle schon. Ganz wenige werden bis dahin sterben, durch internationale Wan-

(6)
Vgl. Bundesamt für Bauwesen und Raumordnung (Hrsg.): Raumordnungsbericht 2005. – Bonn 2005. = Berichte, Band 21, insbesondere Karte „Pendlerverflechtung" auf S. 81

(7)
Dieses Prognoseergebnis entstand unter der Annahme eines stabilen Wanderungsmusters. Ihm steht entgegen, dass Arbeitsplätze häufiger in den höher verdichteten Kreisen vorzufinden sind und von dort aus einen gewissen Sog auf jüngere Erwerbspersonen ausüben könnten. Von Seiten der Erwerbspersonen könnte darauf mit stärkerem Berufspendeln oder mit Wohnortverlagerungen hin zu den Arbeitsplätzen reagiert werden. Neue Wanderungsmuster würden dann Konzentrationsprozesse verursachen.

Abbildung 4.3
Demographische Einflüsse auf den Arbeitsmarkt im langfristigen Ost-West-Vergleich

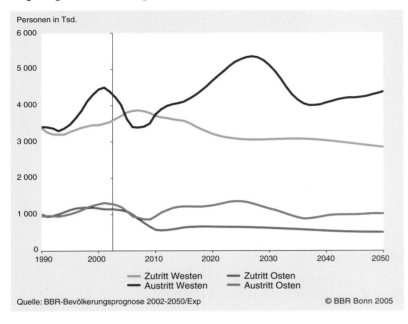

Quelle: BBR-Bevölkerungsprognose 2002-2050/Exp   © BBR Bonn 2005

derungsgewinne wird ihre Zahl eher größer. Ihre räumliche Verteilung ist großräumig sehr stabil, kleinräumig sind Dekonzentrationsprozesse zu erwarten. Die Altersjahrgänge der bis 1955 Geborenen, die bis 2020 aus der Gruppe der Erwerbsfähigen hinausaltern, sind heute mindestens 50 Jahre alt. Deren Zahl wie auch deren räumliche Verteilung sind aus zwei Gründen mit hoher Eintreffwahrscheinlichkeit prognostizierbar, denn diese Gruppe hat zwar noch keine hohe Sterblichkeit, aber bereits eine geringe Mobilität. Die Ausgangssituation der heute ca. 50-Jährigen bildet daher recht genau die Abgänge der Erwerbsfähigen um das Jahr 2020 ab.

Der demographische Wandel der Gesamtbevölkerung trifft auch die Erwerbsfähigen, jedoch wegen der bekannten regionaldemographischen Phasenverschiebungen nicht überall zur selben Zeit. Die erwarteten demographischen Brüche und Verwer-

Tabelle 4.2
Die erwerbsfähige Bevölkerung in ihrer räumlichen Verteilung

Siedlungsstrukturelle Kategorie	in Tsd. am Jahresende			relative Veränderung in %		regionale Anteile		
	1990	2002	2020	1990/2002	2002/2020	1990	2002	2020
Alte Länder								
Kernstädte in Agglomerationsräumen	10 465,0	10 140,4	9 827,5	-3,1	-3,1	44,7	43,0	41,7
Hochverdichtete Kreise in Agglomerationsräumen	8 489,9	8 679,7	8 774,2	2,2	1,1	36,2	36,8	37,3
Verdichtete Kreise in Agglomerationsräumen	3 548,0	3 767,3	3 851,4	6,2	2,2	15,1	16,0	16,4
Ländliche Kreise in Agglomerationsräumen	925,5	1 010,5	1 093,4	9,2	8,2	4,0	4,3	4,6
Kernstädte in Verstädterten Räumen	2 356,5	2 338,0	2 210,5	-0,8	-5,5	16,1	15,3	14,4
Verdichtete Kreise in Verstädterten Räumen	8 486,5	8 937,8	9 098,8	5,3	1,8	57,9	58,3	59,1
Ländliche Kreise in Verstädterten Räumen	3 824,7	4 055,2	4 094,2	6,0	1,0	26,1	26,5	26,6
Ländliche Kreise höherer Dichte	3 209,9	3 396,1	3 501,7	5,8	3,1	70,0	70,6	71,2
Ländliche Kreise geringerer Dichte	1 374,1	1 417,5	1 413,2	3,2	-0,3	30,0	29,4	28,8
Agglomerationsräume	23 428,4	23 597,9	23 546,5	0,7	0,2	54,9	53,9	53,7
Verstädterte Räume	14 667,8	15 331,1	15 403,5	4,5	0,5	34,4	35,0	35,1
Ländliche Räume	4 584,0	4 813,6	4 914,9	5,0	2,1	10,7	11,0	11,2
Insgesamt	42 680,1	43 742,6	43 864,8	2,5	0,3	77,7	78,6	81,5
Neue Länder								
Kernstädte in Agglomerationsräumen	3 418,7	3 385,4	3 032,0	-1,0	-10,4	60,4	58,8	58,6
Hochverdichtete Kreise in Agglomerationsräumen	159,8	155,4	118,5	-2,8	-23,7	2,8	2,7	2,3
Verdichtete Kreise in Agglomerationsräumen	856,3	839,9	685,1	-1,9	-18,4	15,1	14,6	13,2
Ländliche Kreise in Agglomerationsräumen	1 221,1	1 374,5	1 342,3	12,6	-2,3	21,6	23,9	25,9
Kernstädte in Verstädterten Räumen	1 062,7	905,6	675,5	-14,8	-25,4	26,0	23,7	23,1
Verdichtete Kreise in Verstädterten Räumen	1 561,5	1 467,1	1 120,3	-6,0	-23,6	38,2	38,3	38,3
Ländliche Kreise in Verstädterten Räumen	1 465,4	1 454,7	1 132,0	-0,7	-22,2	35,8	38,0	38,7
Ländliche Kreise höherer Dichte	1 001,7	947,9	741,3	-5,4	-21,8	40,4	40,2	40,3
Ländliche Kreise geringerer Dichte	1 476,8	1 409,3	1 096,1	-4,6	-22,2	59,6	59,8	59,7
Agglomerationsräume	5 655,9	5 755,2	5 178,0	1,8	-10,0	46,3	48,2	52,1
Verstädterte Räume	4 089,6	3 827,4	2 927,8	-6,4	-23,5	33,5	32,1	29,4
Ländliche Räume	2 478,5	2 357,2	1 837,4	-4,9	-22,1	20,3	19,7	18,5
Insgesamt	12 224,1	11 939,8	9 943,2	-2,3	-16,7	22,3	21,4	18,5

Quelle: BBR-Bevölkerungsprognose 2002–2020/Exp

fungen dürfen nicht im Maßstab 1 : 1 auf die Arbeitsmärkte übertragen werden. Am Beispiel der demographischen Ent- oder Belastung kann dies bereits auf Ost-West-Maßstab und in der langfristigen Betrachtung bis 2050 deutlich gemacht werden. Stellt man die beiden Altersgruppen, deren Großteil den Arbeitsmarkt gerade betritt oder verlässt, gegenüber, dann erkennt man leicht Entlastungs- oder Anspannungstendenzen in Wellenform (vgl. Abb. 4.3). Die 15- bis unter 20-Jährigen hatten sowohl im Westen wie im Osten zu Beginn der 1990er Jahre eine ähnliche Größe (neue Länder: ca. 1 Mio., alte Länder: knapp 3,5 Mio.) wie die 60- bis unter 65jährigen Personen. Im Osten wuchsen beide Gruppen in den 1990er Jahren um ca. ein Viertel, ihre Differenz blieb gering und deren Nettoeffekt auf den Arbeitsmarkt vernachlässigbar. Erst ab ca. 2015 wird sich eine deutliche Schere geöffnet haben, bei der auf Dauer wesentlich weniger (um etwa 100 Tsd. je Altersjahrgang) junge Menschen ins erwerbsfähige Alter eintreten als zugleich ältere Personen es verlassen.

Im Westen werden altersstrukturelle Besonderheiten vorübergehend zu einem kaum erwarteten Effekt führen. In den 1990er Jahren hatte die Gruppe der 60- bis unter 65-Jährigen stark zugenommen. Bei leichter Zunahme derer im Zutrittsalter verringerte sich die Zahl der Erwerbsfähigen beträchtlich. Zurzeit kommen aber die geburtenschwachen Jahrgänge des Zweiten Weltkriegs in dieses Alter. Dadurch schließt sich – bei weiterhin steigender Zahl der Jugendlichen – nicht nur die Schere; für einige Jahre (etwa zwischen 2005 und 2010) wird die erwerbsfähige Bevölkerung sogar wieder zunehmen – um immerhin 1,8 Mio. Personen. Erst danach kommt es zu nennenswerten Entlastungseffekten, die allerdings stetig anwachsen. Doch selbst hier sind noch Schwankungen zu erwarten: Wenn die Babyboom-Generation in Rente gegangen sein wird, verringert sich die Schere zwischen Zu- und Abgängen für einen Zeitraum von ca. zehn Jahren, bevor sich der alte Trend wieder durchsetzt. Der Pillenknick hat dann den Arbeitsmarkt endgültig durchlaufen.

Obwohl sich auf Bundesebene bereits 1997 die Trendumkehr von Wachstum zu Schrumpfung der erwerbsfähigen Bevölke-

rung vollzog, stellt sich im Zeitraum bis 2020 die Veränderung zunächst noch bescheiden dar. Die Zahl der Erwerbsfähigen wird von 55,7 Mio. auf 53,8 Mio. zurückgehen, somit um 1,9 Mio. oder 3,4 % abnehmen. Die räumliche Spaltung der Dynamik zeigt sich auch bei dieser Teilgruppe der Bevölkerung. Die alten Länder werden in 2020 trotz der zwischenzeitlichen Trendumkehr noch immer ein größeres Potenzial als 2002 haben. Indes sinkt deren Zahl in den neuen Ländern kontinuierlich um ein gutes Achtel.

Die gespaltene Dynamik führte und führt zu einer Umverteilung im Raum. Als wesentliche Trends werden erwartet:

- Eine Ost-West-Verschiebung, deren Ende noch nicht abzusehen ist.
- Im Westen leichte sowohl groß- als auch kleinräumige Dekonzentrationsprozesse, die jedoch am bisherigen Konzentrationsgrad kaum etwas ändern. Mehr als die Hälfte (knapp 54 %) der Erwerbsfähigen leben in den Agglomerationsräumen, nur etwa 11 % in ländlichen Räumen. Kleinräumig innerhalb der Agglomerationsräume werden die Kernstädte leicht – und gegenüber der jüngeren Vergangenheit abgeschwächt – Anteile zugunsten des Umlandes verlieren.
- Im Osten werden die räumlichen Veränderungen sehr viel stärker sein als im Westen, zudem laufen sie in die andere Richtung. Die Agglomerationsräume werden ständig Anteile hinzugewinnen (von 48 auf 52 %), während die ländlichen Regionen Anteile an den Erwerbsfähigen verlieren. Gleichwohl werden in den ländlichen Regionen der neuen Länder dann immer noch weit mehr Erwerbsfähige leben als im Westen (18,5 gegenüber 11 %).

Ergebnisse

Zieht man die bisher ausgewerteten gesamtdeutschen Mikrozensen zu Hilfe, dann zeigt sich zwischen 1991 und 2002 folgendes Bild: Die Zahl der Erwerbspersonen ist gewachsen, ihre innere Zusammensetzung nach demographischen Merkmalen hat sich in mehrfacher Hinsicht geändert. Die Altersstruktur hat sich verschoben, der Frauenanteil an den Erwerbspersonen ist gestiegen, eine leichte räumliche Umverteilung fand statt.

Tabelle 4.3
Die Erwerbspersonen in ihrer räumlichen Verteilung

Siedlungsstrukturelle Kategorie	in Tsd. am Jahresende			relative Veränderung in %		regionale Anteile		
	1990	2002	2020	1990/2002	2002/2020	1990	2002	2020
Alte Länder								
Kernstädte in Agglomerationsräumen	7 288,0	7 306,0	7 471,4	0,2	2,3	44,5	42,7	41,7
Hochverdichtete Kreise in Agglomerationsräumen	5 895,9	6 291,9	6 661,4	6,7	5,9	36,0	36,7	37,2
Verdichtete Kreise in Agglomerationsräumen	2 541,6	2 780,7	2 944,1	9,4	5,9	15,5	16,2	16,4
Ländliche Kreise in Agglomerationsräumen	653,4	747,3	839,0	14,4	12,3	4,0	4,4	4,7
Kernstädte in Verstädterten Räumen	1 677,0	1 707,5	1 682,5	1,8	-1,5	16,1	15,0	14,2
Verdichtete Kreise in Verstädterten Räumen	6 034,2	6 634,4	7 011,9	9,9	5,7	57,8	58,4	59,4
Ländliche Kreise in Verstädterten Räumen	2 729,6	3 017,2	3 114,6	10,5	3,2	26,1	26,6	26,4
Ländliche Kreise höherer Dichte	2 384,2	2 746,0	2 746,0	6,7	8,0	70,4	70,7	71,5
Ländliche Kreise geringerer Dichte	1 001,8	1 093,4	1 093,4	5,4	3,5	29,6	29,3	28,5
Agglomerationsräume	16 378,8	17 125,8	17 915,9	4,6	4,6	54,2	53,4	53,4
Verstädterte Räume	10 440,9	11 359,0	11 809,0	8,8	4,0	34,6	35,4	35,2
Ländliche Räume	3 385,9	3 839,5	3 839,5	6,3	6,7	11,2	11,2	11,4
Insgesamt	30 205,6	33 564,3	33 564,3	6,2	4,6	75,3	77,8	81,4
Neue Länder								
Kernstädte in Agglomerationsräumen	2 750,3	2 519,5	2 367,1	-8,4	-6,0	60,2	57,3	58,4
Hochverdichtete Kreise in Agglomerationsräumen	129,7	120,8	90,7	-6,9	-24,9	2,8	2,7	2,2
Verdichtete Kreise in Agglomerationsräumen	693,4	666,2	545,9	-3,9	-18,1	15,2	15,2	13,5
Ländliche Kreise in Agglomerationsräumen	995,5	1 088,8	1 053,0	9,4	-3,3	21,8	24,8	26,0
Kernstädte in Verstädterten Räumen	876,0	685,5	519,5	-21,7	-24,2	26,2	23,2	23,2
Verdichtete Kreise in Verstädterten Räumen	1 269,1	1 135,1	859,7	-10,6	-24,3	38,0	38,5	38,4
Ländliche Kreise in Verstädterten Räumen	1 194,9	1 127,8	860,1	-5,6	-23,7	35,8	38,3	38,4
Ländliche Kreise höherer Dichte	817,5	732,9	568,5	-10,3	-22,4	40,4	40,5	40,9
Ländliche Kreise geringerer Dichte	1 204,9	1 077,2	821,9	-10,6	-23,7	59,6	59,5	59,1
Agglomerationsräume	4 568,9	4 395,3	4 056,7	-3,8	-7,7	46,0	48,0	52,8
Verstädterte Räume	3 340,0	2 948,4	2 239,3	-11,7	-24,0	33,6	32,2	29,1
Ländliche Räume	2 022,5	1 810,2	1 390,4	-10,5	-23,2	20,4	19,8	18,1
Insgesamt	9 931,4	9 153,9	7 686,4	-7,8	-16,0	24,7	22,2	18,6

Quelle: BBR-Erwerbspersonenprognose 2002–2020/Exp

Tabelle 4.4
Gespaltene Dynamik der Erwerbspersonen

Kreise	Erwerbspersonen		Veränderung 1990–2002		regionaler Anteil	
in der Vergangenheit	1990	2002	abs. in Tsd.	relativ in %	1997	2002
wachsend (295)	26 379	28 632	2 253	8,5	65,7	69,4
schrumpfend (145)	13 758	12 607	-1 151	-8,4	34,3	30,6
Bund (440)	40 137	41 239	1 102	2,7	100,0	100,0
in der Zukunft	**2002**	**2020**	**Veränderung 2002–2020**		**2002**	**2020**
wachsend (233)	24 204	26 108	1 904	7,9	58,7	63,3
schrumpfend (207)	17 034	15 142	-1 892	-11,1	41,3	36,7
Bund (440)	41 238	41 250	12	0,0	100,0	100,0

Regionen	Erwerbspersonen		Veränderung 1990–2002		regionaler Anteil	
in der Vergangenheit	1990	2002	abs. in Tsd.	relativ in %	1997	2002
wachsend (74)	30 219	32 177	1 958	6,5	75,3	78,0
schrumpfend (23)	9 918	9 062	-856	-8,6	24,7	22,0
Bund (97)	40 137	41 239	1 102	2,7	100,0	100,0
in der Zukunft	**2002**	**2020**	**2002–2020**		**2002**	**2020**
wachsend (59)	25 341	27 059	1 718	6,8	61,4	65,6
schrumpfend (38)	15 898	14 192	-1 706	-10,7	38,6	34,4
Bund (97)	41 239	41 251	12	0,0	100,0	100,0

Quelle: BBR-Erwerbspersonenprognose 2002–2020/Exp

Der demographische Wandel hat somit auch die Erwerbspersonen erfasst und wird deren Entwicklung weiter prägen. Die Dynamik wechselt von Wachstum zu Schrumpfung, die Erwerbspersonen altern erheblich und auch – was in der räumlichen Differenzierung hier nicht belegt wird – der Anteil der Personen mit Migrationshintergrund steigt.

Die Erwerbspersonen und ihre Dynamik

Bis 2020 zeigt sich folgender Trend: Auf Bundesebene wird die Zahl der Erwerbspersonen in etwa konstant bleiben. Hinter dieser gesamträumlichen Stabilität steckt eine Zunahme der alten Länder um knapp 5 % und eine starke Abnahme der neuen Länder um 16 % mit der Folge einer Umverteilung von Ost nach West. In Ost und West zeigen sich zudem großräumige und kleinräumige siedlungsstrukturelle Unterschiede der gegensätzlichen Art mit der Folge von Konzentrationsprozessen (Ost) und Dekonzentrationsprozessen (West). Von der Schrumpfung sind in den neuen Ländern die Agglomerationen, dort wiederum die Kernstädte, am wenigsten betroffen. Die höchsten Wachstumsraten haben in den alten Ländern dagegen die ländlich geprägten Regionen und in den hoch verdichteten bzw. verstädterten Regionen die Gebiete außerhalb der Kernstädte.

Von den gut 41 Mio. Erwerbspersonen werden ca. 33,6 Mio. im Westen leben, 7,7 Mio. im Osten. Die regionalen Anteile werden sich weiterhin zugunsten des Westens verschieben (von 78 % in 2002 auf über 81 % in 2020). Die gegenläufigen Tendenzen innerhalb von West bzw. Ost führen letztlich zu einer Annäherung in der Siedlungsstruktur. Trotzdem wird auch in 15 Jahren noch ein wesentlich höherer Anteil der ostdeutschen Erwerbspersonen in ländlichen Regionen leben.

Die Spaltung in Wachstum und Schrumpfung ist längst keine Ost-West-Angelegenheit mehr. Auch im Westen wird es Kreise und Regionen mit abnehmender Erwerbspersonenzahl geben, im Osten finden sich Wachstumsinseln. Dieses Muster ähnelt sehr dem der gesamten Bevölkerung (vgl. Karte 4.2). Der Keil der Schrumpfung, der sich in den alten Ländern ausformt, ist noch etwas schwächer, die wachsenden Regionen sind noch dynamischer. Denn der Teil des demographischen Wandels, der durch den

Karte 4.2
Künftige Dynamik der Erwerbspersonen

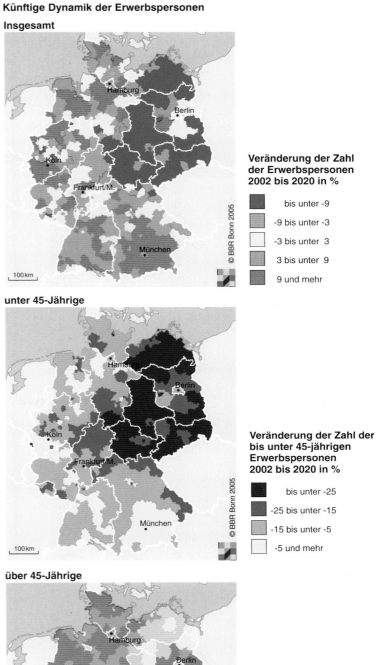

Insgesamt

Veränderung der Zahl der Erwerbspersonen 2002 bis 2020 in %

bis unter -9
-9 bis unter -3
-3 bis unter 3
3 bis unter 9
9 und mehr

unter 45-Jährige

Veränderung der Zahl der bis unter 45-jährigen Erwerbspersonen 2002 bis 2020 in %

bis unter -25
-25 bis unter -15
-15 bis unter -5
-5 und mehr

über 45-Jährige

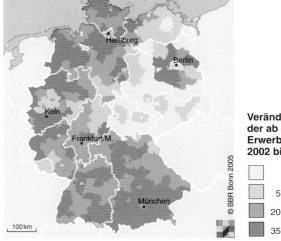

Veränderung der Zahl der ab 45-jährigen Erwerbspersonen 2002 bis 2020 in %

bis unter 5
5 bis unter 20
20 bis unter 35
35 und mehr

Kreise, Stand 31. 12. 2000
Quelle: BBR-Erwerbspersonenprognose 2002-2020/Exp

Geburtenrückgang ausgelöst wird, trifft den Arbeitsmarkt erst mit einer Zeitverzögerung von 15 bis 20 Jahren. Diese Phasenverschiebung zwischen der Bevölkerungsdynamik und der Erwerbspersonendynamik prägt das Muster bis 2020.

Die vergleichsweise schwächere Schrumpfungstendenz der Erwerbspersonen zeigt sich auch in der Zahl der Kreise, die die Wende vollziehen und in die Schrumpfungsphase eintreten. In der jüngeren Vergangenheit lebten 26,4 Mio. oder fast 70 % der Erwerbspersonen in Kreisen mit Wachs-

tum. Im Prognosezeitraum wird deren Zahl kleiner (gut 24 Mio.), ihr Anteil sinkt auf 63 %. Dieser Verlust an Dynamik ist aber gemessen an der Bevölkerung unterproportional: Bis 2020 leben bereits 45 % der Bevölkerung, aber erst 37 % der Erwerbspersonen in Kreisen, die Schrumpfung zu erwarten haben.

Die Alterung der Erwerbspersonen

Die demographischen Wellen durchlaufen auch die Gruppe der Erwerbspersonen, lediglich modifiziert (gewichtet) durch das Ausmaß der Erwerbsbeteiligung. Der Alterungsprozess der Gesellschaft hat zwei Auswirkungen:

- Die **Zahl** der Erwerbspersonen nimmt ab, weil die hinzukommenden Jahrgänge schwächer besetzt sind als die ausscheidenden.
- Die **innere Zusammensetzung** der Erwerbspersonen verändert sich: Der Anteil (oft auch die absolute Zahl) älterer Erwerbspersonen steigt, während die jüngeren weniger werden.

Dies wird hier anhand zweier grober Altersgruppen – Ost und West getrennt – für drei siedlungsstrukturelle Kategorien demonstriert. Die Zahl der jüngeren Erwerbspersonen (unter 45 Jahre alt)

- war in den alten Ländern in den letzten 15 Jahren fast stabil und zeigte auch wenig Variation in der räumlichen Dimension.

- nahm in den neuen Ländern im selben Zeitraum – vorwiegend durch Abwanderungen ausgelöst – kräftig um etwa ein Sechstel ab. Der Trend war in Stadt und Land ähnlich, jedoch mit zeitweiligen Intensitätsunterschieden.

- wird in den alten Ländern in den nächsten zehn Jahren um etwa 10 % abnehmen und sich dann auf dem erreichten Niveau konsolidieren; räumliche Besonderheiten dieser Entwicklung werden nicht erwartet.

- wird in den neuen Ländern ihren Schrumpfungsprozess mit ähnlicher Geschwindigkeit (um ein weiteres Viertel bis 2020) fortführen und dabei räumliche Besonderheiten entwickeln. In den Städten wird ein geringerer Rückgang (unter 20 %) erwartet als in den ländlichen und den Umlandregionen (über 30 %).

Abbildung 4.4
Dynamik der Erwerbspersonen

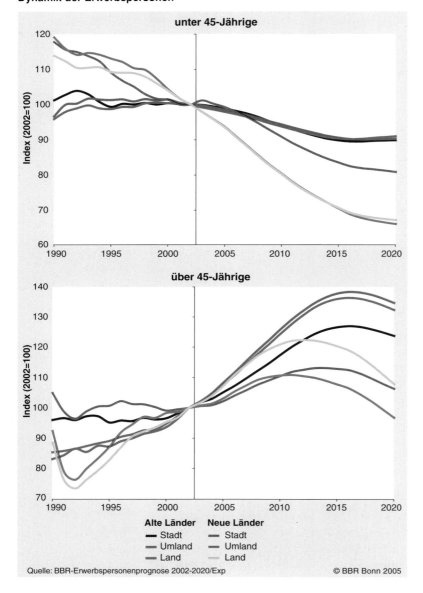

Quelle: BBR-Erwerbspersonenprognose 2002-2020/Exp   © BBR Bonn 2005

Die bereits erwähnten räumlichen Umverteilungsprozesse werden vorwiegend von dieser jüngeren Gruppe getragen, zumal sie auch eine wesentlich höhere Mobilität besitzt als die älteren Jahrgänge.

Die Zahl der älteren Erwerbspersonen (über 45 Jahre alt)

• wird sehr stark geprägt von der Babyboom-Generation der geburtenstarken 1950/60er Jahre.

• nahm in den alten Ländern seit der Einigung stetig um ca. 10 % zu. Die Dynamik war in den Landkreisen erheblich höher als in den Städten.

• nahm in den neuen Ländern in den ersten Jahren nach der Wiedervereinigung um rund ein Sechstel ab, davon wenig durch Abwanderung, viel durch Ausscheiden aus dem Erwerbsleben. Regionale Unterschiede betrafen Städte vs. Land/Umland. Rückgang und Wiederanstieg verliefen in der Fläche extremer als in den Zentren.

• wird in den alten Ländern bis 2015 erheblich (um ein Drittel) zunehmen, danach wieder leicht zurückgehen auf das Niveau von 2010. Die Dynamik wird in den Städten geringer sein (gut 25 %) als in den Kreisen geringerer Verdichtung (an die 40 %).

• wird in den neuen Ländern ebenfalls – wenn auch geringer – ansteigen (um 15 %). Die Wende zur Schrumpfung tritt dort früher ein (bereits ca. 2010 bis 2012). Der folgende Rückgang ist stärker als im Westen, so dass bis 2020 das heutige Ausgangsniveau wieder erreicht sein wird. Räumliche Unterschiede dieses Prozesses werden sich zwischen den ländlichen Kreisen und dem Rest auftun.

Die Alterung der Erwerbspersonen zeigt weitere, kleinräumige Besonderheiten, die Karte 4.2 verdeutlicht:

• Es gibt weiterhin Kreise, in denen die Zahl der jüngeren Erwerbspersonen – entgegen dem bundesweiten Trend – in etwa stabil bleibt. Neben dem Großraum München sind dies vorwiegend Kreise im suburbanen Raum größerer Städte. Diese profitieren vom Zuzug junger Familien. Die Dynamik dort ist weniger den Arbeitsmärkten als vielmehr den günstigeren Wohnungsmarktbedingungen geschuldet.

• Selbst in jenen Kreisen der alten Länder, die noch Bevölkerungswachstum zu erwarten haben, muss mit einem zumindest leichten Rückgang der Zahl jüngerer Erwerbspersonen gerechnet werden. Kreise mit Bevölkerungsabnahme werden Rückgänge um ein knappes Viertel haben.

• Die Zahl der älteren Erwerbspersonen stagniert – entgegen dem Bundestrend – in zahlreichen Kreisen der neuen Länder, nicht jedoch in Berlin mit seinem „Speckgürtel".

• Zuwächse der alten Länder sind besonders hoch in den eher peripheren Lagen der Länder Niedersachsen, Nordrhein-Westfalen, Rheinland-Pfalz und Baden-Württemberg. In Bayern hat fast flächendeckend der gesamte Süden des Landes – mit Ausnahme einiger Städte – eine starke Alterung der Erwerbspersonen zu erwarten.

Fazit

Wenn mit dem demographischen Wandel der Wechsel vom Wachstum zur Schrumpfung der Bevölkerung eintritt, bedeutet dies nicht zugleich eine Abnahme der Erwerbspersonenzahl. Wer bei hohen Arbeitslosenzahlen auf eine baldige demographische Entlastung der Arbeitsmärkte hofft, sieht sich getäuscht. Die hinter den globalen Zahlen stehenden Altersgruppen erzeugen eine andere Dynamik, die die erwartete Trendwende weiter in die Zukunft hinaus verzögert.

Die zweite Komponente des demographischen Wandels, die Alterung, trifft indes bald und intensiv die Arbeitsmärkte. Deren Auswirkungen auf den personengebundenen technischen Fortschritt und auf die Arbeitsproduktivität wird seit langem intensiv diskutiert. Die Notwendigkeit von Maßnahmen, die zu einer lebenslangen Qualifizierung der alternden Belegschaften führen, ist erkannt. Die Raumordnungsprognose des BBR will einen Beitrag zu einem umfassenden Erkennen der Problemlage leisten. Schwerpunkt ist dabei deren regionale Vielfalt.

Diese Prognose verfolgt ein Status-quo-Konzept in dem Sinne, dass Trends, die politisch beeinflussbar sind, stabil gehalten werden. Dem entspricht eine „Weiter-wiebisher-Politik". Die Prognoseergebnisse sind danach zu hinterfragen, ob ihr Eintreten wünschenswert wäre oder ob Maßnahmen ergriffen werden müssten, damit sie so gerade nicht eintreten werden. Deshalb sollten die Prognoseergebnisse immer einer normativen Diskussion unterzogen werden, um gegebenenfalls politischen Handlungsbedarf aus ihnen abzuleiten. Dies kann aus der Sicht der betroffenen Fachpolitiken zu verschiedenen Konsequenzen führen:

- Auf den ersten Blick und rein quantitativ sieht die Entwicklung der Erwerbspersonen in Deutschland bis 2020 wenig problematisch aus. Ihre Zahl verändert sich nicht gegenüber dem Jahr 2002. Im Westen wird eine leichte Zunahme erwartet, im Osten eine ähnlich hohe Abnahme. Dort wird hierdurch eine Entspannung der Arbeitsmärkte erhofft.

- Unter qualitativen Gesichtspunkten wird die Entwicklung weniger günstig gesehen, weil die Altersstruktur starke Veränderungen erfährt. Die Zahl der jüngeren Erwerbspersonen sinkt, die eines „höheren" Alters nehmen stark zu. Diese altersstrukturellen Veränderungen könnten durchaus Auswirkungen auf die Produktivität des Faktors Arbeit als Ganzes haben. Gemeinhin werden junge Erwerbspersonen gleichgesetzt mit „gut ausgebildet" (auf dem aktuellen Stand) und dadurch das neueste Knowhow einbringend. Ältere Erwerbspersonen werden assoziiert mit nicht mehr aktuellem Wissensstand und eingeschränkter Mobilität. Aus der Prognose kann insofern herausgelesen werden, dass sich ein hoher Bedarf an beruflicher Fortbildung entwickeln wird, weil der technische Fortschritt immer mehr durch alternde Belegschaften umgesetzt werden muss.

- Unter raumordnerischen Gesichtspunkten ist die prognostizierte Entwicklung dann bedenklich, wenn die gespaltene Dynamik nicht zu einer Konvergenz der Arbeitsmärkte, sondern vielmehr zu wachsenden Disparitäten führen sollte. Eine solche Einschätzung bedarf aber noch weiterer Zukunftsinformationen zumal der anderen Marktseite. Jenseits des Marktgleichgewichts und irgendwelcher Anpassungsmechanismen über Wanderungen steht zu befürchten, dass die demographische und die ökonomische Dynamik zunächst einmal nicht kongruent sein und sich somit regionale Friktionen der Arbeitsmärkte eher verstärken werden.

5 Der Wohnungsmarkt

Matthias Waltersbacher, Alexander Schürt, Nicole Göbel

Einleitung

Das Thema „Demographie" ist mittlerweile bei allen Wohnungsmarktakteuren von großer Bedeutung. Viele fragen, wie sich die Wohnungsmärkte unter den neuen Bedingungen von Schrumpfung und Alterung verändern werden. Die Diskussion über die Folgen des demographischen Wandels für die Wohnungsmarktlage ist in vollem Gange, jedoch in vielen Fragen noch nicht ausreichend „durchdiskutiert". Von einer insgesamt pessimistischen Grundhaltung ausgehend wird der demographische Wandel zumeist als unausweichlicher Schrumpfungsprozess verstanden, der die Immobilienbranche mit voller Wucht in ihrem Kern trifft bzw. treffen wird. Die aktuelle Situation wird hierbei oftmals mit der langfristig zu erwartenden gleichgesetzt und die Indikatoren der aktuellen Lage wie z. B. die deutlich zurückgegangene Bautätigkeit bereits vor dem Hintergrund von Schrumpfung interpretiert. Dabei wächst die Bevölkerung in vielen Regionen zurzeit noch und die Zahl der Haushalte wird zumindest in den alten Ländern im Jahr 2020 höher sein als heute.

Die aktuelle Wohnungsmarktlage ist auf jeden Fall uneinheitlicher, als die Diskussion signalisiert. Einerseits ist auf den meisten regionalen Märkten eine deutliche Entspannung festzustellen, andererseits ist angesichts einer immer noch rückläufigen bis stagnierenden Bautätigkeit und lokal steigenden Neuvertragsmieten eine erneute lokale Angebotsverknappung möglich. Ist der Rückgang der Bautätigkeit ein deutliches Indiz für zurückgehende Bevölkerungszahlen bzw. für den demographischen Wandel? Spiegelt sich darin der in den letzten Jahren gesunkene Außenwanderungssaldo wider? Oder handelt es sich um eine konjunkturell bedingte Phase, die aufgrund der hohen Bautätigkeit der 1990er Jahre nun zu Anpassungsreaktionen der Angebotsseite führt? Eine rückläufige Bautätigkeit im Geschosswohnungsbau zeigt auf jeden Fall die Zurückhaltung der Investoren, bei absehbaren Bevölkerungsrückgängen in den Wohnungsbau zu investieren. Ist diese pessimistische Erwartungshaltung realistisch, oder ist die Nachfrage nicht weit stabiler als die Diskussion signalisiert?

In dieser Situation der Neuorientierung werden nicht nur die jahrzehntelang gültigen Trends der Wohnungsmarktentwicklung – steigende Nachfrage, Engpassfaktor Angebot und steigende Mieten – in Frage gestellt. Diskutiert wird ebenso, ob nicht auch die Wohnungspolitik und deren Instrumentarium der Beobachtung der Wohnungsmärkte neu justiert werden muss. Mit dem Abschied von den Mengenproblemen der Wohnungspolitik ist auch der Nutzen von den auf Wachstum ausgelegten Instrumenten in Frage gestellt. Zusätzlich ist eine Diskussion darüber in Gange, ob Prognosen zum Neubaubedarf angesichts der weniger auf Quantitäten und mehr auf Qualitäten angelegten Wohnungspolitiken noch adäquat erscheinen.

Die Regionalprognosen des BBR zielen in erster Linie auf die Darstellung von Quantitäten unter Status-quo-Bedingungen ab. Um adäquat auf die aktuellen Entwicklungen zu reagieren, wurde die vorliegende Wohnungsprognose auf ihre Tauglichkeit für sich ändernde Rahmenbedingungen des Wohnungsmarktes geprüft (siehe Modellerläuterungen am Ende des Kapitels). Die Prognosen des BBR wurden schon immer in regionalisierter Form erstellt und können dadurch die veränderten regionalen Konstellationen modelltechnisch gut abbilden. Zudem ist durch die im Wohnungsprognosemodell vollzogene Integration von Verhaltensparameter der Nachfrage wie Wohneigentumspräferenz oder erhöhte Wohnflächenkonsume eine stärker auf qualitative Veränderungen angelegte Entwicklung prognostizierbar.

Aussagen zum zukünftigen Neubauvolumen insbesondere mit regionaler Perspektive und aus demographischer Sicht sind weiterhin unerlässlich. Ob Zunahme, Stagnation oder Schrumpfung, das Ausmaß der zu erwartenden quantitativen Veränderung der Nachfrage sollte mengenmäßig darstellbar sein, um die anhaltende Diskussion über die Zukunft der Wohnungsmärkte zu versachlichen.

Mit der vorliegenden Wohnungsprognose 2020 wird die zuletzt 2001 veröffentlichte Wohnungsprognose aktualisiert und erweitert. Im Kern handelt es sich weiterhin um eine regionalisierte Wohnungsneubauprognose, die jedoch unter Berücksichtigung der aktuellen Entwicklungen bei der Wohnungsnachfrage wichtige ökonomische Einflussgrößen implizit integriert. Die demographische Entwicklung ist im Modell der Wohnungsprognose die wichtigste Einflussgröße und wird durch die Bezugnahme auf die im BBR erstellten Bevölkerungs- und Haushaltsprognosen an zentraler Stelle des Modells berücksichtigt.

Die für den Wohnungsmarkt wichtigen demographischen Trends

Im Wohnungsprognosemodell nehmen die demographischen Merkmale Bevölkerung und Haushalte eine zentrale Rolle ein. Veränderungen in diesem Bereich machen sich unmittelbar auf der Wohnungsnachfrageseite bemerkbar. Die Aufsätze von Bucher und Schlömer zeigen auf, wie sich die Bevölkerung und die Haushalte in den nächsten Jahren bis 2020 entwickeln werden. Die Bevölkerung wird per toto nicht mehr wachsen, sondern im untersuchten Zeitraum leicht schrumpfen, die Haushaltszahlen werden dagegen durch die Haushaltsverkleinerung noch steigen.

Für die Wohnungsnachfrage relevant ist dabei nicht nur die absolute Zahl an Bevölkerung und Haushalten. Auch die Verschiebungen in der Größen- und Altersstruktur sind von ausschlaggebender Bedeutung. So haben kleinere Haushalte zumeist einen größeren individuellen Wohnflächenkonsum, wohnen aber im Schnitt weniger häufig im Eigentum. Ein Bedeutungszuwachs der kleinen Haushalte müsste somit zu höheren Pro-Kopf-Wohnflächen und niedrigeren Eigentumsquoten führen. Alternde Haushalte haben dagegen zumeist höhere Pro-Kopf-Wohnflächen und höhere Eigentumsquote, weil sie die familialen Wohnsituationen (häufiger im Eigentum und große Wohnungen) in die verkleinerte Haushaltszusammensetzung nach Auszug der Kinder mitnehmen.

Einige Altersgruppen sind am Wohnungsmarkt präsenter als andere. Junge, kleine Haushalte suchen zumeist kleinere „Starterwohnungen", möglichst als Mietwoh-

nung im Geschosswohnungsbau. Mittlere Haushalte in der Familienphase sind die Gruppe der Wohneigentumsbildner. Im Alter zwischen 35 und 45 Jahren wird mit Abstand am häufigsten Wohneigentum gebildet, zumeist in Form eines Einfamilienhauses. Haushalte im Seniorenalter sind zumeist mit Wohnraum versorgt. In der Regel ziehen ältere Haushalte nach Auszug der Kinder nicht mehr um, sondern verbleiben in den großen, familiengerechten Wohnungen. Dieses wichtige Phänomen (Remanenz) ist vor dem Hintergrund des in den letzten Jahrzehnten insgesamt deutlich angestiegenen Rentenniveaus erklärbar. Ältere Haushalte können es sich leisten, in den großen Wohnungen zu verbleiben. Ob dies jedoch zukünftig so bleiben wird, ist unklar. Die umlagefinanzierten Renten werden vermutlich eher stagnieren bzw. rückläufig sein, jedoch steigen die Versorgungsanteile anderer Versicherungssysteme und auch die Vermögen werden zukünftig noch steigen. Die Rahmenbedingungen entwickeln sich somit z. T. gegenläufig und es ist durchaus berechtigt, von einem insgesamt eher unveränderten Wohn(standort)verhalten im Alter auszugehen.

Ein weiteres Merkmal der demographischen Entwicklung ist der auch zukünftig noch zunehmende Anteil ausländischer Haushalte. Die Zuwanderung von außen wird die sinkenden Geburtenzahlen in Deutschland zwar nicht in Gänze kompensieren können, sie verändert jedoch die Zusammensetzung der Bevölkerung immer deutlicher. Damit verändert sich auch die Wohnungsnachfrage in bestimmten Segmenten. In der Regel verfügen ausländische Haushalte – zumal wenn zum Haushalt viele Personen gehören – über deutlich weniger Pro-Kopf-Wohnflächen als deutsche Haushalte. Des Weiteren leben ausländische Haushalte auffallend weniger häufig im Eigentum als deutsche Haushalte. Die Eigentumsquote der ausländischen Haushalte ist zwar in den letzten Jahren spürbar angestiegen, sie hat aber noch lange nicht das Niveau der deutschen Haushalte erreicht. Mit den wachsenden Anteilen ausländischer Haushalte wird sich die Wohnungsnachfrage (unter sonst konstanten Bedingungen) somit etwas stärker im Mietwohnungs- bzw. Geschosswohnungsbau artikulieren.

Haushaltstypen für die Wohnungsnachfrage

Für die Berechnung der zukünftigen Wohnungsnachfrage werden im Wohnungsprognosemodell insgesamt 17 Haushaltstypen verwendet, die sich nach der Haushaltsgröße und nach dem Alter des Haushaltsvorstandes differenzieren. Anhand Tabelle 5.1 wird deutlich, dass die Haushaltstypen mit älterem Haushaltsvorstand deutlich zunehmen und die größeren Haushalte mit Altersvorstand unter 45, das sind in der Regel Familien mit Kind(ern), signifikant abnehmen. Noch an Gewicht zunehmen werden die Ein- und Zweipersonenhaushalte im Alter über 45 Jahre, das sind im Wesentlichen Babyboomer-Haushalte allein stehend oder als kinderloses Paar.

Fasst man die Haushaltstypen zu den sechs wichtigsten Gruppen (kleine und größere bzw. jüngere und ältere Haushalte) zusammen, so zeigt sich, dass der Bedeutungsverlust der großen Haushalte, der bereits heute festzustellen ist, noch weiter voranschreitet.

Familien (hier als größere Haushalte mit Haushaltsvorstand bis 45 Jahre definiert) werden in ihrer Zahl und Bedeutung erheblich abnehmen. Sie machen heute bereits nur noch ca. 15 % der Haushalte aus und nehmen infolge des Pillenknicks ab Mitte der 1960er Jahre in Zukunft noch weiter ab. Die größeren Haushalte mit einem Haushaltsvorstand ab 45 Jahre bleiben jedoch in ihrer Quantität im Wesentlichen stabil. Der Geburtenberg der 1960er Jahre wandert im Prognosezeitraum durch diese Kohorte und ist am Ende des Prognosezeitraums (2020) dann durch Personen im Alter von ca. 55 Jahren besetzt.

Für die Wohnungsmarktentwicklung bedeutsam ist diese Gruppe insofern, als sie in der Vergangenheit hauptsächlich die Suburbanisierungshaushalte darstellte, die durch Familiengründung und Eigentumsbildung im suburbanen Raum ein wichtiger Träger des Einfamilienhausbaus war. In Zukunft wird sich diese Bedeutung reduzieren, da immer weniger Haushalte in diesem Alter zwischen 30 und 45 als Familie vorzufinden sind.

Tabelle 5.1
Wohnungsnachfragerelevante Haushaltstypen und ihre zukünftige Entwicklung

Haushaltstyp	Anzahl Haushalte in Tsd.		Veränderung 2005 bis 2020 in %
	2005	2020	
bis unter 30 Jahre, 1-Personen-Haushalte	2 563	2 615	2,0
30 bis unter 45 Jahre, 1-Personen-Haushalte	3 644	3 564	-2,2
45 bis unter 60 Jahre, 1-Personen-Haushalte	2 606	3 214	23,3
bis unter 30 Jahre, 2-Personen-Haushalte	1 143	1 238	8,3
30 bis unter 45 Jahre, 2-Personen-Haushalte	2 268	2 045	-9,8
45 bis uner 60 Jahre, 2-Personen-Haushalte	3 595	3 958	10,1
bis unter 45 Jahre, 3-Personen-Haushalte	2 581	2 012	-22,1
45- bis unter 60 Jahre, 3-Personen-Haushalte	1 941	2 008	3,5
bis unter 45 Jahre, 4-Personen-Haushalte	2 493	1 815	-27,2
45 bis unter 60 Jahre, 4-Personen-Haushalte	1 404	1 466	4,4
bis unter 45 Jahre, 5 u.m. Personen-Haushalte	982	728	-25,8
45 bis unter 60 Jahre, 5 u.m.Personen-Haushalte	542	539	-0,6
60 bis unter 75 Jahre, 1-Personen-Haushalt	3 823	3 746	-2,0
60 bis unter 75 Jahre, 2-Personen-Haushalte	4 420	4 814	8,9
60 bis unter 75 Jahre, 3 u.m.-Personen-Haushalte	857	1 045	21,9
75 und mehr Jahre, 1-Personen-Haushalte	2 193	2 648	20,7
75 und mehr Jahre, 2 u.m.-Personen-Haushalte	2 348	3 289	40,1
Insgesamt	39 402	40 743	3,4

Quelle: BBR-Haushaltsprognose 2002–2020/Exp

Abbildung 5.1
Haushaltstypen 2005 und 2020

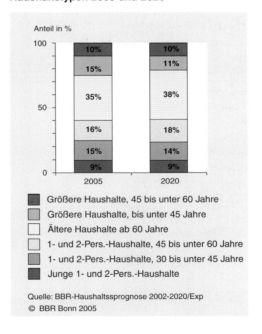

Anteil in %

- Größere Haushalte, 45 bis unter 60 Jahre
- Größere Haushalte, bis unter 45 Jahre
- Ältere Haushalte ab 60 Jahre
- 1- und 2-Pers.-Haushalte, 45 bis unter 60 Jahre
- 1- und 2-Pers.-Haushalte, 30 bis unter 45 Jahre
- Junge 1- und 2-Pers.-Haushalte

Quelle: BBR-Haushaltssprognose 2002-2020/Exp
© BBR Bonn 2005

Regionale Entwicklung der Haushaltstypen

Die zukünftige Bedeutung der einzelnen Haushaltstypen als Nachfrager auf den Wohnungsmärkten ist bundesweit anhand der dargestellten Entwicklung deutlich geworden. Auf der Ebene der Regionen werden die Haupttrends – z. B. Alterung, Bedeutungsverlust der Familien – aufgrund der regional abweichenden Situation differenzierter abgebildet. Nicht jede Region verliert bis zum Jahr 2020 netto an Einwohnern oder vollzieht den Rückgang von Familienhaushalten gleichermaßen. Auch die Alterung der Haushalte wird sich nicht in jeder Region gleichmäßig vollziehen. In einigen Regionen wird die absolute Zahl der älteren Haushalte kaum, im Verhältnis zu jüngeren Haushalten relativ jedoch deutlich zunehmen. In anderen Regionen mit Zuwanderung wird möglicherweise die Zahl der älteren Haushalte relativ eher konstant bleiben, absolut jedoch zunehmen.

Die oben dargestellten sechs Haupttypen werden sich regional in ihrer quantitativen Entwicklung stark unterscheiden. Abbildung 5.2 gibt die jeweilige Bandbreite der regionalen Entwicklung als prozentuale Veränderung der Zahl der Haushalte von 2005 bis 2020 wieder. Dabei werden die Prognosedaten der Region mit der positivsten Entwicklung und der mit der negativsten Entwicklung zusammengeführt.

Bei der quantitativen Entwicklung der kleinen Haushalte macht sich regional die jeweilige Wanderungsbilanz der Region bemerkbar. So gibt es bis 2020 noch Regionen, in denen die Zahl der jungen Ein- und Zweipersonenhaushalte wächst (bis zu 17 %), während in anderen Regionen die Zahl dieser Haushalte deutlich abnimmt (maximale Abnahme um fast 30 %). Der Entwicklungskorridor nach Raumordnungsregionen wird bei den jüngeren und mittleren kleinen Haushalten ähnlich breit sein. Die Bandbreite geht von -32 bis +8 % (30 bis 45 Jahre) bzw. -9 % bis +32 % (45 bis 60 Jahre).

Ältere Haushalte ab 60 Jahre werden in allen Regionen in ihrer Zahl noch zunehmen, die Bandbreite der Zunahme reicht hierbei von 1 bis 32 %. Bei den Familienhaushaltstypen werden die Haushalte mit älterem Haushaltsvorstand ab 45 Jahre z. T. noch deutlich zunehmen (max. 24 %), es gibt aber auch Regionen mit einer deutlichen Abnahme bis fast 30 %. Die jüngeren Familienhaushalte werden in allen Regionen abnehmen. Die Bandbreite reicht hierbei von -14 bis -43 %.

Abbildung 5.2
Entwicklung von Haushaltstypen im regionalen Vergleich

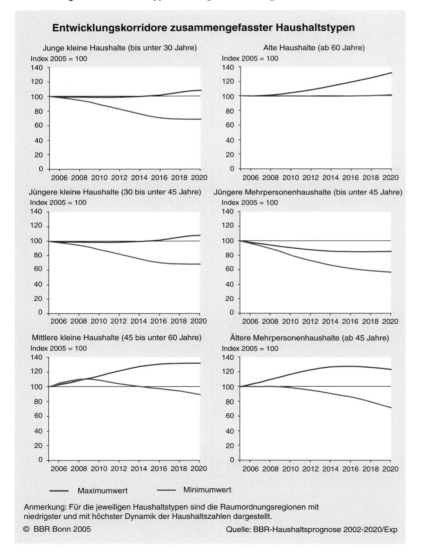

Fazit für die Wohnungsmarktrelevanz

Die Analyse der demographischen Prognosen hat gezeigt, dass die Haupttrends der Entwicklung – Abnahme der familialen Haushalte, Zunahme der älteren Haushalte, zum Teil noch Zunahme der jungen Haushalte – für die meisten Räume der Bundesrepublik charakteristisch sein werden, es jedoch regional deutlich abweichende Entwicklungsperspektiven gibt. Im Ergebnis unterscheiden sich mehrere Raumtypen, die aufgrund der hohen Relevanz des demographischen Einflusses in Zukunft noch weit abweichendere Wohnungsmarktkonstellationen haben werden, als dies heute bereits der Fall ist. Es sind Regionen identifizierbar, die auch mittel- bis langfristig von einer eher wachsenden Wohnungsnachfrage gekennzeichnet sind. Daneben müssen viele Regionen (insbesondere in Ostdeutschland) von einer bis 2020 deutlich schrumpfenden Nachfrage ausgehen.

Aktuelle Trends am Wohnungsmarkt

Die Beurteilung der aktuellen Situation auf dem Wohnungsmarkt fällt vor dem Hintergrund unterschiedlicher Entwicklungen nicht leicht. Das BBR hat in seinem Wohnungsmarktbericht[1] verdeutlicht, dass regional sehr heterogene Wohnungsmarktsituationen anzutreffen sind. Auf den meisten regionalen Märkten ist eine deutliche Entspannung festzustellen, was sich anhand der Mietenentwicklung auf den regionalen Wohnungsmärkten nachvollziehen lässt.

Die Entspannung auf den Wohnungsmärkten zeigt sich auch in einer seit dem Höhepunkt der Baukonjunktur in den alten Ländern 1994/95 und in den neuen Ländern 1997 deutlich verringerten Bautätigkeit. Besonders stark vollzog sich hierbei der Rückgang im Geschosswohnungsbau, während der Ein- und Zweifamilienhausbau in der zweiten Hälfte der 1990er Jahre eher zulegen konnte, seit 2000 jedoch ebenfalls von einem leichten Abschwung erfasst wird.

Mittlerweile liegen die Fertigstellungszahlen deutlich unter 300 Tsd. Einheiten und die Genehmigungszahlen deuten nicht auf eine schnelle Trendumkehr. Insbesondere im Geschosswohnungsbau liegt die Bautätigkeit mit mittlerweile 70 Tsd. im Vergleich zum Höhepunkt der Baukonjunktur sehr niedrig. Der Ein- und Zweifamilienhausbau ist dagegen vergleichsweise stabil. Dies liegt in erster Linie daran, dass der Ein- und Zweifamilienhausbau deutlich weniger von konjunkturellen Zyklen und mehr von demographischen Einflüssen als der Geschosswohnungsbau geprägt ist. Bei Letzte-

(1)
Bundesamt für Bauwesen und Raumordnung (Hrsg.): Wohnungsmärkte in Deutschland. – Bonn 2004. = Berichte, Band 18

Abbildung 5.3
Entwicklung der Bautätigkeit 1990 bis 2004

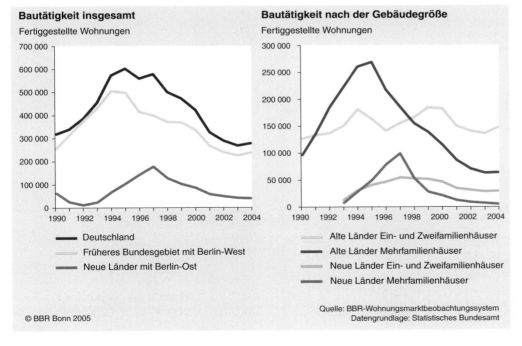

© BBR Bonn 2005

Quelle: BBR-Wohnungsmarktbeobachtungssystem
Datengrundlage: Statistisches Bundesamt

Tabelle 5.2
Zentrale Kennziffern der Wohnungsmarktentwicklung

	1998	2002	Veränderung 1998 bis 2002 in %
Haushalte insgesamt			
Alte Länder	27 325	28 133	3,0
Neue Länder und Berlin	7 451	7 739	2,6
Deutschland	34 866	35 872	2,9
Eigentümerhaushalte			
Alte Länder	11 706	12 727	8,7
Neue Länder und Berlin	2 110	2 401	13,8
Deutschland	13 816	15 128	9,5
Hauptmieterhaushalte			
Alte Länder	14 367	14 766	2,8
Neue Länder und Berlin	5 189	5 139	-1,0
Deutschland	19 556	19 905	1,8
Eigentümerquote			
Alte Länder	44,9	46,3	1,4
Neue Länder und Berlin	28,9	31,8	2,9
Deutschland	41,4	43,2	1,8
Pro-Kopf-Wohnfläche Eigentümer			
Alte Länder	46,1	48,3	4,7
Neue Länder und Berlin	37,9	40,9	7,7
Deutschland	44,8	47,1	5,1
Pro-Kopf-Wohnfläche Mieter			
Alte Länder	35,7	37,5	5,2
Neue Länder und Berlin	31,1	34,3	10,2
Deutschland	34,4	36,7	6,5

Quelle: Statistisches Bundesamt, Mikrozensus 1998 und 2002

rem ist fraglich, wann die Talsohle erreicht ist und sich eine deutlich höhere Bautätigkeit einstellt.

Für Ostdeutschland sind nach Bautyp differenziert ähnliche Zusammenhänge feststellbar: Der Ein- und Zweifamilienhausbau ist mit knapp 30 Tsd. bzw. von knapp unter 2 Wohneinheiten je 1 000 Einwohner noch recht stabil. Der Geschosswohnungsbau findet dagegen nur noch an ausgewählten Standorten statt. In 2004 wurden in Ostdeutschland insgesamt nur noch 5 600 Wohneinheiten fertig gestellt. Vor dem Hintergrund der weiterhin hohen Leerstände ist hier zudem nicht mit einer konjunkturellen Erholung zu rechnen.

Die aktuellen Entwicklungen am Wohnungsmarkt sind für die Trendprognosen von großer Bedeutung. Im Vergleich der Jahre 1998 und 2002 (jeweils Mikrozensus-Zusatzerhebung Wohnen) als aktueller Stützzeitraum fällt auf, dass die Anzahl der Haushalte in Deutschland im betrachteten Zeitraum um 2,9 % auf knapp 36 Mio. Haushalte gestiegen

Abbildung 5.4
Determinanten des Wohnflächenzuwachses nach Wohnverhältnissen

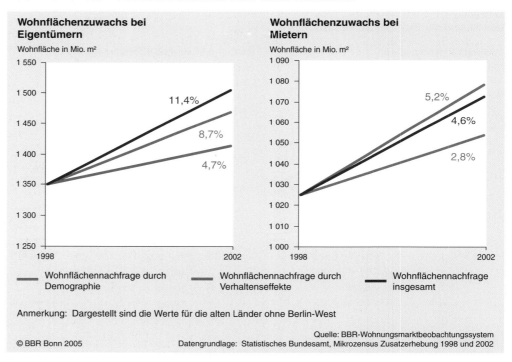

Anmerkung: Dargestellt sind die Werte für die alten Länder ohne Berlin-West

© BBR Bonn 2005

Quelle: BBR-Wohnungsmarktbeobachtungssystem
Datengrundlage: Statistisches Bundesamt, Mikrozensus Zusatzerhebung 1998 und 2002

ist. In Westdeutschland ist ein geringfügig stärkerer Anstieg der Anzahl der Haushalte als in Ostdeutschland erkennbar.

Die gestiegene Haushaltszahl ist im Wesentlichen mit einer Zunahme der Eigentümerhaushalte verbunden. Deren Anzahl stieg um 9,5 %, wobei der Anstieg im Osten mit knapp 14 % höher ausfällt als im Westen mit knapp 9 %. Die Zahl der Hauptmieterhaushalte ist dagegen nur um knapp 2 % angestiegen, wobei in Ostdeutschland sogar ein Rückgang von 1 % zu verzeichnen ist, während in Westdeutschland der Anstieg etwa 3 % beträgt. Dementsprechend wird auch ein Anstieg der Eigentümerquote deutlich. Diese ist zwischen 1998 und 2002 um 1,8 Prozentpunkte gestiegen, wobei die Steigerung in Ostdeutschland mit 2,9 % deutlich stärker ausfiel als in Westdeutschland (1,4 %).

Bei den Wohnflächen pro Person zeigt sich insgesamt eine Steigerung der zur Verfügung stehenden Wohnfläche je Person, wobei im Ost-West-Vergleich die neuen Länder eine stärkere Steigerung erfahren als die alten Länder. Ebenso zeigt sich bei den Mietern ein größerer Zuwachs im Vergleich zu den Eigentümern. Betrachtet man die Entwicklung der Wohnfläche pro Person auf Ebene der Haushaltstypen (alte Länder nach Eigentümern und Mietern getrennt), so ist bei allen Haushaltstypen ein Wohnflächenzuwachs zu erkennen.

Der Anstieg der Zahl der Haushalte (insbesondere im Wohneigentum) führt zu einer Erhöhung der Wohnflächennachfrage. Dieser Zuwachs (demographisch) beziffert sich bei den Eigentümerhaushalten auf 8,7 %, bei den Mieterhaushalten auf 2,8 %. Durch den Anstieg der Pro-Kopf-Wohnfläche ergibt sich zusätzlich eine Erhöhung der Wohnflächennachfrage um 4,7 % (Eigentümer) bzw. 5,2 % (Mieter). Insgesamt ist zwischen 1998 und 2002 die Wohnflächennachfrage der Eigentümerhaushalte um 11,4 %, die der Mieterhaushalte um 4,6 % gestiegen.

Aktualisierung der Trendprognosen

Die drei Trendparameter Eigentümerquote, Pro-Kopf-Wohnfläche Eigentümer und Pro-Kopf-Wohnfläche Mieter sind jeweils nach Größe, Alter und Nationalität der Bezugsperson des Haushaltes differenziert. Damit wird erreicht, dass die unmittelbar nachfragewirksamen Veränderungen in der Struktur der Haushalte berücksichtigt werden. Die Trendanalysen der Haushaltstypen zur Eigentumsquote und zum Wohnflächenkonsum nehmen im Wohnungsprognosemodell eine bedeutende Stellung ein. Ausgehend von den Mengengerüsten der BBR-Haushaltsprognose wird jedem der gebildeten Haushaltstypen ein bestimmtes Verhalten zur Wohneigentumsbildung und zum Pro-Kopf-Wohnflächenkonsum zugewiesen. Aus dieser Kombination von Mengengerüst und Verhaltensparametern ergeben sich quantitative Aussagen zur zukünftigen Wohnflächennachfrage der Haushalte.

Mit den aktuellen Daten des Mikrozensus können die aus den letzten Wohnungsprognosen abgeleiteten Trendanalysen geprüft und gegebenenfalls fortgeschrieben werden. Für den größten Teil der Haushaltstypen fällt auf, dass sowohl bei der Eigentumsquote als auch bei den Pro-Kopf-Wohnflächen durch die Hinzunahme der neuesten Mikrozensus-Daten (MZ) i.d.R. keine größeren Veränderungen bei den Trendverläufen erkennbar sind.

Die Pro-Kopf-Wohnflächen und die Eigentümerquote werden als lange Zeitreihen im BBR analysiert und daraus Trends berechnet. Beispielhaft zeigt Abbildung 5.5 die aus mehreren Stichprobendaten von 1978 bis 2002 aufgestellten Zeitreihen der Pro-Kopf-Wohnflächen der Einpersonenhaushalte nach der Altersstruktur. Deutlich wird der für die verschiedenen Altersklassen unterschiedliche Anstieg seit 1978. Insbesondere die älteren Einpersonenhaushalte haben deutlich höhere Anstiege als die jüngeren zu verzeichnen. Für andere Haushaltsgrößen sind aus den Trendanalysen ebenfalls Steigerungen abzulesen, jedoch z.T. mit nur geringer Dynamik (beispielsweise bei jüngeren Haushalten[2]). Die aktuellen Werte aus 2002 passen sich dem Trend im We-

(2)
Vgl. Bundesamt für Bauwesen und Raumordnung (Hrsg.): Wohnungsprognose 2015. – Bonn 2001. = Berichte, Band 10

(3)
Bei logistischen Trends erfolgt die Abschwächung durch Festlegung von Obergrenzen. Diese wurden durch Auswertung der Einkommens- und Verbrauchsstichprobe 2002 bestimmt, wobei die Werte der beiden höchsten Einkommensklassen als Obergrenzen definiert wurden. In diesem Fall liegt die Obergrenze bei 77 %. Unter der Annahme von Einkommensstagnation wurde dieser Wert um 10 % reduziert.

sentlichen an. Bei den älteren Haushalten (siehe Abb. 5.5) ist dies nahezu ohne Trendabweichung feststellbar, bei den jüngeren ist durch die Werte von 2002 eher von einer leicht nach oben abweichenden Trendveränderung auszugehen. Für alle gut 50 Trendprognosen ist festzustellen, dass die aktuellen Werte für das Jahr 2002 überwiegend in den Trend der Zeitreihen passen.

Die Trendanalysen, deren Verläufe durch die Verlängerung des Stützzeitraumes bis 2002 im Wesentlichen stabilisiert werden, deuten darauf hin, dass die Wohnflächennachfrage und die Eigentumsbildung weiterhin zunehmen. Vor dem Hintergrund der aktuellen wirtschaftlichen Situation mit stagnierenden bis rückläufigen Realeinkommen und hoher Arbeitslosigkeit ist diese Analyse eher überraschend. In der Diskussion um die zukünftige Wohnungsmarktentwicklung ist die aktuelle Krise des Wohlfahrtsstaats mit einem Anstieg von Dauerarbeitslosigkeit, Einkommensverlusten etc. ein bedeutendes Argument, die aus der Vergangenheit bekannten Trends des Wohnflächenkonsums und der Wohneigentumsbildung nicht unreflektiert fortzuschreiben. Mittelfristig wird eher von einer rückläufigen Entwicklung zumindest bei der Nachfrage nach bestimmten Wohnungsgrößen ausgegangen. Die Wohnungsprognose des BBR muss sich dieser Diskussion stellen. Die aus der Betrachtung der Vergangenheit abgeleiteten Trendextrapolationen werden deswegen in der Aktualisierung der Wohnungsprognose deutlicher als in den Vorgängermodellen mit abschwächenden Verläufen versehen. Dies geschieht durch die Auswahl von logistischen Trendverläufen unter der Annahme von Obergrenzen.

Abbildung 5.5
Pro-Kopf-Wohnfläche von Einpersonenhaushalten in den alten Ländern

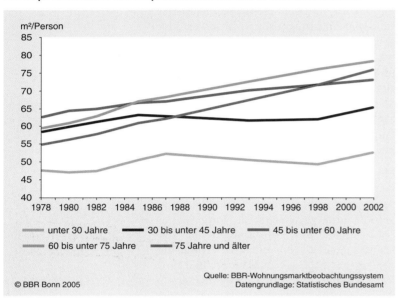

© BBR Bonn 2005

Quelle: BBR-Wohnungsmarktbeobachtungssystem
Datengrundlage: Statistisches Bundesamt

Abbildung 5.6
Beispielhafte Darstellung der Trendprognose der Eigentümerquote

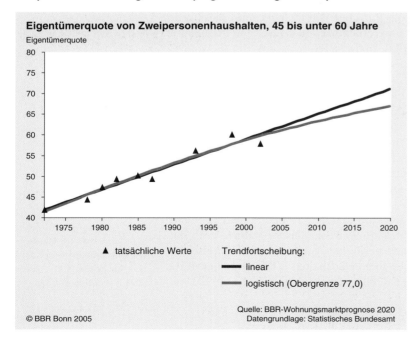

© BBR Bonn 2005

Quelle: BBR-Wohnungsmarktprognose 2020
Datengrundlage: Statistisches Bundesamt

Trendprognosen für die alten Länder

Abbildung 5.6 zeigt eine beispielhafte Darstellung einer Trendprognose für die Eigentümerquote der Zweipersonenhaushalte mit dem Alter des Haushaltsvorstandes zwischen 45 und 60 Jahren. Seit 1972 ist die Eigentümerquote dieser Gruppe von 42 auf 58 % gestiegen. Unter der Annahme einer linearen Zunahme würde die Eigentümerquote dieser Gruppe im Jahr 2020 auf über 71 % ansteigen. Da die Eigentumsbildung eng mit der Einkommenssituation der Haushalte zusammenhängt und die zukünftige Einkommensentwicklung jedoch unsicher ist, wird im Modell der Wohnungsprognose eine Verlangsamung der Eigentumsbildung modelliert. Der Prognosewert der Eigentümerquote beläuft sich unter Verwendung logistischer Kurvenverläufe auf 67 % und liegt damit deutlich unter dem Wert des Weiter-so-Trends.[3]

Das Verfahren der Trendabschwächung wurde für alle Trendparameter – jedoch mit unterschiedlichen empirisch bestimmten Obergrenzen – gewählt. Dadurch ergeben sich im Trendverlauf über alle Haushaltstypen abgeschwächte Trendverläufe, die jedoch bei bestimmten Haushaltstypen (wie z. B. den älteren Haushalten) immer noch zu einer dynamischen Entwicklung führen.

Im Ergebnis der Trendprognosen der verschiedenen Haushaltstypen steigt die Eigentümerquote in den alten Ländern von 2005 bis 2020 von gut 46 % auf knapp 49 %, was zum einen auf den Bedeutungsgewinn von Haushaltstypen mit höheren Eigentümerquoten (Struktureffekt), zum anderen auf die erhöhte Wohneigentumsbildung als Verhalten der jeweiligen Haushaltstypen zurückzuführen ist (Verhaltenseffekt).

Analog zu den Annahmen bei der zukünftigen Entwicklung der Eigentümerquote wird bei den Pro-Kopf-Wohnflächen der Eigentümer- bzw. der Mieterhaushalte von einem im Vergleich zur Vergangenheit verlangsamten Wachstum ausgegangen. Die Pro-Kopf-Wohnflächen sind in der Vergangenheit – insbesondere bei den älteren Haushalten – deutlich angestiegen. Bei den jüngeren Haushalten ist dagegen eher ein verhaltenes Wachstum zu erkennen. In Zukunft wird diese leichte Zunahme noch abgeschwächt, so dass die Werte insgesamt nur noch langsam zunehmen.

Die Pro-Kopf-Wohnfläche der Eigentümerhaushalte steigt in den alten Ländern von 2002 auf 2020 von 48 m² auf knapp unter 52 m² und damit um ca. 7 %. Ein Teil der Steigerung ist hierbei auf die strukturelle Verschiebung der Haushaltstypen bis 2020 zurückzuführen. Bei konstanten Haushaltsstrukturen wäre ein Anstieg auf 49 m² und damit nur um gut 2 % zu erwarten.

Auch bei den Mieterhaushalten war in der Vergangenheit ein deutliches Wohnflächenplus zu verzeichnen. Insbesondere die älteren Haushalte haben bei ihrer Pro-Kopf-Wohnfläche jährliche Wachstumsraten von bis zu 1 % p.a. Bei den jüngeren Haushalten sind dagegen nur verhaltene Zuwächse zu erkennen. Für die Zukunft wird von einer weiteren Verringerung der Zunahme an Pro-Kopf-Wohnfläche ausgegangen. Im Ergebnis erhöht sich die Pro-Kopf-Wohnfläche der Mieter von gut 37 m² (2002) auf gut 40 m² (2020), was einer Steigerung von ca.

7 % entspricht. Ohne die strukturell bedingten Verschiebungen (größere Anzahl älterer Haushalte etc.) würde die Zunahme nur um ca. 1 m² auf gut 38 m² ausfallen. Es ist somit – anders als in der Vergangenheit – nur noch von einem sehr verhaltenen Wachstum an Wohnfläche sowohl bei Eigentümer- als auch Mieterhaushalten auszugehen.

Abbildung 5.7
Beispielhafte Darstellung der Trendprognosen mit ausgewählten Haushaltstypen für die alten Länder

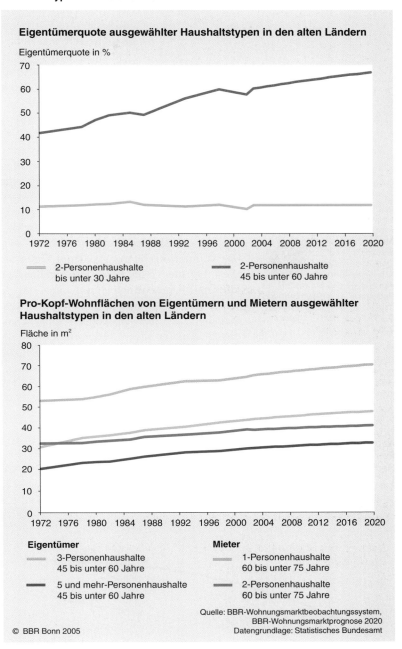

Quelle: BBR-Wohnungsmarktbeobachtungssystem,
BBR-Wohnungsmarktprognose 2020
Datengrundlage: Statistisches Bundesamt

© BBR Bonn 2005

Erste Trendberechnungen für die neuen Länder

Die Entwicklung der Wohnraumnachfrage in den neuen Bundesländern hängt im Wesentlichen von der dortigen wirtschaftlichen Entwicklung ab: Das individuell zur Verfügung stehende Einkommen bestimmt, ob und wie schnell sich die ostdeutsche Wohnflächennachfrage der im Westen annähert oder wie schnell der Nachholbedarf im Eigenheimsektor befriedigt werden kann. Die wirtschaftliche Entwicklung bestimmt zudem das Wanderungsverhalten und damit die Zahl der Haushalte, die überhaupt auf dem Wohnungsmarkt als Nachfrager auftreten. Zurzeit befindet sich Ostdeutschland noch in einem Aufholprozess, langfristig geht die Raumordnungsprognose – was die Wanderungsbilanz zwischen Ost und West betrifft – von einer weitergehenden wirtschaftlichen Angleichung aus. Auch wenn das Einkommen der ostdeutschen Haushalte in 2020 womöglich nicht ganz das Niveau der alten Länder erreicht, so ist davon auszugehen, dass sich zumindest auf dem Wohnungsmarkt aufgrund des Zusammenspiels von „immobilem" Angebot und

Nachfrage eine deutliche Angleichung der Verhaltensparameter Eigentumsquote und Wohnflächenkonsum in den vergleichbaren Haushaltstypen vollzogen hat. Zum Teil sind bereits heute völlige Angleichungsprozesse vor allem bei den jungen Haushalten zu beobachten. Günstige Voraussetzungen zur Wohneigentumsbildung (insbesondere günstiges Bauland) und ein Preisniveau bei Immobilien und Mieten, was im Vergleich zu den alten Ländern in etwa dem Abstand der Einkommen entspricht, werden die Eigentümerquote und die Pro-Kopf-Wohnfläche der Eigentümer und der Mieter weiter steigen lassen.

In Ostdeutschland lebten im Jahr 2002 knapp ein Drittel der Haushalte im Eigenheim. Die Eigentumsquote stieg bis 2002 deutlich an (siehe Tab. 5.2 auf S. 76). Der Abstand der Eigentümerquote zwischen den alten und den neuen Ländern beträgt gut 14 Prozentpunkte. Die Verbesserung der Wohnsituation durch Neubau und Einkommenssteigerungen sowie die Verkleinerung der Haushalte hat ebenfalls zu einer deutlichen Zunahme der Pro-Kopf-Wohnflächen geführt. Zwischen 1993 und 2002 ist die Pro-Kopf-Wohnfläche in Ostdeutschland um ca. 28 % auf nun knapp 38 m² gestiegen, in Westdeutschland um ca. 18 % auf 43 m². Dahinter steht neben den genannten Faktoren auch das günstige Miet- und Kaufpreisniveau in Ostdeutschland, das zu einer Ausweitung der Wohnflächen führt.

Ein eigener Zeitreihenansatz für Ostdeutschland

Die durch verschiedene Datenquellen belegbare Entwicklung in Ostdeutschland mit wachsender Eigentümerquote und Wohnfläche wird in der Wohnungsprognose 2020 erstmalig als Trend interpretiert, der unter der Annahme von Abschwächungs-/Verstärkungstendenzen bis zum Jahr 2020 fortgeschrieben werden kann.[4] Hierbei werden die gleichen Haushaltstypen wie für die westdeutschen Trendprognosen verwendet, jedoch nicht die gleichen Zeitreihen. Auf der Grundlage von drei Datenquellen[5] werden eigenständige Zeitreihen entwickelt, die unter der Annahme einer weiteren Angleichung der Wohnbedingungen bis 2020 erstellt werden. Hierbei werden in einem iterativen Verfahren Trends berechnet, deren Ausprägungen sich aufgrund der

(4)
Das Vorgängermodell wurde in einer Forschungskooperation mit dem Institut für ökologische Raumentwicklung IöR, Dresden entwickelt und zeichnet sich für Ostdeutschland durch einen eigenen Ansatz mit Szenarien aus – siehe Bundesamt für Bauwesen und Raumordnung (Hrsg.): Wohnungsprognose 2015. – Bonn 2001. = Berichte, Band 10

(5)
1-%-Wohnungsstichprobe 1993, MZ 1998 und MZ 2002 für Ostdeutschland

Abbildung 5.8
Beispielhafte Darstellung der Trendprognosen mit ausgewählten Haushaltstypen für die neuen Länder

Vergangenheitsentwicklung (Steigung der Kurve), des erkennbaren Ausgangsniveaus im Vergleich zu den entsprechenden Haushaltstypen Westdeutschlands und von intuitiv gesetzten Annahmen zum Anpassungsniveau am Ende des Prognosezeitraumes bestimmen lassen.

Die beispielhafte Darstellung der Wohneigentumsquote verschiedener Haushaltstypen zeigt, dass der von 1993 bis 2002 erkennbare Anstieg als Trend prognostisch bis zum Jahr 2020 verlängert wird. Die Kurven werden jedoch (insbesondere bei aktuell hoher Dynamik) regressionsanalytisch mit abgeschwächten Verläufen versehen.

Ergebnis der Trendanalysen
für Ostdeutschland

Die Ergebnisse wurden unter der Annahme einer weiteren, aber sehr verlangsamt ablaufenden Angleichung der Wohnbedingungen zwischen Ost und West berechnet. Die auch im Westen ablaufenden Prozesse der nur noch leicht zunehmenden Pro-Kopf-Wohnflächen und Eigentümerquoten finden ihr Pendant im Osten mit zwar höheren Zuwachsraten, jedoch ebenfalls mit sich verlangsamenden Steigerungsraten.

Mit der Extrapolation der Trends bis 2020 wird die in den letzten zehn Jahren beobachtbare Entwicklung mit erhöhten Anteilen von Wohneigentum fortgeschrieben, jedoch unter Berücksichtigung einer abnehmenden Dynamik. Die Eigentümerquote wird von 2002 bis 2020 um ca. 7 Prozentpunkte auf knapp 39 % zunehmen. Im gleichen Zeitraum steigt die Eigentümerquote in den alten Ländern nur um knapp 3 Prozentpunkte. Es wird somit eine weitere Verringerung der Ost-West-Unterschiede prognostiziert, jedoch keine vollständige Angleichung. Innerhalb der Haushaltstypen (d. h. unter Ausschaltung der Strukturunterschiede zwischen Ost und West) gleichen sich die Eigentümerquoten deutlich an.

In den wichtigsten Haushaltstypen verringert sich der Abstand zwischen Ost und West um mehr als die Hälfte, in einem Haushaltstyp (Familienhaushalte vier Personen, Haushaltsvorstand bis 45 Jahre) wird die Eigentümerquote im Osten 2020 geringfügig höher ausfallen als im Westen (59 zu 58 %).

Abbildung 5.9
Anpassung der Eigentümerquote im Verlauf des Prognosezeitraumes

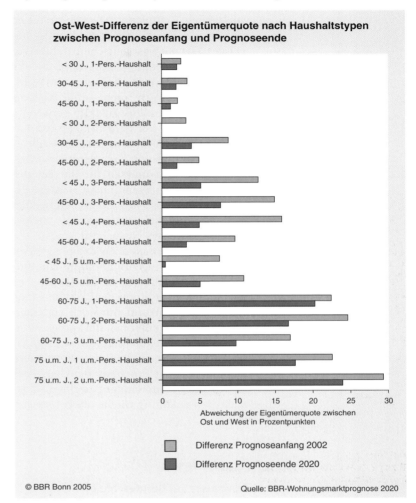

Die Pro-Kopf-Wohnfläche der Eigentümerhaushalte steigt von gut 41 m² (2002) auf knapp 47 m² (2020), was einer Steigerung von über 13 % entspricht. Auch in Ostdeutschland ist aufgrund der Alterung und der Verkleinerung der Haushalte ein Teil des Pro-Kopf-Wohnflächenwachstums auf die strukturellen Verschiebungen zurückzuführen. Bei konstanter Haushaltsstruktur wäre eine Zunahme der Pro-Kopf-Wohnflächen auf knapp 45 m² (+8 %) zu erwarten.

Die Pro-Kopf-Wohnfläche der Mieterhaushalte steigt im Zeitraum von 2002 bis 2020 von 34 auf 38 m² und damit um knapp 13 %. Ohne strukturelle Veränderungen bei den Haushalten wäre der Anstieg geringer: von 34 auf gut 36 m² und damit eine Steigerung von über 8 %.

Fazit Trendprognosen

Die Trendprognosen werden auf der Basis von langen Zeitreihen (Westdeutschland) bzw. kurzen Trends (Ostdeutschlands) berechnet. Für die westdeutschen Trendwerte muss berücksichtigt werden, dass die aus einer anderen Wirtschaftsepoche stammenden Trendwerte nicht ohne weiteres zur Projektion in die Zukunft verwendet werden können. Vor dem Hintergrund hoher Sockelarbeitslosigkeit, stagnativer Realeinkommen und nur noch geringem Wirtschaftswachstum müssen für die Zukunft andere Verläufe angenommen werden, die zwar an die Gegenwart anknüpfen, jedoch langfristig deutlich verlangsamte Steigerungen aufweisen. Insgesamt tragen die das Konsumverhalten widerspiegelnden Trendparameter Eigentümerquote und Pro-Kopf-Wohnflächen, die in der Vergangenheit eindeutig der Motor des Wohnkonsums waren, in der Zukunft nur noch verhalten zum Neubauvolumen bei. Bei verbesserten Rahmenbedingungen (beispielsweise günstigere Einkommens-Kaufpreis-Relationen, Bauland etc.) ist durchaus denkbar, dass die Eigentümerquoten der einzelnen Haushaltstypen zukünftig wieder stärker steigen werden.

Ergebnisse

Ergebnisse auf Bundesebene

Die Berechnungen der Wohnungsmarktprognose 2020 sind vor dem Hintergrund einer zeitlich und regional differenzierten Entwicklung zu sehen. Zunächst ist aus den bisherigen Analysen festzustellen, dass der demographische Wandel in seiner vollen Wirkung auf den Wohnungsmarkt zeitlich und räumlich unterschiedlich einsetzt. Zurzeit sind in vielen Regionen noch eher günstige demographische Bedingungen anzutreffen. Das Herauswachsen der Babyboomer-Generation der 1960er Jahre aus der Nachfragergruppe auf den Wohnungsmärkten wird bis nach 2010 schrittweise einen Rückgang der Nachfrager bewirken. Erst nach 2010 wird ein deutlicher Rückgang wichtiger Nachfragergruppen die Wohnungsnachfrage nachhaltig verändern. Aus diesem Grund wird bei der Ergebnisaufbereitung die Mittelfrist-Perspektive bis 2010 von der Langfrist-Perspektive bis 2020 unterschieden.

Aufgrund der regional erkennbaren Muster der demographischen Entwicklung sind regionale Unterschiede der Wohnungsnachfrageentwicklung zu erwarten. Neben der Ergebnisdarstellung auf der Ebene des Bundesgebietes und der Teilgebiete alte/neue Länder wird im Folgenden auf die Aufbereitung der Ergebnisse auf Ebene der Raumordnungsregion bzw. Kreisebene und der siedlungsstrukturellen Regions- bzw. Kreistypen Wert gelegt.

Die Ergebnisdarstellung unterscheidet zudem das Themenfeld der Wohnflächennachfrage – unterschieden nach Eigentümer, Mieter, Ein- und Zwei- bzw. Mehrfamilienhaus – sowie die unter Berücksichtigung von regionalen Neubaugrößen und Entwicklungen im Wohnungsbestand berechneten Neubauergebnisse, ebenso unterschieden in verschiedene Teilmärkte.

Wohnflächennachfrage

Für den Zeitraum 2005 bis 2020 ergeben sich folgende Tendenzen: Die Nachfrage nach Wohnfläche wächst nur noch leicht um ca. 6 %, was einem jährlichen Wachstum von weniger als 0,5 % entspricht. Das Wachstum wird ausschließlich von der Nachfrage der Eigentümerhaushalte nach Wohnfläche getragen (+11 %), während die Wohnflächennachfrage der Mieterhaushalte leicht rückläufig ist (-0,5 %). Nach Bauformen unterschieden ist ein Plus bei der Nachfrage nach Wohnungen in Ein- und Zweifamilienhäusern erkennbar (+6,3 %), während die Nachfrage nach Wohnfläche in Geschosswohnungen um 5,5 % wächst.

In den alten Ländern wächst die Nachfrage nach Wohnfläche von 2005 bis 2020 noch um 7 %, wobei die Nachfrage nach Wohnfläche im Eigentum mit 10 % deutlich stärker wächst als die Nachfrage nach Wohnfläche in Mietwohnungen (+2 %). Nach Bauformen unterschieden ist im Durchschnitt eine Zunahme sowohl der Wohnflächen in Ein- und Zweifamilienhäusern (+6 %) als auch in Mehrfamilienhäuser (+8 %) zu erwarten. Allerdings ist die Entwicklung in den ersten acht Jahren bis 2012 deutlicher von Wachstum geprägt als die prognostizierte Entwicklung in den letzten acht Jahren des Prognosezeitraumes (2013 bis 2020). Während die Wohnflächennachfrage bis 2012 noch um ca. 4 % wächst, schwächt sich die Zunahme bis 2020 mit 2 % Wachs-

Abbildung 5.10
Die Wohnflächennachfrage bis 2020

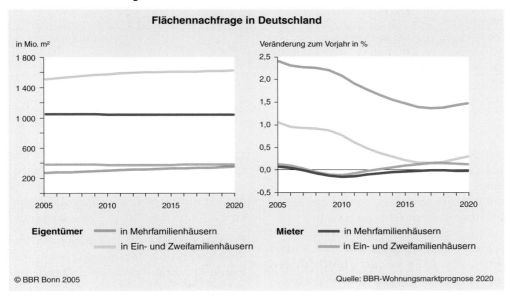

Flächennachfrage in Deutschland

in Mio. m²

Veränderung zum Vorjahr in %

Eigentümer — in Mehrfamilienhäusern
in Ein- und Zweifamilienhäusern

Mieter — in Mehrfamilienhäusern
in Ein- und Zweifamilienhäusern

© BBR Bonn 2005

Quelle: BBR-Wohnungsmarktprognose 2020

tum deutlich ab. Insbesondere bei Ein- und Zweifamilienhäusern verringern sich die durchschnittlichen Wachstumsraten p.a. in der zweiten Hälfte des Prognosezeitraums um mehr als die Hälfte. Die Nachfrage nach Geschosswohnfläche ist dagegen vergleichsweise stabil.

In den neuen Ländern ist bereits kurz- bis mittelfristig von einer nur noch geringen Zunahme – getragen vom Nachfragewachstum nach Wohnflächen im Ein- und Zweifamilienhausbereich – auszugehen. Die Nachfrage wächst bis 2020 nur noch um knapp 3 % (Eigentümer: +16 %, Mieter -7 %). Nach 2010 ist der Rückgang der Nachfrage nach Mietwohnfläche leicht höher als die noch zu erwartende Zunahme bei der Nachfrage nach Eigentümerwohnfläche, so dass insgesamt mit einem leichten Rückgang zu rechnen ist. Während bis 2012 eine Zunahme der nachgefragten Eigentümerwohnflächen von ca. 11 % zu erwarten ist, wird es danach bis 2020 zu einem deutlich verringerten Wachstum in diesem zurzeit noch leicht überdurchschnittlich nachgefragten Sektor kommen (+3 %).

In der Veränderung der Wohnflächennachfrage spiegelt sich der demographische Wandel deutlich wider. Die Jahre bis 2010 sind noch eher von einer günstigen demographischen Entwicklung gekennzeichnet. Haushalte in der Familienphase werden zwar von Jahr zu Jahr weniger, sie stellen aufgrund der hohen Geburtenzahlen der 1960er Jahre aber eine nach wie vor noch gut vertretene Nachfragegruppe nach Einfamilienhäusern dar. Nach 2010 wird diese Gruppe schrumpfen, und entweder wird die Nachfrage nach Einfamilienhäuser deutlich zurückgehen (Status quo), oder andere Haushaltsgruppen (kleinere Haushalte, ältere Gruppen) wenden sich stärker dem Wohneigentum bzw. der Bauform Einfamilienhaus zu.

Neubauergebnisse

Der Neubau ist in der wohnungspolitischen Diskussion die bedeutendste Größe bei der Adaption der Prognoseergebnisse. Er zeigt, welche Bautätigkeit mittel- bis langfristig notwendig ist, um den demographisch bedingten Bedarf zu decken. Zugleich kann das Neubauvolumen mit der aktuellen Bautätigkeit in den Wohnungsmärkten unmittelbar verglichen werden und daraus Perspektiven für die Bauwirtschaft vor Ort abgeleitet werden.

Tabelle 5.3
Neubau in Deutschland bis 2020 (jährlicher Durchschnitt)

Neubau	2006–2010	2011–2015	2016–2020	2006–2020
Wohnungen in Ein- und Zweifamilienhäusern	149 700	95 400	75 300	106 800
Wohnungen in Mehrfamilienhäusern	128 300	112 600	116 000	119 000
Wohnungen insgesamt	278 000	208 000	191 300	225 800

Quelle: BBR-Wohnungsmarktprognose 2020

Das Neubauergebnis errechnet sich aus den jährlichen Wohnflächennachfragesteigerungen, die durch regionale Neubaugrößen dividiert werden. Aus den Ergebnissen der Wohnflächennachfrage lässt sich rechnerisch dann ein Neubau ableiten, wenn sich die Nachfrage gegenüber dem Vorjahr erhöht hat. Aufgrund der Unsicherheiten bei der Entwicklung des Wohnungsangebotes und insbesondere beim Leerstand (siehe Erläuterungen am Ende dieses Kapitels) ist ein Nachfrageplus jedoch nicht automatisch mit Neubau gleichzusetzen. Einerseits wird oftmals ein Wohnungsangebot vor Ort eine Nachfragesteigerung „auffangen" können, ohne dass Neubau notwendig ist. Anderseits ist offensichtlich, dass es Neubau trotz Angebotsüberhang geben wird, zumindest dann, wenn die Nachfrage auf ein nicht passendes Angebot trifft. Dieses Phänomen ist in Ostdeutschland schon seit längerem erkennbar und es ist durchaus möglich, dass die Konstellation „Neubau trotz Angebotsüberhang" zukünftig in vielen Regionen anzutreffen ist.

Die tatsächliche Neubaunachfrage wird sich zukünftig neben der quantitativen Entwicklung der Wohnflächennachfrage aus einem Zusammenspiel verschiedener Faktoren ergeben. Hierzu zählen insbesondere die Marktfähigkeit des Wohnungsbestandes und seine Konkurrenz zum Neubau, die Teilmarktkonkurrenzen (große/kleine Wohnungen, Altbau/Nachkriegsbau, Geschosswohnung/freistehend etc.), die Investitionsstrategien der Wohnungsanbieter und die Nachfragepräferenzen der Haushalte.

Das Neubauergebnis beläuft sich in den Jahren 2006 bis 2020 bundesweit auf ca. 226 Tsd. Wohneinheiten p.a. Am Beginn des Prognosezeitraumes kann mit ca. 300 Tsd. Neubauwohnungen gerechnet werden, ab 2008 wird mit ca. 280 Tsd. Wohnungen die 300-Tsd.-Marke deutlich unterschritten. Im ersten Abschnitt 2006 bis 2010 ist mit durch-

schnittlich 280 Tsd. p.a. zu rechnen. In den Jahren nach 2010 ist zunächst ein Potenzial von ca. 210 Tsd. (bis 2015) prognostiziert; in den letzten fünf Jahren bis 2020 wird ein Volumen von ca. 190 Tsd. p.a. prognostiziert.

Für den stärkeren Rückgang sind in erster Linie die verringerten Mengen beim Neubau in Ein- und Zweifamilienhäusern verantwortlich. Zu Beginn des Prognosezeitraumes sind demographisch bedingt etwa 160 Tsd. Wohnungen als Neubau in Ein- und Zweifamilienhäusern notwendig. Dies entspricht etwa der zurzeit stattfindenden Bautätigkeit in diesem Bereich. In den Folgejahren bis etwa 2009 prognostiziert die Wohnungsprognose mit ca. 150 Tsd. Wohnungen ein leicht rückläufiges Volumen; ab 2010 gehen die berechneten Prognosewerte deutlich zurück. Während im ersten Fünfjahreszeitraum 150 Tsd. Wohnungen berechnet sind, sinkt dieser Wert im zweiten Fünfjahreszeitraum auf unter 100 Tsd. (2011 bis 2015). Im letzten Fünfjahreszeitraum sinkt der Wert noch einmal auf 75 Tsd., stabilisiert sich jedoch in den letzten Prognosejahren bei ca. 75 bis 80 Tsd.

Der Geschosswohnungsbau wird auch von Prognoserückgängen betroffen sein, jedoch stabilisiert sich die Nachfrage stärker als im Ein- und Zweifamilienhausbereich. Zu Beginn des Prognosezeitraumes werden etwa 140 Tsd. Geschosswohnungen p.a. berechnet. Dieser Wert sinkt in den Folgejahren, so dass sich für den ersten Fünfjahreszeitraum (2006 bis 2010) ein Volumen von knapp 130 Tsd. Geschosswohnungen ergibt. Nach 2010 sinkt dieser Wert auf etwas über 110 Tsd. und stabilisiert sich in etwa auf diesem Niveau bis zum Ende des Prognosezeitraumes. Neben der recht stabilen Nachfrage der jüngeren Haushaltsgruppen nach Mietwohnungen in den Städten sind vor allem auch die wachsenden Anteile von Eigentum im Geschosswohnungsbau für das Ergebnis bedeutend. Der Prognose zu-

Abbildung 5.11
Neubau bis 2020 im Vergleich zur aktuellen Bautätigkeit

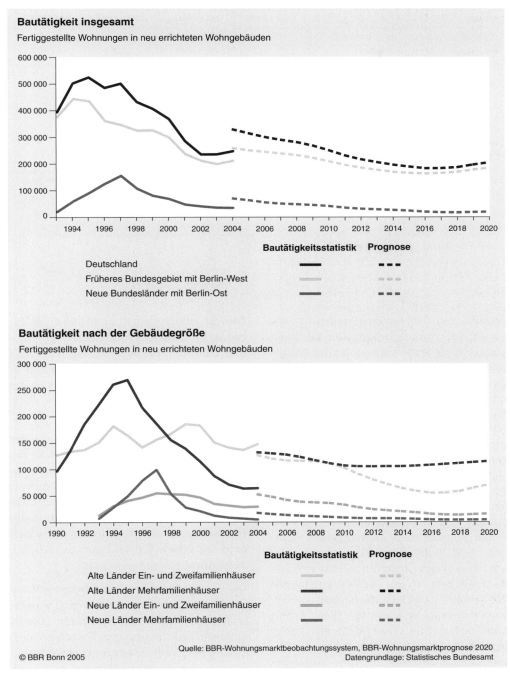

Bautätigkeit insgesamt
Fertiggestellte Wohnungen in neu errichteten Wohngebäuden

	Bautätigkeitsstatistik	Prognose
Deutschland		
Früheres Bundesgebiet mit Berlin-West		
Neue Bundesländer mit Berlin-Ost		

Bautätigkeit nach der Gebäudegröße
Fertiggestellte Wohnungen in neu errichteten Wohngebäuden

	Bautätigkeitsstatistik	Prognose
Alte Länder Ein- und Zweifamilienhäuser		
Alte Länder Mehrfamilienhäuser		
Neue Länder Ein- und Zweifamilienhäuser		
Neue Länder Mehrfamilienhäuser		

Quelle: BBR-Wohnungsmarktbeobachtungssystem, BBR-Wohnungsmarktprognose 2020
Datengrundlage: Statistisches Bundesamt

© BBR Bonn 2005

folge wird sich der Anteil von Eigentum im Geschosswohnungsbau steigern können. Aus den Zahlen lässt sich interpretieren, dass es für Eigentumswohnungen in Neubauten in kleinen, überschaubaren Anlagen ein Nachfragepotenzial geben wird. Auch der Mietwohnungsbau in Geschosswohnungen wird bis 2020 nicht verschwinden.

Potenziale sind beispielsweise in mobilen Singles und Paaren zu sehen, die durchaus auch Eigentum bilden könnten, jedoch aufgrund der hohen Umzugsnotwendigkeit die flexiblere Form der Mietwohnung suchen.

Im Vergleich zur aktuellen Bautätigkeit im Geschosswohnungsbau ist auffällig, dass sich die Prognosewerte mit ca. 130 Tsd.

Tabelle 5.4
Neubau in den alten Ländern bis 2020 (jährlicher Durchschnitt)

Neubau	2006–2010	2011–2015	2016–2020	2006–2020
Wohnungen in Ein- und Zweifamilienhäusern	112 500	72 900	60 700	82 000
Wohnungen in Mehrfamilienhäusern	117 300	105 800	111 600	111 600
Wohnungen insgesamt	229 900	178 700	172 300	193 600

Quelle: BBR-Wohnungsmarktprognose 2020

Tabelle 5.5
Neubau in den neuen Ländern bis 2020 (jährlicher Durchschnitt)

Neubau	2006–2010	2011–2015	2016–2020	2006–2020
Wohnungen in Ein- und Zweifamilienhäusern	37 200	22 500	14 600	24 800
Wohnungen in Mehrfamilienhäusern	11 000	6 800	4 300	7 400
Wohnungen insgesamt	48 200	29 300	18 900	32 200

Quelle: BBR-Wohnungsmarktprognose 2020

deutlich von den Fertigstellungen in 2004 (ca. 70 Tsd.) unterscheiden. Der Mietwohnungsbau ist jedoch konjunkturell geprägt und die Konjunktur hängt sehr stark mit der Stimmung unter den Investoren zusammen. Es herrscht enorme Zurückhaltung, die in einem demographisch konzipierten Nachfragemodell wie der Wohnungsmarktprognose 2020 nicht modelliert werden kann. Allein der starke Rückgang der Fertigstellungszahlen im Geschosswohnungsbau von einem bereits als nicht besonders hoch eingeschätzten Niveau in 2000 (ca. 140 Tsd.) auf nur noch die Hälfte in 2004 macht die starke konjunkturelle Abhängigkeit deutlich. Die Wohnungsmarktprognose liegt mit ihren prognostizierten Werten somit in etwa auf dem Niveau der Fertigstellungen des Jahres 2000. Es ist davon auszugehen, dass sich Prognosewerte (die leicht fallen) und tatsächliche Fertigstellungen kurz- bis mittelfristig wieder annähern werden, wenn drohende lokale Engpässe vermieden werden wollen.

Das Verhältnis von Ein- und Zweifamilienhausneubau zu Geschosswohnungsneubau ist im Prognosezeitraum von einem anfänglich stärkeren Anteil des Ein- und Zweifamilienhausbereichs von ca. 54 % bis 2010 auf unter 50 % (ab 2011) gekennzeichnet. Am Ende des Prognosezeitraumes beträgt der Anteil etwa 40 %. Zurzeit hat der Anteil des Wohnungsneubaus im Ein- und Zweifamilienhausbereich einen Anteil von ca. 70 %.

Dies ist jedoch dem sehr rückläufigen Ergebnis im Geschosswohnungsbau geschuldet. Ende der 1990er Jahre lag der Anteil noch bei ca. 50 %. In den alten Ländern ist der Anteil des Geschosswohnungsbaus am Neubau im Prognosezeitraum höher als in den neuen Ländern.

Die Prognose geht für die alten Länder von einem langfristigen Niveau von knapp 200 Tsd. Neubauwohnungen aus. Zu Beginn des Prognosezeitraumes liegt das Ergebnis bei ca. 250 Tsd. und geht dann nach 2010 auf unter 200 Tsd. zurück. Zum Ende des Prognosezeitraumes wird in den alten Ländern mit einem Ergebnis von ca. 170 Tsd. Neubauwohnungen gerechnet.

Der Rückgang ist im Wesentlichen auf die rückläufige Nachfrage im Ein- und Zweifamilienhausbereich zurückzuführen. Hier ist anfänglich noch von einer Nachfrage nach ca. 110 Tsd. Wohnungen auszugehen, welche bis zum Prognoseende auf ca. 60 Tsd. Wohnungen sinkt. Im Schnitt werden gut 80 Tsd. Wohnungen in Ein- und Zweifamilienhäusern p.a. prognostiziert. Dagegen wird die Nachfrage nach Geschosswohnungen eher stabil bei über 100 Tsd. p.a. bleiben. Das insgesamt berechnete Volumen von gut 110 Tsd. p.a. (2006 bis 2020) streut im Prognosezeitraum nur unwesentlich. Zu Beginn der Prognose sind ca. 120 bis 130 Tsd. notwendig, zum Ende ist die Zahl dann leicht niedriger (100 bis 110 Tsd.).

In den neuen Ländern geht die Wohnungsprognose von einem langfristigen Ergebnis von gut 30 Tsd. Wohnungen p.a. aus.
Die Prognosewerte fallen hierbei von etwa
50 Tsd. (2006) auf 18 bis 20 Tsd. In den ersten fünf Jahren bis 2010 kann mit einem
Neubauvolumen in Ein- und Zweifamilienhäusern von ca. 37 Tsd. Wohnungen gerechnet werden. Danach fällt der Wert ab
2011 auf deutlich unter 30 Tsd., um dann ab
2015 auf unter 20 Tsd. abzusinken.

In den alten Ländern ist der Anteil des Geschosswohnungsbaus im Prognosezeitraum
höher als in den neuen Ländern. Über den
gesamten Zeitraum wird in den alten Ländern ein Anteil von über 50 % berechnet,
während in den neuen Ländern der Anteils-
wert unter 25 % liegt. Gut drei Viertel aller
Neubauwohnungen sind hier in Ein- und
Zweifamilienhäusern zu erwarten (alte
Länder unter 50 %). Damit kommt zum
Ausdruck, dass die Dynamik in der Eigentumsbildung, die in den neuen Ländern bis
zum Prognoseende höher sein wird als in
den alten Ländern, zum großen Teil vom
Ein- und Zweifamilienhausbau geprägt ist.
Außerdem kommt zum Tragen, dass in den
neuen Ländern in einem weniger von Agglomerationen geprägten Raum die Eigen-
tumsorientierung von größerer Intensität ist
und sein wird als in den alten Ländern. Hier
prägen viele dicht bewohnte, großstädti-
sche Räume den Wohnungsmarkt, zum Teil
mit überdurchschnittlichem Preisniveau.

Regionale Ergebnisse

Auf der regionalen Ebene sind Schrumpfungsprozesse bereits deutlich erkennbar:
bei der Bevölkerung, bei der Haushaltszahl
und beim Wohnungsbestand. Gleichzeitig
sind viele Regionen noch auf Wachstum
„programmiert", sei es mit einer offensiven
Angebotspolitik (Baulandbereitstellung),
sei es aufgrund der Wohnstandortwahl der
Haushalte. Aufgrund des Status-quo-Cha-
rakters der Raumordnungsprognose ist zu
erwarten, dass es auch bei der zukünftigen
Betrachtung beträchtliche Unterschiede
zwischen den Regionen geben wird. Langfristig wird der Schrumpfungsprozess mehr
und mehr Regionen betreffen und es kann
aufgezeigt werden, wie viele und welche
Regionen sich bis 2020 noch auf Wachstum,

Stagnation oder Schrumpfung einzustellen
haben.

Die Nachfrage nach Wohnfläche ist regional
zwar noch weitgehend durch Wachstum
gekennzeichnet. Nur 15 Raumordnungsregionen werden – so die Ergebnisse der Prognoserechnungen – rückläufige Nachfragemengen zu verzeichnen haben, z. T. in einer
sehr geringen Größenordnung von 1 bis
2 % (auf den gesamten Prognosezeitraum
bezogen). Die Prognoseergebnisse sind in
Karte 5.1 dargestellt.

Karte 5.1
Entwicklung der Wohnflächennachfrage insgesamt bis 2020

**Entwicklung der Wohnflächennachfrage
insgesamt 2005 bis 2020 in %**

■	bis unter -5
□	-5 bis unter 0
□	0 bis unter 5
▨	5 bis unter 10
▨	10 bis unter 15
■	15 und mehr

Raumordnungsregionen, Stand 31.12.2001
Quelle: BBR-Wohnungsmarktprognose 2020

Schrumpfungsregionen sind überwiegend Raumordnungsregionen in Ostdeutschland (südlicher Teil), aber auch Räume in Nordhessen, Südniedersachsen, im Ruhrgebiet und in Nordbayern. Die überraschend geringen Anteile von Schrumpfungsregionen sind im Wesentlichen dem Umstand geschuldet, dass sich mehrere teilmarktbezogene Prognoseergebnisse überlagern und dadurch auch kompensieren, beispielsweise die Teilmärkte Miete versus Eigentum oder freistehend versus Geschosswohnungen. Deutlich zunehmende Nachfrage nach Wohnfläche (insgesamt) kann im Berliner, Hamburger und Münchner Umland sowie in Teilen Nordniedersachsens, Baden-Württembergs und Bayerns lokalisiert werden.

Die Perspektive bis 2010 unterscheidet sich hierbei deutlich von der längerfristigen von 2011 bis 2020. Mittelfristig sind die Zuwächse noch in vielen Regionen deutlich erkennbar. Bis 2010 werden den Prognoseergebnissen zufolge nur 6 Raumordnungsregionen mit Rückgängen konfrontiert, von 2011 bis 2020 jedoch bereits 20 Raumordnungsregionen. Erst langfristig werden die demographischen Probleme, das Herauswachsen der Babyboomer-Generation der 1960er Jahre aus der Wohnungsnachfrage, besonders deutlich.

Die regionale Wohnflächennachfrage nach Eigentum (vgl. Karte 5.2) ist durchgehend noch von Wachstum gekennzeichnet. Im Vergleich zur Vergangenheit ist jedoch erkennbar, dass die Wachstumsraten zum Teil nur noch sehr gering sind und diese Werte eher als Stagnationstendenzen interpretiert werden können. Räume, die besonders hohe Wachstumsraten zu erwarten haben, sind die Berliner Umlandregionen, die Ostseeküste, Nordniedersachsen, Teile Thüringens und Sachsens im Umland der großen Städte, südliches Baden-Württemberg und südliches Bayern.

Die Entwicklung bis 2010 ist deutlich positiver als danach. Ab 2011 ist in einigen Regionen auch mit Nachfragerückgängen in der Wohnflächennachfrage der Eigentümerhaushalte zu rechnen.

Die Wohnflächennachfrage der Mieterhaushalte zeigt dagegen regional sehr viel häufiger eine negative Entwicklung. 51 der 97 Raumordnungsregionen werden nach den Prognoseberechnungen rückläufige

Nachfragemengen nach Mietwohnungen aufweisen, darunter 14 Regionen mit mehr als 10 % Rückgang. Diese 14 sind bis auf das südliche Niedersachsen allesamt Regionen in den neuen Ländern, so dass für Ostdeutschland bis auf Berlin, Potsdam und das angrenzende Umlandgebiet bis 2020 durchgehend mit weiteren Nachfragerückgängen im Mietwohnungssegment zu rechnen ist. Aber auch in den alten Bundesländern sind mehr und mehr Regionen erkennbar, die sich auch langfristig mit Rückgängen in der Mietwohnungsnachfrage auseinandersetzen müssen. Großräumig analysiert sind dies Teile Norddeutschlands (Schleswig-Holstein, Nordseeküste, Südniedersachsen), im Westen vor allem Regionen des Ruhrgebietes, Nordhessen, Teile Rheinland-Pfalz, das Saarland sowie nördliche Regionen der beiden Bundesländer Baden-Württemberg und Bayern.

Betrachtet man die zukünftige Wohnflächennachfrage nach der Bauform, so wird deutlich, dass es im Unterschied zur Dichotomie Eigentümer – Mieter hier nicht unbedingt eine kompensatorische Wirkungsweise vorliegt. Das Ein- und Zweifamilienhaus als klassische Eigentumsform wird schrittweise durch „Stockwerkseigentum" (Eigentumswohnungen) ergänzt, während im Mietwohnungsbereich die Geschosswohnung zwar dominant bleibt, zunehmend jedoch auch Ein- und Zweifamilienhäuser (zur Miete) nachgefragt werden.

Erstmalig bei Prognoserechnungen des BBR werden in der Wohnungsmarktprognose 2020 regional rückläufige Nachfragemengen im Ein- und Zweifamilienhausbereich prognostiziert. Es sind dies vor allem strukturschwache Regionen der alten Länder, die demographisch betrachtet, rückläufige Haushaltszahlen vor allem bei den Familien (siehe Abschnitt „Regionale Entwicklung der Haushaltstypen") aufweisen werden. Zu nennen sind hier die Regionen Bremerhaven, Teile Südniedersachsen, Nordhessen, Ruhrgebiet, Saarland und Nordbayern.

Aufgrund der noch stärker wachsenden Eigentümerquote und der höheren Bedeutung des „freistehenden Hauses" bei der Wohneigentumsbildung (günstigere Bedingungen beim Bauland etc.) sind die Regionen Ostdeutschlands bis auf eine Ausnahme (ROR Dessau) noch durch Nachfragewachstum im Segment Ein- und

Karte 5.2
Entwicklung der Wohnflächennachfrage nach Wohnverhältnis und Gebäudetypen bis 2020

Eigentümer

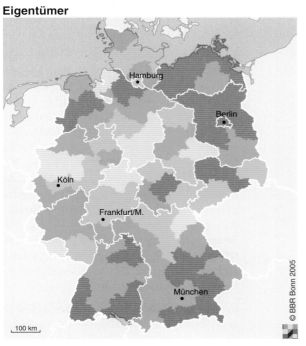

Mieter

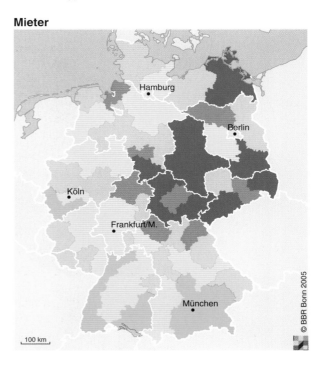

Ein- und Zweifamilienhäuser

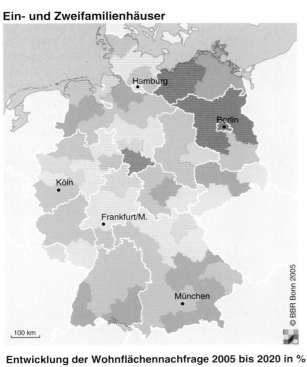

Mehrfamilienhäuser

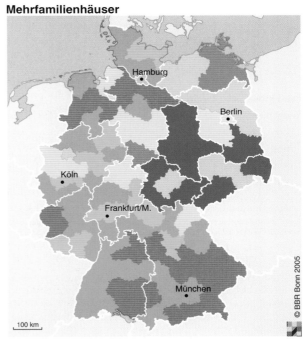

Entwicklung der Wohnflächennachfrage 2005 bis 2020 in %

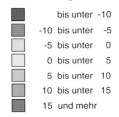

	bis unter -10
-10 bis unter	-5
-5 bis unter	0
0 bis unter	5
5 bis unter	10
10 bis unter	15
15 und mehr	

Quelle: BBR-Wohnungsmarktprognose 2020   Raumordnungsregionen, Stand 31.12.2001

Karte 5.3
Abschätzung des Leerstandsrisikos im vermieteten Geschosswohnungs-bestand bis 2020

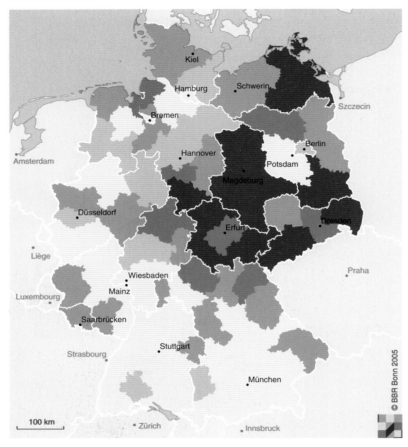

Zu erwartendes Leerstandsrisiko

■	sehr hoch
■	hoch
■	mittel
■	gering
□	sehr gering

Raumordnungsregionen, Stand 31.12.2001
Quelle: BBR-Wohnungsmarktprognose 2020

Anmerkung: Die Abschätzung des Leerstandsrisikos wurde aus der prognostizierten negativen
Entwicklung der Flächennachfrage im vermieteten Geschosswohnungsbestand 2005 bis 2020 abgeleitet.

Die Einstufung in verschiedene Risikoklassen wird intuitiv getroffen, indem Grenz-
werte der Nachfragerückgänge gesetzt werden, um verschiedene Risikoklassen
abzubilden. Ein sehr geringes Leerstandsrisiko ist dann festzustellen, wenn die
zukünftige Nachfrageentwicklung im vermieteten Geschosswohnungsbestand bis
2020 um mehr als 1 % wächst. Ein geringes Risiko liegt vor, wenn der Zuwachs/
Rückgang zwischen 2005 und 2020 ca. ±1 % beträgt. Ein mittleres, hohes oder
sehr hohes Leerstandsrisiko liegt vor, wenn die Rückgänge der Nachfrage im vermieteten Geschosswohnungsbestand 1 %, 5 % bzw. 10 % übersteigt.

Zweifamilienhäuser gekennzeichnet. In den
alten Ländern sind Wachtumsregionen im
nördlichen Niedersachsen und in Teilen Baden-Württembergs und Bayerns (südliche
Hälfte) erkennbar.

Die Wohnflächennachfrage in Ein- und
Zweifamilienhäusern wird mittelfristig bis
2010 noch stärker ansteigen, von 2011 bis
2020 jedoch deutlich rückläufiger werden. So müssen von 2005 bis 2010 nur
2 Raumordnungsregionen mit Nachfragerückgängen rechnen, nach 2010 jedoch 23.
Der demographisch bedingte Wandel der
Nachfrage wird sich vor allem durch die
abnehmende Bedeutung der Geburtsjahr-
gänge nach 1965 und des damit verbundenen quantitativen Rückganges potenzieller
Eltern zeigen. Damit wird sich – unter Status-quo-Bedingungen – die Nachfrage nach
Wohneigentum im Ein- und Zweifamilienhaussegment deutlich abschwächen.

Im Segment der Geschosswohnungen ist
auch regional mit z. T. noch überraschend
positiven Entwicklungen zu rechnen. In
den alten Ländern wird eine beachtliche
Anzahl von Raumordnungsregionen mit
Wachstumsraten von 15 % und mehr prognostiziert. Es sind dies vor allem Regionen
in Süddeutschland, aber auch in Rheinland-Pfalz und im nördlichen Niedersachsen. Rückläufige Nachfragewerte sind
in den alten Ländern nur in einer Raumordnungsregion des Ruhrgebietes sowie
in Südniedersachsen zu erkennen. In den
neuen Ländern sind bis auf Berlin und die
Umlandregion Havelland-Fläming bei allen
Raumordnungsregionen Rückgänge bei der
Wohnflächennachfrage in Mehrfamilienhäusern zu erkennen.

*Wohnflächennachfrage und
Leerstandsrisiko*

Die BBR-Wohnungsprognose 2020 leistet
erstmals einen Beitrag, inwieweit Aussagen zum zukünftigen Leerstand getroffen
werden können. In einem bundesweit orientierten Prognosemodell können die als
Leerstandsrisiko interpretierten Nachfrageveränderungen jedoch nur Eckwerte der zukünftigen quantitativen Entwicklung sein.
Aussagen zum zukünftigen strukturellen
Leerstand können durch eine verlässliche
Nachfrageprognose (unter Status-quo-Bedingungen) im Sinne von Tendenzaussagen
getroffen werden. Dazu wird die zukünf-

tige Nachfrage in dem bereits heute z. T.
schwierigen Segment der Mietwohnungen
im Geschosswohnungsbestand prognostiziert und rückläufige Entwicklungen als
Leerstandsrisiko interpretiert. Zu anderen
Teilmärkten wie beispielsweise dem Ein-
und Zweifamilienhaussegment werden keine Einstufungen vorgenommen, da zum einen zum heutigen Zeitpunkt keine deutlich
negativen Entwicklungen festzustellen sind,
zum anderen die zukünftige Entwicklung
möglicherweise deutlicher von Präferenz-
verschiebungen der Haushalte abhängen
wird. Diese sind jedoch in einem Prognosemodell mittlerer Komplexität nicht voraus-
zusagen.

Im vermieteten Geschosswohnungsbestand
wird das zu erwartende Leerstandsrisiko
regional deutlich unterschiedlich ausfallen.
Ein sehr geringes Leerstandsrisiko weisen
viele Regionen Baden-Württembergs und
Bayerns (Ausnahme: Nordbayern) auf. Teile von Rheinland-Pfalz – insbesondere am
Mittelrhein bis Bonn/Köln – sind ebenfalls
in der niedrigsten Kategorie eingestuft.
Münster, Oldenburg und das Umland von
Bremen/Hamburg sowie im Osten das
südwestliche Umland von Berlin weisen
aufgrund der Nachfragewerte ein geringes Leerstandsrisiko auf. Die höchsten
Leerstandsrisiken verzeichnen vor allem
Regionen in Ostdeutschland, hier insbesondere die Länder Sachsen-Anhalt und Thüringen mit den Regionen Dessau, Altmarkt,
Süd- und Nordthüringen sowie in Sachsen
die Region Oberlausitz-Niederschlesien. In
den alten Ländern sind etliche Regionen mit
einem mittleren Leerstandsrisiko zu kenn-
zeichnen. Darüber hinaus sind mit Teilen
Südniedersachsens/Nordhessens, Bremerhaven, Oberfranken Ost und Main-Rhön
Regionen mit erhöhtem Leerstandsrisiko
auch in den alten Ländern zu erkennen.

Die Leerstandsrisikobewertung zeigt, dass
die regionale Entwicklung deutlich auseinander geht. Auch wenn sie keine ausdiffe-
renzierte Leerstandsabschätzung vor Ort
ersetzen kann und kleinräumige Lageun-
terschiede, die einen erheblichen Einfluss
auf Leerstände haben, nicht berücksichtigt
sind, kann die vorgenommene Bewertung
eine Hilfestellung sein. In Regionen mit geringem Leerstandsrisiko können die Inves-
titionskalküle stärker in Richtung Neubau
und Angebotsausweitung gehen, in Regio-

nen mit erhöhtem Leerstandsrisiko müssen
die Marktposition und die Marktchancen
der Bestände – auf einem enger werdenden
Markt – deutlicher herausgearbeitet und
neu definiert werden.

Neubauergebnis in den Regionen

Auf regionaler Ebene ist es wegen der Grö-
ßenunterschiede der Regionen notwendig,
den Neubau bezogen auf 10 000 Einwohner
zu berechnen.

Das Neubauergebnis an Wohnungen insgesamt streut in den 97 Raumordnungsregionen von unter 15 Wohnungen bis 45 und

Karte 5.4
Neubau insgesamt bis 2020

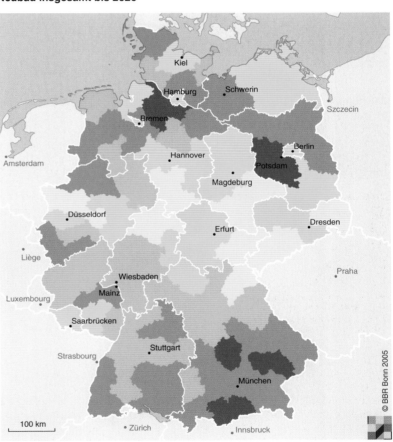

**Durchschnittlicher jährlicher Neubau von Wohnungen
insgesamt je 10 000 Einwohner 2005 bis 2020**

- bis unter 15
- 15 bis unter 25
- 25 bis unter 35
- 35 bis unter 45
- 45 und mehr

Raumordnungsregionen, Stand 31.12.2001
Quelle: BBR-Wohnungsmarktprognose 2020

Karte 5.5
Neubau nach Gebäudetypen bis 2020

Ein- und Zweifamilienhäuser – ROR

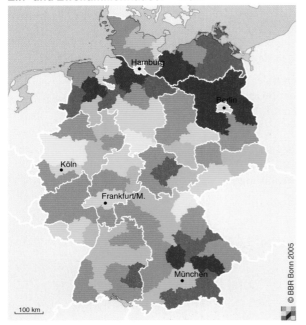

Ein- und Zweifamilienhäuser – Kreise

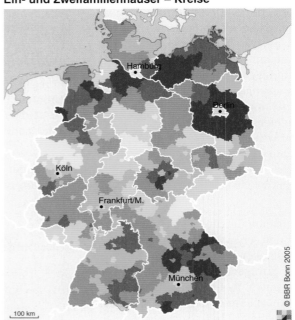

Mehrfamilienhäuser – ROR

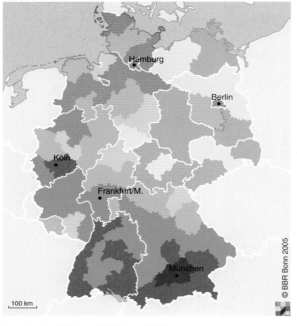

Mehrfamilienhäuser – Kreise

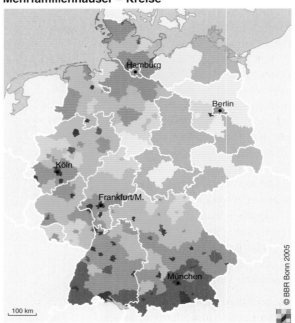

Durchschnittlicher jährlicher Neubau von
Wohnungen je 10 000 Einwohner 2005 bis 2020

kein Neubaubedarf
bis unter   5
5 bis unter 10
10 bis unter 15
15 bis unter 20
20 bis unter 25
25 und mehr

Raumordnungsregionen (ROR), Stand 31.12.2001
Kreise, Stand 31.12.2001
Quelle: BBR-Wohnungsmarktprognose 2020

mehr Wohnungen je 10 000 Einwohner (vgl. Karte 5.4, S. 91). Die höchsten Potenziale sind im Umland von Berlin (Havelland-Fläming), im südlichen Hamburger Umland und im Umland von München zu erkennen. Daneben sind viele Räume in Süddeutschland, im Westen (Regionen Bonn und Münster) sowie im nördlichen Niedersachsen (Emsland, Oldenburg etc.) durch ein höheres Neubauvolumen gekennzeichnet.

Das zukünftig mögliche Neubauvolumen insgesamt hat zum einen die erhöhte Nachfrage nach Ein- und Zweifamilienhäusern, zum anderen die nach Geschosswohnungen als Ursache. Karte 5.5 zeigt, dass das Neubauvolumen von Wohnungen in Ein- und Zweifamilienhäusern bundesweit ein beachtliches Niveau aufweist. Insbesondere die im letzten Abschnitt aufgezählten Regionen haben auch im Ein- und Zweifamilienhausbereich erhöhte Potenziale.

Auch hier sind die räumlichen Muster der gesamten Nachfrage zu erkennen: In den Umlandregionen der großen Agglomerationen Berlin, Hamburg und München besteht eine deutlich höhere Neubaunachfrage nach Ein- und Zweifamilienhäusern; daneben weisen auch Regionen in den neuen Ländern wie der Erfurter und Leipziger Raum erhöhte Ergebnisse bis 2020 auf. Räume in den alten Ländern mit Strukturproblemen (z. B. altindustrialisierte Räume etc.) wie das Saarland, das Ruhrgebiet oder Teile Niedersachsens weisen ein unterdurchschnittliches Neubauergebnis auf, da die Nachfrage durch die Haushaltsentwicklung nicht mehr in dem erforderlichen Maße vorhanden ist.

Im Geschosswohnungsbau sind deutliche räumliche Schwerpunkte zu sehen. Dies sind insbesondere die südlichen Bundesländer Baden-Württemberg und Bayern, wobei Letzteres erhebliche Unterschiede zwischen seinem Nordteil (Franken, Oberpfalz) und seinem Südteil (Region München) aufweist. Weiterhin relativ hohe Geschosswohnungspotenziale sind im Westen in der Region Bonn zu erkennen. Im Norden sind die Volumina nicht so stark ausgeprägt, es sind dennoch leicht überdurchschnittliche Ergebnisse im Raum Hamburg/Bremen zu erwarten.

Neubauergebnis auf Kreisebene

Zum ersten Mal ist es möglich, Ergebnisse zum Neubau auf Regionsebene auf die Ebene der Kreise (Kreisfreie Städte und Landkreise) zu verteilen und damit einen wichtigen Erkenntnisgewinn in räumlicher Hinsicht zu erreichen. Die Ergebnisse zeigen, dass die Aufteilung zwischen Kernstadt und Umland unter Status-quo-Bedingungen bestehen bleibt: In den Kernstädten wird der Geschosswohnungsbau nach wie vor deutlich stärker nachgefragt als der Ein- und Zweifamilienhausbereich, umgekehrt zeigen die Ergebnisse für die ländlichen Umlandkreise deutlich höhere Potenziale im „freistehenden Segment".

Insgesamt streuen die Ergebnisse nach den 439 Kreisen erheblich. Die Neubaunachfrage (ingesamt jährlich im Durchschnitt der Jahre 2005 bis 2020) beläuft sich im Mittel auf ca. 28 Wohnungen je 10 000 Einwohner. Die niedrigsten Werte liegen hierbei bei ca. 5 Wohnungen, die höchsten bei ca. 65 Wohnungen. Unterschieden nach Bauform ist der Durchschnittswert der Kreise beim Ein- und Zweifamilienhausbau mit gut 15 Wohnungen je 10 000 Einwohner etwas höher als beim Geschosswohnungsbau mit 12 Wohnungen je 10 000 Einwohner. In den beiden Teilmärkten streuen die berechneten Nachfragewerte zwischen 1 bzw. 0 Wohnungen (kleinster Wert) und 50 bzw. 42 Wohnungen (höchster Wert, jeweils EFH- bzw. MFH-Segment).

Kreise mit erhöhtem Neubauvolumen sind zum einen ländliche Kreise in Agglomerationsräumen – also im Wesentlichen weiter entfernte Umlandkreise großer Städte – und Kernstädte in verstädterten Regionen, d. h. mittlere und kleinere Großstädte außerhalb der großen Agglomerationsräume. Beispiele hoher Neubaunachfrage sind zum einen Landkreise wie die Umlandkreise von Berlin (Teltow-Fläming, Havelland) oder bayerische Städte wie Landshut, Ingolstadt und Rosenheim. Diese beispielhafte Darstellung soll zeigen, dass es auch in Zukunft noch Kreise mit einer quantitativ durchaus relevanten Nachfrage geben wird. Gut 60 Kreise werden bis 2020 mit einem durchschnittlichen Neubau von mehr als 40 Wohnungen je 10 000 Einwohner im Jahr zu rechnen haben.

Karte 5.6
Neubau Wohnungen insgesamt nach Kreisen bis 2020

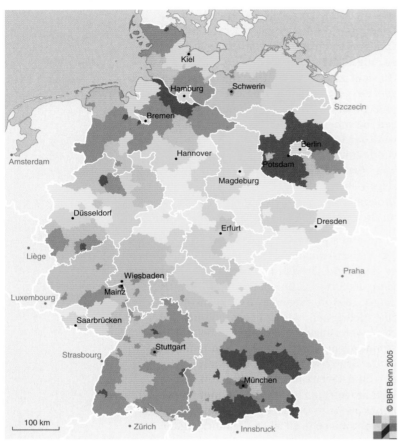

Durchschnittlicher jährlicher Neubau von Wohnungen insgesamt je 10 000 Einwohner 2005 bis 2020

	bis unter 15
	15 bis unter 25
	25 bis unter 35
	35 bis unter 45
	45 und mehr

Kreise, Stand 31.12.2001
Quelle: BBR-Wohnungsmarktprognose 2020

Die Neubaunachfrage nach Ein- und Zwei-familienhäusern zeigt auf Kreisebene das bekannte Bild der Dominanz der Umland-kreise großer Städte. Dieses im Westen vor allem im Münchener und Hamburger Um-land zu erkennende Phänomen wird im Os-ten vor allem in der Berliner Region quan-titativ noch übertroffen. Die Kreise mit den höchsten Ergebnissen im Einfamilienhaus-bereich sind allesamt im Berliner Umland verortet. Knapp 10 % der Kreise haben bis 2020 ein mögliches Neubauvolumen von

im Durchschnitt mehr als 25 Wohnungen je 10 000 Einwohner. Diese Kreise sind bis auf zwei Ausnahmen den Kreistypen „Länd-liche Kreise" in den drei Regionstypen zu-zuordnen.

Im Geschosswohnungsbau ist die Nachfrage sehr deutlich in den Kernstädten verortet. Unter den 36 Kreisen mit einem Volumen von mehr als 25 Wohnungen p.a. bis 2020 befinden sich 26 Kernstädte wie beispiels-weise München, Stuttgart, Frankfurt, Bonn oder Köln. Bis auf wenige Ausnahmen (Ol-denburg, Bonn, Münster, Aachen) liegen die 20 Städte mit dem höchsten Potenzial im Geschosswohnungsbau von Frankfurt, Wiesbaden und Mainz begonnen südlich des Mains in den Ländern Hessen (südlicher Teil), Rheinland-Pfalz, Baden-Württemberg und Bayern. Im Unterschied hierzu weisen die Städte Ostdeutschlands bis auf Berlin/ Potsdam bis 2020 kein bzw. ein unerhebli-ches Potenzial an Geschosswohnungen auf.

Wohnungsneubau nach Kreistypen

Die Analyse der Neubaunachfrage auf Kreis-ebene hat gezeigt, dass sich die Teilung der Nachfrage nach Geschosswohnungen in den Kernstädten und nach Ein- und Zweifa-milienhäusern im Umland auch in Zukunft nicht wesentlich verändert. Die Umland-kreise weisen die höchsten Nachfragewer-te bei Ein- und Zweifamilienhäusern, die Kernstädte bei Geschosswohnungen auf. Einzig die höhere Bedeutung der Kernstädte in verstädterten Räumen (wie beispielswei-se Osnabrück, Münster, Koblenz oder Heil-bronn) in der zweiten Hälfte des Prognose-zeitraumes gegenüber den Kernstädten in Agglomerationsräumen ist gegenüber der heutigen Situation eine deutliche Verände-rung. Während die Kernstädte in Agglome-rationsräumen im Durchschnitt der Jahre bis 2010 eine Geschosswohnungsnachfrage von ca. 25 Wohnungen zu erwarten haben, sinkt der Wert nach 2010 auf knapp 18 Woh-nungen. Im Vergleich verbleibt die Neubau-nachfrage der Kernstädte in verstädterten Räumen mit knapp 20 Wohnungen sowohl vor als auch nach 2010 sehr stabil.

Die ländlichen Kreise in den Agglome-rationsräumen sind durch die höchsten Nachfragemengen im Ein- und Zweifamili-enhausbau gekennzeichnet (30 Wohnungen

Tabelle 5.6
Neubau nach Kreistypen bis 2020

Regionstyp	Kreistyp	Neubau Wohnungen je 10 000 Einwohner 2005 bis 2020 (jährlicher Durchschnitt)	
		Ein- und Zweifamilien-häuser	Mehrfamilienhäuser
Agglomerationsräume	Kernstädte	6,4	20,5
	Hochverdichtete Kreise	10,9	14,5
	Verdichtete Kreise	14,1	12,5
	Ländliche Kreise	30,3	8,6
Verstädterte Räume	Kernstädte	11,4	20,0
	Verdichtete Kreise	15,3	12,9
	Ländliche Kreise	17,1	9,1
Ländliche Räume	Ländliche Kreise höherer Dichte	17,8	14,9
	Ländliche Kreise geringerer Dichte	19,4	8,3

Quelle: BBR-Wohnungsmarktprognose 2020

p.a. je 10 000 Einwohner). Es ist jedoch im Zeitvergleich zwischen der Phase bis 2010 und der Phase nach 2010 von einem deutlichen Rückgang im späteren Prognosezeitraum auszugehen. Die Nachfrage sinkt bei diesem Kreistyp von 41 Wohnungen auf 24, was einem Rückgang um mehr als ein Drittel entspricht. Dieser Rückgang vollzieht sich jedoch bei allen Kreistypen gleichermaßen. Die weiter entfernten Umlandkreise der Agglomerationsräume werden auch nach 2010 eine besonders hohe Bedeutung für den Ein- und Zweifamilienhausbau besitzen.

Zusammenfassung und Fazit

Die Wohnungsmärkte werden sich unter den neuen Bedingungen von Schrumpfung und Alterung verändern. Bislang hat sich der demographische Wandel in vielen Regionen noch nicht in dem Maße bemerkbar gemacht, wie sich die z. T. dramatischen Verschiebungen eigentlich niederschlagen müssten. In vielen Regionen wird das starke Schrumpfen der jungen Altersklassen noch von überregionalen Wanderungsgewinnen kompensiert. Zudem bewirken die Wohneigentumsbildung und ein weiterhin ansteigender Wohnflächenkonsum auch bei stagnierenden Haushaltszahlen eine Nachfrage nach neuen Wohnungen. Die regionalen Wohnungsmarktlagen im Sinne von Ent-

spannung/Anspannung sind zudem uneinheitlicher, als die Diskussion signalisiert.

Bei den Wohnungsmarktakteuren herrscht jedoch eine pessimistische Grundhaltung. Viele sehen bei einer langfristigen Investition wie dem Wohnungsbau bereits heute oftmals keine ausreichende Nachfrage mehr, da über den ganzen Zeitraum der Investition – also vermutlich über das Jahr 2030 hinaus – die Bevölkerung und damit die Nachfrage sehr deutlich abnimmt. Die demographischen Prognosen des BBR bis zum Jahr 2020 zeigen, dass die Bevölkerung insgesamt nicht mehr wächst, sondern im untersuchten Zeitraum leicht schrumpfen wird, die Haushaltszahlen dagegen durch die Haushaltsverkleinerung noch steigen werden. Für die Wohnungsnachfrage relevant ist dabei nicht nur die absolute Zahl an Bevölkerung und Haushalten. Auch die Verschiebungen in der Größen- und Altersstruktur sind von ausschlaggebender Bedeutung. Regional betrachtet werden viele Regionen noch mit Haushaltszuwächsen zu rechnen haben. Es sind dies im Wesentlichen dynamische und/oder strukturstarke Verdichtungsräume und ihr erweitertes Umland, wie München, Stuttgart, Rhein-Main, Köln-Bonn und Hamburg. Daneben werden jedoch mehr und mehr Regionen von Haushaltsrückgängen betroffen sein.

Was heißt dies nun für die regionale Nachfrage nach Wohnfläche und Wohnungen?

Erhöhter Wohnflächenkonsum und die Bildung von Wohneigentum schwächen die regional immer häufiger anzutreffenden negativen Bevölkerungsveränderungen ab. Die Trendprognosen des BBR zeigen, dass aufgrund von Struktur- und Verhaltenseffekten die Pro-Kopf-Wohnflächen und die Eigentümerquote noch steigen werden. Vor dem Hintergrund schwieriger wirtschaftlicher Rahmenbedingungen wird sich diese zurzeit noch eher dynamische Zunahme abschwächen, so dass die Werte langfristig nur noch langsam zunehmen.

Insgesamt tragen die das Konsumverhalten widerspiegelnden Trendparameter Eigentümerquote und Pro-Kopf-Wohnflächen, die in der Vergangenheit eindeutig der „Motor" des Wohnkonsums waren, in der Zukunft weniger zum Neubauvolumen bei. Bei verbesserten Rahmenbedingungen (beispielsweise günstigere Einkommens-Kaufpreis-Relationen, Bauland etc.) ist durchaus denkbar, dass beispielsweise die Eigentümerquoten der einzelnen Haushaltstypen zukünftig wieder stärker steigen werden.

Im Ergebnis der Wohnungsprognose steigt in den alten Ländern die Nachfrage nach Wohnfläche noch bis zum Jahr 2020, wobei die Nachfrage nach Wohnfläche im Eigentum deutlich stärker wächst als die Nachfrage nach Wohnfläche in Mietwohnungen. Nach Bauformen unterschieden ist im Durchschnitt eine Zunahme sowohl der Wohnflächen in Ein- und Zweifamilienhäusern als auch in Mehrfamilienhäusern zu erwarten. Insbesondere bei Ein- und Zweifamilienhäusern verringern sich die durchschnittlichen Wachstumsraten p.a. in der zweiten Hälfte des Prognosezeitraums jedoch um mehr als die Hälfte. Die Nachfrage nach Geschosswohnfläche ist dagegen vergleichsweise stabil.

In den neuen Ländern ist bereits kurz- bis mittelfristig von einer nur noch geringen Zunahme – getragen vom Nachfragewachstum nach Wohnflächen im Ein- und Zweifamilienhausbereich – auszugehen. Nach 2010 ist der Rückgang der Nachfrage nach Mietwohnfläche etwas höher als die noch zu erwartende Zunahme bei der Nachfrage nach Eigentümerwohnfläche, so dass insgesamt mit einem leichten Rückgang zu rechnen ist.

Das Neubauergebnis beläuft sich in den Jahren 2006 bis 2020 bundesweit auf ca. 226 Tsd. Wohneinheiten p.a. Zu Beginn des Prognosezeitraumes kann mit ca. 300 Tsd. Neubauwohnungen gerechnet, ab 2008 wird mit ca. 280 Tsd. Wohnungen die 300-Tsd.-Marke deutlich unterschritten. In den Jahren nach 2010 wird ein Volumen von ca. 200 Tsd. prognostiziert.

Die von vielen Experten für erforderlich gehaltene Fertigstellungszahl von ca. 300 Tsd. Einheiten p.a. wird von der BBR-Prognose nur am aktuellen Rand (2005/2006) prognostiziert. Ab 2008 wird diese Größenordnung von den Werten der BBR-Prognose deutlich unterschritten. Das Vorgängermodell (BBR-Wohnungsprognose 2015, Bonn 2001) ging noch von ca. 290 Tsd. Einheiten allein für Westdeutschland aus. Die neuen Berechnungen zeigen, dass der demographisch bedingte Nachfragerückgang früher und deutlicher einsetzt. Insbesondere die Nachfrage nach Wohnungen in Ein- und Zweifamilienhäusern wird nach 2010 abnehmen, da die typischen Wohneigentumsbildner in ihrer Anzahl schrumpfen.

Die tatsächliche Neubaunachfrage wird sich zukünftig neben der quantitativen Entwicklung der Wohnflächennachfrage aus einem Zusammenspiel verschiedener Faktoren ergeben. Hierzu zählen insbesondere die Marktfähigkeit des Wohnungsbestandes und seine Konkurrenz zum Neubau, die Teilmarktkonkurrenzen (große/kleine Wohnungen, Altbau/Nachkriegsbau, Geschosswohnung/Freistehend etc.), die Investitionsstrategien der Wohnungsanbieter und die Nachfragepräferenzen der Haushalte. Die Konstellationen werden dabei regional unterschiedlich ausgeprägt sein.

Letztendlich ist es auch denkbar, dass aufgrund von Veränderungen im Verhalten der Haushalte wie z. B. die Abschwächung starrer Verhaltensweisen – einmaliger Wohnungs-/Hauserwerb, Präferenz der Eigentumsbildner für das freistehende Haus oder das Verbleiben in der „angestammten" Wohnung im Alter – neue Nachfragerschichten gewonnen werden können. Die Identifikation von sich lokal äußernden Nachfrageveränderungen bleibt im Sinne einer Arbeitsteilung zwischen Prognose- und Analyseinstrumenten den Monitoringsystemen der Wohnungsmarktbeobachtung überlassen.

Modellerläuterungen und Annahmen

Das Wohnungsprognosemodell – Konstanz und Modifikation

Abbildung 5.12 gibt einen Überblick über das Gesamtmodell der Wohnungsmarktprognose für die alten Länder, die die jährliche Quantifizierung der Wohnungsnachfrage bzw. des Neubauvolumens von Wohnungen zum Ziel hat. Hierbei wird getrennt nach Ein- und Zweifamilienhäusern sowie Mehrfamilienhäusern auf der Ebene der Raumordnungsregionen bzw. Kreise prognostiziert.

Das Modell entspricht in seinen Grundzügen der Methodik des Vorgängermodells, der BBR-Wohnungsprognose 2015 (Berichte Bd. 10). Träger der prognostizierten Wohnungsnachfrage sind die Wohnungsinhaberhaushalte, die durch die Berücksichtigung von Zweitwohnungen, Untermieterverhältnissen und methodischer Anpassungsquoten aus den privaten Haushalten der regionalisierten BBR-Haushaltsprognose berech-

net werden. Die Inhaberhaushalte werden auf der Grundlage von Eigentümerquoten in Eigentümer- und Mieterhaushalte unterschieden, die jeweils bestimmte Pro-Kopf-Wohnflächeninanspruchnahmen zeigen. Die Trendparameter „Eigentümerquote" und „Wohnflächeninanspruchnahme der Mieter- und Eigentümerhaushalte" werden – wie auch die Wohnungsinhaberquote – nach demographischen Haushaltstypen differenziert, die sich nach den Merkmalen Personenzahl, Alter des Haushaltsvorstandes und der Nationalität unterscheiden. Die Differenzierung umfasst hierbei 19 Haushaltstypen. Innerhalb dieser Differenzierung werden Trendanalysen für die drei Parameter durchgeführt, die unter der Annahme geringer Veränderung der Rahmenbedingungen als Trendprognosen in die Zukunft extrapoliert werden können. Hierbei fließen über bestimmte Obergrenzen und logarithmische Verläufe der Trendkurven Annahmen über die zukünftige Wohnkaufkraft bzw. Einkommensentwicklung implizit ein. Ein erstes Zwischenergebnis ist die Wohnflächennachfrage der Eigentümerhaushalte

Abbildung 5.12
Das BBR-Wohnungsmarktmodell der Raumordnungsprognose

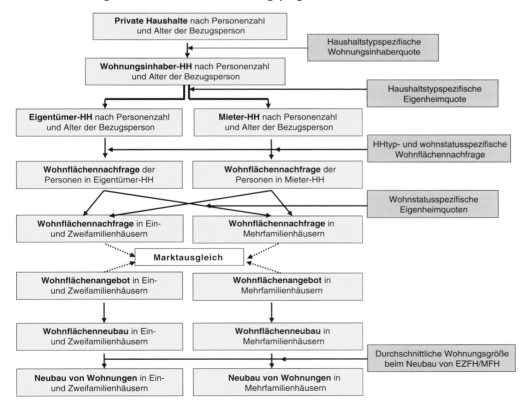

und diejenige der Mieterhaushalte. Über „wohnstatusspezifische Eigenheimquoten" wird die Wohnflächennachfrage der Mieter- und Eigentümerhaushalte nach der Gebäudeart in Wohnungen in Ein- und Zweifamilienhäusern bzw. in Geschosswohnungen unterschieden. Der Abgleich erfolgt über die jährliche Veränderung der Wohnfläche und nicht über die Zahl der Wohnungen, was den Vorteil hat, dass das Wachstum des Wohnflächenkonsums pro Person als wichtiger Faktor der Nachfragesteigerung direkt in die Prognose Eingang findet. Der Wohnungsneubau wird dementsprechend zunächst als Wohnfläche in neu errichteten Gebäuden berechnet und anschließend über regionalisierte durchschnittliche Neubaugrößen aus der Bautätigkeitsstatistik in Stückzahl umgerechnet. Der jährliche Ausgleich erfolgt auf der Ebene der Raumordnungsregionen und rekursiv in jährlicher Abfolge.

In den bisherigen BBR-Wohnungsprognosen war die Ebene der Raumordnungsregionen die unterste Grenze der räumlichen Differenzierung. Diese Regionsabgrenzung ist zum Teil unbefriedigend, da sie zum einen oftmals nicht der tatsächlichen Wohnungsmarktregion entspricht. In vielen Fällen sind in der Raumordnungsregion mehrere Wohnungsmarktregionen enthalten, so dass die Ergebnisdarstellung Regionsunterschiede nivellieren kann. Zum anderen können Ergebnisse, die sich auf die gesamte Region beziehen, die unterschiedliche Bedarfssituation von Kernstadt und Umland nivellieren, selbst in den Fällen, für die die Raumordnungsregion die Wohnungsmarktregion gut abbilden kann.

Da die Datengrundlage des Prognosemodells, die Mikrozensus-Zusatzerhebung, flächig nur auf der Ebene der Raumordnungsregionen vorliegt, sind die wichtigsten Berechnungen nur auf Raumordnungsebene durchführbar. Mit der Weiterentwicklung der Bevölkerungs- und Haushaltsprognosen auf die Ebene der Kreise (siehe Beiträge Bucher/Schlömer) ist die Datenbasis der Wohnungsprognose erweitert worden. Der größte Teil der Modellschritte erfolgt zwar nach wie vor auf Raumordnungsregionsebene, denn nur dort sind differenzierte Betrachtungen der tief gegliederten Haushaltstypen möglich, in der Ergebnisdarstellung können jedoch die wichtigsten Merkmale erstmalig auf der Ebene der Kreise

dargestellt werden. Als Ergänzung zur bisherigen Modellkonstruktion werden somit die Ergebnisse zum Neubau (Wohnungen in Ein- und Zweifamilienhäuser bzw. in Mehrfamilienhäuser) auf die Kreise der jeweiligen Raumordnungsregion verteilt (top down). Hierbei erfolgt die Verteilung nicht nur aufgrund des quantitativen Anteils der Kreise an der jeweiligen Raumordnungsregion, sondern auch unter Berücksichtigung der Haushaltsgrößenstruktur der Kreise und der Bauformenanteile. Die Ausweisung des Neubaus kann dann auf der Ebene der kreisfreien Städte bzw. der Landkreise erfolgen.

Die in der Einführung dargestellte Umbruchsituation auf den Wohnungsmärkten mit

- immer weniger Massenproblemen und immer mehr Qualitätsaspekten auf entspannten Wohnungsmärkten,

- schrumpfenden Märkten mit wachsenden Leerständen,

- veränderten Rahmenbedingungen auf der Nachfrageseite – Ende der immerwährenden Wohlfahrtsentwicklung, stagnierende Einkommen, hohe Sockelarbeitslosigkeit etc.,

- deutlich erkennbaren soziodemographischen Entwicklungen (Auflösung traditioneller Strukturen, Lebensstile statt Altersschichten etc.) und

- der immer stärker sich ausdifferenzierten regionalen Entwicklung

kann nicht ohne Folgen für die Modellentwicklung von Prognosen zum zukünftigen Wohnungsbedarf sein. Die BBR-Wohnungsprognose hat in ihren verschiedenen Ausführungen bereits viele Aspekte „mitgedacht". So ist sie als regionalisierte Prognose bereits in einer Zeit entwickelt worden, in der die „Regionalisierung der Wohnungsmärkte und der Wohnungspolitik" noch nicht auf der Agenda stand. Sie hat die steigenden Ansprüche an das Wohnen, die Verbindung zur Wohnkaufkraft durch langjährige Zeitreihen von Wohneigentumsbildung und Wohnflächenkonsum berücksichtigt und damit schon seit längerem auf die einfache Bedarfsmodellierung (ein Haushalt = eine Wohnung) verzichtet. Mit der Aktualisierung der Wohnungsprognose wird die Diskussion aufgegriffen, ob die zukünftigen Einkommen nicht realistischerweise nach unten korrigiert werden müssen, was durch die Annahme von deutlich abgeschwächten

Zunahmen der Parameter Eigentumsquote/Wohnflächenkonsum in den einzelnen Haushaltstypen geschieht. Im Ergebnis kann es jedoch trotz deutlich abgeschwächter Dynamik noch zu Zunahmen beispielsweise der Eigentumsquote kommen, da durch strukturelle Verschiebungen Abschwächungen bei der Wohneigentumsbildung der einzelnen Haushaltstypen durch Bedeutungsverschiebungen der Haushaltstypen überlagert werden.

Mit der Entspannung auf vielen Wohnungsmärkten tritt das Problem des Wohnungsbaus als Massenaspekt für die Wohnungspolitik in den Hintergrund. Damit erfahren qualitative Verbesserung und die Hinwendung zum Wohnungsbestand eine stärkere Bedeutung. Zugleich wird die Frage der Wohnungsleerstände immer wichtiger. Für die Wohnungsprognose, die sich dem Neubaupotenzial widmet, sind diese wichtigen Fragen nicht internalisierbar. Es ist nicht leistbar, die zukünftige Investitionsneigung der Wohnungseigentümer in ihre Bestände zu prognostizieren und auch nicht, wie marktfähig die einzelnen Bestände, die unbestritten mit wachsenden Problemen zu kämpfen haben, sein werden. Insofern

ist es auch unplausibel, die bereits jetzt erkennbaren Leerstände im Modell der Wohnungsprognose zu verrechnen, da die Leerstandsstruktur (Marktbedingt, Strukturell, Fluktuationsbedingt etc.) nicht flächendeckend für die Regionen der Bundesrepublik erfasst werden kann. Es bleibt dem Nutzer der Wohnungsprognose überlassen, ob und mit welchen Anteilen er den in der interessierenden Region vorhandenen Leerstand mit den Werten des möglichen Neubauvolumens der Wohnungsprognose 2020 verrechnet. Die kleinräumige Beobachtung dieser Prozesse kann nur einem erweiterten Instrumentarium der Wohnungsmarktbeobachtung (von Bund, Ländern und Kommunen) vorbehalten bleiben, die in sinnvoller Arbeitsteilung mit prognostischen Systemen verknüpft werden.

Der Bedarf an einer Modelldiskussion wurde bei der Erstellung der Wohnungsprognose frühzeitig erkannt und durch die Vergabe einer Expertise an das Institut für Entwicklungsforschung und Strukturplanung (IES Hannover) berücksichtigt. Die Expertise wurde Anfang 2005 erstellt und durch eine Expertenrunde ergänzt. Die Expertise stellt fest:

Empfehlungen

Die BBR-Wohnungsprognose ist die einzige Wohnungsprognose, die regelmäßig für das gesamte Bundesgebiet die Nachfrageentwicklung regional differenziert ermittelt. In ihrer Aussagetiefe geht sie weiter als die meisten anderen Prognosemodelle (...). Da sich in den letzten Jahren die Situation auf den Wohnungsmärkten verändert hat und sich Angebotsüberhänge – wie sie in den neuen Bundesländern seit Jahren bekannt sind – auch für andere Teile Deutschlands abzeichnen, wird die Eignung der zuwachsorientierten Prognosemodelle zunehmend in Frage gestellt. Die Wohnungsprognostiker stehen damit vor der Herausforderung, ihre Modelle den veränderten Rahmenbedingungen anzupassen. Zu den Anforderungen an die BBR-Wohnungsprognose zählen Aussagen hinsichtlich

- der künftigen Nachfragestruktur; dabei geht es immer weniger um den Umfang, denn um die Art der Nachfrage.
- der Marktfähigkeit des Wohnungsbestandes oder der Frage, ob der vorhandene Wohnungsbestand die künftige Nachfrage befriedigen kann.
- der Umbaupotenziale des Wohnungsbestandes. Hier interessiert, in welchem Umfang die künftige Nachfrage durch Anpassung der vorhandenen Bestände abgedeckt werden kann.
- der Höhe des künftigen Neubaubedarfs unter Berücksichtigung der Umbaupotenziale des Wohnungsbestandes einschließlich des möglichen Abbaus von Leerständen.

Die Expertise hat gezeigt, dass das Modell nicht alle diese Anforderungen erfüllen kann, zu stark sind die Restriktionen, die von fehlenden Informationen bis hin zu nicht modellierbaren Wechselwirkungen reichen.

Trotz dieser Einschränkung ist aber eine Weiterentwicklung der Prognose möglich, indem wahrscheinliche Mismatches zwischen Angebot und Nachfrage in den einzelnen Raumordnungsregionen dargestellt werden (...). Eine Diskrepanz zwischen Angebot und Nachfrage in einzelnen Segmenten verweist in erster Linie auf die Gefahr von Fehlentwicklungen und zeigt den nachfolgenden Ebenen auf, dass Handlungsbedarf besteht. Tiefer gehende Aussagen sind auf Ebenen der Raumordnungsregionen nicht erforderlich, da sie ohnehin nur auf kommunaler Ebene Aussagekraft entfalten.

Darüber hinaus bietet der Ansatz einen weiteren Vorteil. Das Modell kann in seiner Grundstruktur weiter verwendet werden, ohne dass einzelne Komponenten mehr oder weniger stark manipuliert werden. Alternative Ansätze wie die Einbeziehung ökonomischer Parameter, Annahmen zu den Wiedernutzungspotenzialen leer stehender Wohnungen oder Besonderheiten bei der Eigentumsbildung in den neuen Bundesländern verlangen normative Vorgaben, die zwangsläufig spekulative Züge aufweisen (…).

Für die ebenfalls untersuchten Möglichkeiten zur rechnerischen Ermittlung künftig marktfähiger Bestände fehlen derzeit nicht nur flächendeckende Informationen zur Qualität des Wohnungsbestandes, sondern auch Informationen zur Entwicklung der qualitativen Nachfrage. Hier spielen v. a. die künftigen ökonomischen Rahmenbedingungen respektive die Kaufkraftentwicklung eine wichtige Rolle, die auf lange Frist (Zieljahr 2020) nicht zu prognostizieren sind. Das Ziel, die künftige Marktfähigkeit des Wohnungsbestandes über eine Prognoserechnung zu ermitteln, ist daher nicht zu erreichen und sollte zumindest so lange zurückgestellt werden, bis bessere Datengrundlagen vorliegen. Hinzu kommt, dass auch die Wechselwirkungen zwischen Angebot und Nachfrage kaum modellhaft abzubilden sind.

Neben der Ausweisung von Leerstandsrisiken ist die Notwendigkeit der Aufgabenteilung zwischen Prognose- und Monitoringsystemen auf verschiedenen räumlichen Ebenen eine der zentralen Erkenntnisse der Expertise. Dabei sollte die Informationstiefe den Informationsbedürfnissen der Adressaten auf den jeweiligen Ebenen angepasst werden. Das bedeutet, dass auf übergeordneter Ebene in erster Linie Eckpunkte der quantitativen Entwicklung dargestellt sowie auf Handlungsbedarfe und unerwünschte Entwicklungen verwiesen wird. Konkretisierungen und die Entwicklung von Handlungskonzepten sind dann Aufgabe der nachgeordneten Ebenen, da nur hier spezifische lokale Gegebenheiten berücksichtigt werden können, die für die künftige Wohnungs- und Siedlungsentwicklung unbedingt zu berücksichtigen sind. Zur Verzahnung und Abstimmung der Systeme untereinander sollten alle Möglichkeiten genutzt werden, die von einem stärkeren Austausch der Experten über die Weiterentwicklung einzelner Prognosebausteine beispielsweise über Modellvorhaben reichen können.

Vor diesem Hintergrund sollten der Charakter und die Methodik der BBR-Wohnungsprognose grundsätzlich beibehalten werden und Modifikationen in erster Linie zur Verbesserung ihrer Funktion als Frühwarnsystem vorgenommen werden, das regionale Handlungsbedarfe aufzeigt. Dadurch wird ihre Rolle als Impulsgeber für die regionale und kommunale Ebene gestärkt, wo letztendlich die Weichen für die künftige Ausrichtung der Siedlungs- und Wohnungsmarktentwicklung gestellt werden.

Die Abschätzung des Wohnungsangebotes

Der Wohnungsbestand kann mit den Daten der amtlichen Statistik aus der Bestandsfortschreibung der Statistischen Ämter berücksichtigt werden. Grundlagen für Angaben zum Wohnungsbestand sind zum einen die letzten Gebäude- und Wohnungszählungen (1987 in West- und 1995 in Ostdeutschland) und zum anderen die amtliche Fortschreibung des Wohnungsbestands. Hierbei werden jährlich die durch Fertigstellungen hinzugekommenen Wohneinheiten zum Gesamtbestand hinzuaddiert, während im Gegenzug die physischen Abgänge (i.d.R. Abrisse) – so weit sie erfasst werden – abgezogen werden.

Der Wohnungsbestand in Deutschland beläuft sich Ende 2004 auf 39,4 Mio. Wohnungen mit einer Wohnfläche von ca. 3,4 Mrd. m². Gut 80 % der Wohnungen und 83 % der Wohnfläche verteilen sich hierbei auf das frühere Bundesgebiet. Dieser Anteil an Wohnungen ist im Verlauf der letzten zehn Jahre aufgrund der hohen Bautätigkeit im Osten kurzzeitig auf knapp 80 % gesunken, jedoch in den letzten zwei Jahren wieder auf den Stand von 1994 gestiegen.

Dies liegt in erster Linie daran, dass zum einen die hohe Bautätigkeit in Ostdeutschland mit dem Höhepunkt 1997 in den Jahren bis heute deutlich zurückgegangen ist und zum anderen die mit dem Stadtumbau-Ost-Programm angestrebten Marktbereinigungsprozesse mit einem vermehrten Abgang von Wohnungen zum ersten Mal statistisch greifen. Von 2003 zu 2004 ist der Wohnungsbestand in Ostdeutschland erstmals gesunken, ein bisher einmaliger Vorgang in der jüngeren Wirtschaftsgeschichte Deutschlands. Inwiefern der Rückgang des

Abbildung 5.13
Entwicklung des Wohnungsbestandes 1995 bis 2004

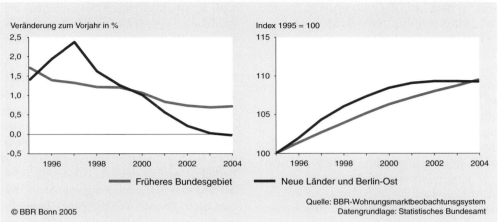

Veränderung zum Vorjahr in %

Index 1995 = 100

— Früheres Bundesgebiet

— Neue Länder und Berlin-Ost

© BBR Bonn 2005

Quelle: BBR-Wohnungsmarktbeobachtunsgsystem
Datengrundlage: Statistisches Bundesamt

Wohnungsangebotes in seinem vollen Umfang in die Bestandsfortschreibung eingegangen ist, darüber gibt es keine eindeutige Antwort.

Während die Fertigstellungen in der Bautätigkeitsstatistik sehr gut erfasst werden, sind die Wohnungsbestandsveränderungen aufgrund mangelnder Berücksichtigung struktureller Veränderungen (Zusammenlegung von Wohnungen, Umwandlung in Bürofläche etc.) untererfasst. Der amtlich fortgeschriebene Wohnungsbestand ist daher aller Wahrscheinlichkeit nach im Vergleich zur Realität überhöht ausgewiesen.

Aus diesem Grunde wurde – im Gegensatz zu früheren Wohnungsprognosemodellen des BBR – erstmals darauf verzichtet, im Startjahr des Prognosezeitraumes die Daten der Bestandsfortschreibung (unter Berücksichtigung eventuell vorliegender Leerstände) im Marktausgleichsmodell einzulesen. Es wird stattdessen zunächst eine ausgeglichene Bilanz zwischen Nachfrage und Angebot angenommen. Im folgenden Jahr wird die Veränderung der Nachfrage zum Vorjahr als zusätzliche Nachfrage interpretiert und dem Angebot des Vorjahres gegenübergestellt. Bei Nachfragezuwächsen entstehen Angebotsdefizite, die im selben Jahr durch Neubau zum Ausgleich zwischen Angebot und Nachfrage führen. Die Entwicklung des Angebotes bleibt jedoch eine wichtige Stellgröße im Modell, da sich über Annahmen zum zukünftigen Abgang und

des damit verbundenen Ersatzbedarfs ein Teil des Neubaubedarfs errechnet.

Das Wohnungsprognosemodell geht bei der Entwicklung des Wohnungsangebotes von einer rekursiven Veränderung des Bestandes durch den Neubau des Vorjahres aus. Der Bestand vermindert sich hierbei durch den Abgang von Wohnfläche, dessen Höhe aufgrund des Mangels an aussagekräftigen Daten durch bestimmte Quoten gesetzt wird (0,3 % bis 0,5 % p.a.). Die Quoten orientieren sich an dem Vergleich der Wohnungsbestände zwischen den vorliegenden letzten beiden Vollerhebungen des Wohnungsbestands, für die Abgangsquoten von bis zu 0,4 % ableitbar sind (1968 und 1987). Nur Vollerhebungen können den Wohnungsbestand exakt erfassen. Somit liegen bedauerlicherweise aktuell keine empirisch gesicherten Abgangsquoten vor. Die Abgänge der Bestandsfortschreibung basieren auf dem physischen Abgang von Wohnraum und können andere Formen (Wohnungszusammenlegung, Umnutzung etc.) nicht erfassen.

Leerstand als Faktor des Neubaus

Insbesondere in Ostdeutschland nimmt das Thema „Angebotsüberhänge" einen immer bedeutenderen Raum in der wohnungspolitischen Diskussion ein. Leerstände belasten die Ertragssituation der Wohnungswirtschaft, sie haben stadtentwicklungspolitisch zumeist deutlich unerwünschte Effekte und sie prägen das Bild einer Stadt bzw. eines

Wohnungsmarktes oftmals deutlicher als andere Indikatoren der Wohnungsmarktentwicklung. In der Auseinandersetzung um den zukünftig notwendigen Neubaubedarf werden sie oftmals als unmittelbar limitierender Faktor diskutiert. Zugespitzt lautet die Argumentation: Ist der Leerstand insgesamt höher als der zukünftige Bedarf, so kann auf Neubau verzichtet werden. Für eine differenzierte Betrachtung der zukünftigen Marktentwicklung müssen solche oder ähnliche Argumentationsmuster aufgefächert werden. Besonders wichtig erscheint hier eine teilmarktorientierte Betrachtung. Trotz Leerstand im Geschosswohnungsbau wird in den neuen Ländern – wenn auch rückläufig – weiter gebaut, jedoch zumeist im Ein- und Zweifamilienhausbereich. Auch wenn diese Situation der besonderen Lage in Ostdeutschland geschuldet ist, mit vernachlässigtem Altbaubestand (aus der DDR-Historie), mit Nachholbedarf bei der Eigentumsbildung, wird von Experten zurecht darauf hingewiesen, dass Neubau unter den Bedingungen von nicht marktgerechtem Angebot und eventuell hohen Leerstandszahlen weiterhin notwendig ist und somit Nachfrageveränderungen beispielsweise aus demographischen Einflüssen dem Neubaumarkt zugeordnet werden können.

Für bundesweit angelegte Regionalprognosen ist der Ansatz von – notwendigerweise – regionalisierten Leerständen nicht möglich, da die bestehende Datensituation mit mehr oder weniger plausiblen bzw. allgemeingültigen Leerstandsstatistiken für eine flächige Berücksichtigung der Leerstände nur unter bestimmten Bedingungen geeignet ist. Das BBR hat in jüngster Vergangenheit vermehrt an der Zusammenstellung aussagekräftiger Leerstandsdaten gearbeitet. Hierbei wurden folgende Datenbestände ausgewertet: Mikrozensus-Zusatzerhebung 2002, Gesamtverband der Wohnungswirtschaft (GdW), empirica-Techem-Leerstandsindex, Wohnungsmarktbeobachtung der Länder, Ergebnisse des Bundeswettbewerbs Stadtumbau Ost und kommunale Erhebungen.

- Bundesverband deutscher Wohnungs- und Immobilienunternehmen e.V. – GdW Leerstandsstatistik: Sie enthält Angaben zum GdW-Bestand. Dieser entspricht 30 % des vermieteten Wohnungsbestands in Deutschland und konzentriert sich auf Verdichtungsräume und Stadtregionen. Das Datenmaterial ist somit nur eingeschränkt repräsentativ für Deutschland. Die Daten sind im GdW-Bericht auf Länderebene dargestellt. Im Ergebnis wird für Westdeutschland eine Leerstandsquote von 3,1 %, für Ostdeutschland 16,0 % ausgewiesen (2003). Die Leerstandszahlen für Ostdeutschland sind hierbei seit 2002 leicht rückläufig, was durch die Abrissmaßnahmen im Stadtumbau Ost erklärt werden kann.

- Mikrozensus-Zusatzerhebung 2002: Der Mikrozensus untersucht in seiner im vierjährigen Turnus durchgeführten Zusatzerhebung Merkmale der Wohnung, insbesondere Wohnungsgrößen, Baualter, Mieten etc. in einer Stichprobe von etwa 1% des Bestandes. Der Mikrozensus bietet im Prinzip eine gute Ausgangsbasis für eine tiefer gehende Leerstandsanalyse, da er als einzige Datenbasis bundesweit repräsentativ ist. Er lässt in begrenzten Umfang regionale Analysen zu. Darüber hinaus bietet er potenziell die Möglichkeit, regional vergleichend Leerstandsquoten zu ermitteln und Leerstandsmuster zu vergleichen. Die Leerstandsergebnisse des Mikrozensus zeigen jedoch Inplausibilitäten, die auf Begrenzungen hinweisen, die mit der Art der Erhebung (Feststellung des Leerstandes nach Augenschein durch den Interviewer) in Zusammenhang stehen. Im Vergleich der Ergebnisse von 1998 und 2002 in einigen Bundesländern ergeben die Daten z. B. einen deutlichen Anstieg, der sich nicht mit der Marktentwicklung erklären lässt. Der Mikrozensus kann nicht unterscheiden, ob der Leerstand aufgrund von Renovierung, Mieterwechsel oder sonstigen Gründen nur vorübergehend ist oder ob ein tatsächlicher Leerstand im Sinne einer nicht mehr gegebenen Marktfähigkeit vorliegt. Diese Unterscheidung wäre jedoch wichtig, um eine systematische Analyse zu ermöglichen.

- empirica-Techem-Leerstandsindex: Diese Daten beziehen sich auf von der Firma Techem betreute Geschosswohnungsbestände. Techem ist ein Dienstleistungsunternehmen auf dem Gebiet der Erfassung, Verteilung und Abrechnung von Energie- und Wasserverbrauch. In den von empirica auf Basis der Techem-Daten entwickelten Leerstandsquoten fließen Daten zu etwa 10 % des Geschosswohnungsbestandes in Deutschland ein. Ein- und Zweifamilienhäuser sowie Substandardwohnungen (z. B. mit Ofenheizungen) sind hier nicht berücksichtigt. Auch leergezogene Gebäude gehen in diese Statistik nicht ein. Hieraus lässt sich auch die Differenz zu den wesentlich höheren MZ-Leerstandsquoten begründen. Einerseits tragen nach wie vor die unsanierten Altbauten ohne Sammelheizung erheblich zu den Leerständen bei. Für Städte in Ostdeutschland ist bekannt, dass zwar die

Mehrheit der leer stehenden Wohnungen des DDR-Wohnungsbaus aktiv am Markt angeboten wird, der Anteil nicht marktaktiver Wohnungen aufgrund geplanter Abrisse und aktuell durchgeführter Modernisierungen jedoch erheblich ist.

• In den letzten Jahren sind vermehrt kommunale Leerstanduntersuchungen durchgeführt worden (z.B. in Hannover, Wuppertal, Dortmund, Saarbrücken). Dabei wurden in der Regel über die lokalen Energieversorger die abgemeldeten Zähler bzw. sehr geringe Verbräuche als Leerstandsindikator gewertet.

• Zur besseren Erfassung des Leerstandes können auch die Ergebnisse des Bundeswettbewerbs „Stadtumbau Ost" herangezogen werden. Am Bundeswettbewerb haben 269 Städte teilgenommen, die gut die Hälfte der Einwohner in den neuen Ländern stellen. Es wird somit ein annähernd repräsentatives Bild in Ostdeutschland gezeichnet. Da die Daten auf kommunaler Ebene erstellt werden, ist die jeweils gewählte Methodik unterschiedlich und die Leerstandsaussagen deswegen z.T. unterschiedlich zu interpretieren

• Stadtumbau West: In einigen der 16 Pilotstädte wurde beispielhaft die Stromzählermethode zur Leerstandserhebung angewendet. Die Ergebnisse sind jedoch aufgrund unterschiedlicher Erhebungsmethoden und Teilmarktabdeckungen nicht unmittelbar vergleichbar.

• Für einige Kommunen können den Wohnraumversorgungskonzepten/Stadtumbaukonzepten relativ aktuelle Angaben zur Leerstandsquote entnommen werden. Dabei handelt es sich allerdings um Angaben, die anhand sehr unterschiedlicher Methoden und Bezüge entstanden sind.

Die Sichtung und Analyse flächendeckender Leerstandsdaten kommt zum Ergebnis, dass nur der Mikrozensus Leerstandsdaten bundesweit auf der Ebene der Raumordnungsregionen und für alle Marktsegmente darstellt. Da die Erhebungsmethode jedoch umstritten ist, ist eine unmittelbare quantitative Verwendung im Rahmen der Wohnungsprognose nicht möglich. Im Prognosemodell wird auf die Integration von Leerstandszahlen auf Raumordnungsregionsebene per toto verzichtet.

6 Schlussfolgerungen*

Hans-Peter Gatzweiler, Hansjörg Bucher, Matthias Waltersbacher

Die Prozesse des demographischen Wandels (Bevölkerungszunahme/-abnahme, Alterung, Internationalisierung), ihre Auswirkungen auf die Entwicklung der Erwerbspersonen und der privaten Haushalte sowie die Wohnungsmarktentwicklung stellen nicht nur eine gesamtstaatliche, fachübergreifende Aufgabe, sondern auch und ganz besonders eine Herausforderung für die Raum- und Stadtentwicklungspolitik in Bund und Ländern dar. Die Prognosen zeigen, dass die verschiedenen Prozesse räumlich und zeitlich in unterschiedlichem Ausmaß und Tempo verlaufen und zu vielfältigen räumlichen Auswirkungen und Aufgaben führen.

Reaktionen auf den demographischen Wandel

Diese Aufgaben sind bereits Teil des Paradigmenwechsels vom Wachstum zur Schrumpfung. Charakteristika dieser Entwicklung sind der Blick auf das bereits Vorhandene (statt auf das neu zu Schaffende), die effiziente Nutzung von Beständen, die Erbringung von Anpassungsleistungen, die Bewahrung der Tragfähigkeit in den Regionen. Einige wesentliche Aufgaben werden hier aufgeführt:

Sicherung einer angemessenen Infrastrukturversorgung in dünn besiedelten ländlichen Regionen

Die mittelfristig unabänderliche **Bevölkerungsabnahme** stellt vor allem bereits dünn besiedelte Räume vor die neue Aufgabe, die Tragfähigkeit zu bewahren und eine angemessene Infrastrukturversorgung zu gewährleisten. Besonders die peripheren ländlichen Räume Ostdeutschlands weisen bereits hohe Bevölkerungsverluste auf und haben auch in Zukunft mit weiteren starken Abnahmen zu rechnen. Sie trifft vorwiegend die jüngeren Altersgruppen, während gleichzeitig die Zahl älterer Bewohner wachsen wird. Im Infrastrukturangebot werden angesichts der bereits dünnen Besiedlungsdichten schnell die Auslastungsgrade unterschritten, die nach bisher geltenden Maßstäben und Standards der Leistungserbringung zugrunde gelegt werden. Da zugleich die Finanzkraft der öffentlichen Hand schwächer wird, können die Leistungen der Daseinsvorsorge nur unter Schwierigkeiten im bisherigen Maße bereitgestellt werden. Somit besteht die Gefahr, dass sich die Abwanderungen mit zunehmenden Versorgungsdefiziten verstärken und eine negative Zirkularität in der Entwicklung eintritt. Die Sicherung einer angemessenen Infrastrukturversorgung (Grundversorgung) in diesen Räumen ist deshalb eine wichtige Stabilisierungsaufgabe.

Stadtumbau als Antwort auf Schrumpfungsprozesse in Städten

In vielen, zusätzlich vom wirtschaftsstrukturellen Wandel betroffenen Städten führt die Bevölkerungsabnahme zu sich teilweise selbst verstärkenden **Schrumpfungsprozessen** mit neuen Gestaltungsaufgaben für die Stadtentwicklungspolitik. Bevölkerungsabnahme ist neben den Sterbeüberschüssen auf Wanderungsverluste zurückzuführen, hohe Arbeitslosigkeit auf starke Arbeitsplatzverluste. Der Rückgang von Bevölkerung verschlechtert die relative Position im Finanzausgleich, kann zu Facharbeitermangel führen. Der Verlust von Arbeitsplätzen führt zu geringeren Einkommen und damit zu Kaufkraftverlusten, gibt keine Wachstumsimpulse. Sinkende Investitionsquoten im privaten wie im öffentlichen Sektor verstärken den Schrumpfungsprozess von Bevölkerung und Arbeitsplätzen, eine exponentielle Abwärtsspirale muss befürchtet werden. Die räumliche Betroffenheit durch diese Entwicklung zeigt erhebliche Diskrepanzen. Von Schrumpfung besonders stark erfasst sind Mittel- und Kleinstädte im Osten. Dagegen sind im Westen schrumpfende Städte noch die Ausnahme. Indes zeigt die Raumordnungsprognose bereits mittelfristig eine Trendwende für zahlreiche Städte. Deren Umbau als Reaktion auf die Schrumpfung, ihre Anpassung an die heutigen Bedürfnisse und die zukünftigen Erfordernisse werden auch mittelfristig zu den wichtigsten innen- und städtebaupolitischen Aufgaben in Ost und West gehören.

* Die Ausführungen stützen sich im Wesentlichen auf den Ressortbericht BMVBW/BBR „Herausforderungen des demographischen Wandels für die Raumentwicklung in Deutschland", im Internet unter: www.bund.de/infosite/download/Herausforderungen-des-demographischen-Wandels.pdf

*Anpassungsleistungen im Bereich
der öffentlichen Daseinsvorsorge*

Der Trend zu einer **alternden Gesellschaft**, Ergebnis der Doppelwirkung aus niedrigen Geburtenzahlen und steigender Lebenserwartung, ist gesellschaftlich und wirtschaftlich wohl der bedeutsamste Prozess des demographischen Wandels. Offenkundig und für jeden nachvollziehbar sind die Konsequenzen für die sozialen Sicherungssysteme (Rente, Gesundheit, Pflege). Wichtig für die Regionen und Städte als Wirtschafts- und Lebensräume aber ist das infrastrukturelle Leistungsangebot. Es gilt, dies zu sichern und qualitativ weiterzuentwickeln. Den größten Handlungsdruck im demographischen Wandel verursacht dabei die rasche und starke Bevölkerungsalterung. Sie erfordert in allen Städten und Regionen entschiedene Anpassungsleistungen im Bereich der öffentlichen Daseinsvorsorge, speziell auch in den Bereichen Bildung, Gesundheit, Wohnen und Verkehr.

Bildung: Der Bildungsbereich ist vom demographischen Wandel vor allem durch einen Rückgang der Schülerzahlen, aber auch von zunehmendem Integrationsbedarf für Schüler mit Migrationshintergrund betroffen. Gravierende Abnahmen der bildungsrelevanten Bevölkerung treffen besonders stark die Regionen der neuen Länder. Die Zahl der Schulpflichtigen hat dort seit 1990 um ein Drittel abgenommen und wird bis 2020 voraussichtlich um weitere 5 % zurückgehen. Diese relative Konsolidierung ist gleichwohl nicht von Dauer. Die charakteristischen demographischen Wellen werden im Abstand einer Generation zu einer weiteren Abnahme der Schülerzahlen führen. Die rückläufigen Schülerzahlen machen es zunehmend schwieriger, ein hochwertiges und breites Schulangebot flächendeckend aufrecht zu erhalten. Ein qualitativ hochwertiges Angebot ortsnaher Schulen ist aber nicht nur für Familien bei der Auswahl eines Wohnstandorts, sondern auch als weicher Standortfaktor für Unternehmen bedeutsam. Investitionen in die schulische Infrastruktur stärken die regionale Standortqualität für Unternehmen genauso wie der Ausbau unternehmensnaher Wissenstransfereinrichtungen oder Innovationszentren.

Gesundheit: Sowohl die ambulante als auch die stationäre Versorgung innerhalb Deutschlands finden sich im internationalen Vergleich auf hohem Niveau. Die erforderliche Infrastruktur ist flächendeckend in guter Qualität vorhanden. Eine medizinische Grundversorgung ist für jedermann verfügbar und in der Regel in nichtstaatlicher Trägerschaft im gesamten Bundesgebiet flächendeckend und wohnortnah gesichert. Der demographische Wandel berührt die medizinische Versorgung in den meisten Regionen zunächst weniger durch Abnahme der Bevölkerung als vielmehr durch die Alterung. Denn diese Infrastruktur wird weit überproportional von alten und hochbetagten Menschen in Anspruch genommen. Hier tritt nunmehr häufig die besondere Konstellation des Wachstums in der Schrumpfung auf: Die Bevölkerung nimmt insgesamt zwar ab, die Zahl älterer Menschen hingegen steigt. Mittelfristig stellt sich deshalb vor allem die Aufgabe, für die rasch zunehmende Zahl älterer und hochbetagter Menschen eine angemessene, wohnsitznahe medizinische Versorgung sicherzustellen.

Wohnen: Die Alterung der Bevölkerung und eine zunehmende Individualisierung der Gesellschaft bewirken die Tendenz zu mehr kleinen Haushalten. Die gesamte Zahl aller Haushalte entwickelt dadurch mehr Dynamik als die Bevölkerung. Die Zahl der Regionen mit Schrumpfung ist geringer, die Trendwende kommt später und weniger abrupt. Zu- und Abnahme der Wohnungsnachfrage finden noch lange nebeneinander statt und sorgen für eine ausgeprägte räumliche Ausdifferenzierung der Wohnungsmärkte. Deshalb müssen in den Regionen ganz individuelle Anpassungsstrategien verfolgt werden. Wegen der Alterung besitzt die seniorengerechte Wohnungsanpassung eine hohe Priorität. Die meisten Menschen möchten gerade im Alter in der ihnen vertrauten Umgebung wohnen bleiben. Die Förderung von Wohnmodellen und wohnungsbezogener Infrastruktur für ein selbstständiges, selbstbestimmtes Leben im Alter ist deshalb eine wichtige wohnungspolitische Zukunftsaufgabe.

Verkehr: Grundlage von Mobilität ist die Verfügbarkeit von Verkehrsmitteln. Mehr als 60 % aller Verkehrsleistungen der Bevölkerung werden mit dem privaten Kraftfahrzeug erbracht. Die nicht-motorisierten Fortbewegungsformen und der öffentliche Verkehr liegen nur noch bei knapp 40 %. Auch wenn ein zunehmender Anteil älterer Menschen über ein Auto verfügt bzw. verfügen wird, werden weiterhin gerade viele ältere Menschen aus gesundheitlichen oder finanziellen Gründen ohne Auto leben müssen. Denn aufgrund der Zunahme disperser und entdichteter Siedlungsstrukturen sowie der Lockerung zeitlicher, sozialer und räumlicher Bindungen werden Verkehrsnachfrage, -aufkommen und -leistungen zeitlich und räumlich zerstreuter (Suburbanisierung von Wohnstandorten, Arbeitsplatzangeboten und Angeboten des Handels und der Freizeit). Mobilitätszwänge mit längeren Wegen sind die Folge, vermehrt im ländlichen Umland der Kernstädte, d. h. in Gebieten, die zunehmend schlechter durch konventionelle Formen des schienengebundenen ÖPNV (S-Bahn, U-Bahn, Regionalbahn, Regio-Stadtbahn u. Ä.) bedient werden können. Die Nahmobilität zu erhalten und zu fördern, die Bus- und Bahnangebote zu verbessern, gewinnen deshalb künftig als verkehrspolitische Aufgaben an Bedeutung.

Aktivierung der wirtschaftlichen und gesellschaftlichen Potenziale einer alternden Gesellschaft

In der aktuellen Diskussion um die Folgen der Alterung dominiert der Belastungsdiskurs. Er verstellt den Blick dafür, dass Alterung auch als Chance für Wachstum, Beschäftigung und gesellschaftliche Entwicklung gesehen und gestaltet werden kann. So wird die Alterung zu Veränderungen der gesamtwirtschaftlichen Nachfrage führen. Ältere Menschen werden als Konsumenten ein größeres Gewicht haben. Mögliche wachsende Wirtschaftssektoren könnten Bereiche wie Tourismus, Gesundheit, Wellness und der Kulturbetrieb sein. Auch Dienstleistungen, welche die Wohn- und Lebensqualität von älteren Menschen erhöhen und ihnen so lange wie möglich eine selbstständige Lebensweise ermöglichen, werden eine steigende Nachfrage erfahren. Angesichts der Tatsache, dass die Alterung des Erwerbspersonenpotenzials ein irreversibler Trend ist, gilt es zudem Wege aufzuzeigen, wie im Bereich von Bildung und Arbeitswelt die Potenziale älterer Menschen für Wirtschaft und Gesellschaft besser genutzt werden können. Ohne ein leistungsfähiges Bildungssystem, das zu einer Ausschöpfung aller Bildungsreserven in der Lage ist, droht in den nächsten Jahrzehnten ein Fachkräftemangel, der schwerwiegende ökonomische Folgen mit sich bringen wird. Denn in Deutschland, einem exportorientierten und gleichzeitig rohstoffarmen Land, hängen Entwicklungschancen in hohem Maße vom Bildungs- und Qualitätsniveau der Bevölkerung ab.

Verbesserung der Wohn- und Lebensqualität für Kinder und Familien

Die Ursachen für den aktuellen und weiter absehbaren demographischen Wandel bestehen schon seit Jahrzehnten. Bereits seit 1975 liegt mit 1,4 die Kinderzahl je Frau um ein Drittel unter dem Wert von 2,1, der für eine Bestandserhaltung erforderlich wäre. Mit jeder neuen Generation fehlt damit ein weiteres Drittel potenzieller Mütter. Es kann nicht ausreichen, lediglich eine Anpassungspolitik an gegebene demographische Prozesse zu betreiben. Es muss auch darum gehen, in Regionen und Städten für eine Lebensqualität zu sorgen, die wieder zu mehr Geburten führt. Zentrale Instrumente einer familienfreundlichen Politik sind Betreuungsangebote für Kinder und Jugendliche. Sie sollen die Vereinbarkeit von Familie und Beruf gewährleisten. Nicht nur Kindertageseinrichtungen und Ganztagsschulen, auch ein kindgerechtes Wohnumfeld mit mehr Spielstraßen und Tempo-30-Zonen in den Städten erzeugen ein anderes Klima. Die Schaffung von mehr Lebensqualität für Kinder und Familien berührt also das gesamte Umfeld, angefangen vom Wohnen über Kindergarten, Schule, Verkehr bis hin zu den Freizeitmöglichkeiten. Wohnungs- und Städtebaupolitik müssen sich deshalb – auch ganz im Sinne des „Gender Mainstreaming" – als konsequente Familienpolitik verstehen.

Förderung der räumlichen Integration von Einwohnern mit Migrationshintergrund

Anhaltende internationale Zuwanderungen und die dadurch bedingte Heterogenisierung der Bevölkerung erfordern vermehrte Integrationsleistungen. Dies ist die große Herausforderung für Städte und Stadtregionen als Lebens- und Wirtschaftsraum. Die Indikatoren für unzureichende Integration von Zugewanderten bzw. Ausländern in das Bildungs- und Beschäftigungssystem sind eindeutig. Im Vergleich zu Deutschen ist ihre Bildungsbeteiligung erheblich niedriger, ihr Bildungsverlauf auch in der zweiten und dritten Generation weit unterdurchschnittlich. Auch deshalb ist ihre Arbeitsmarktbeteiligung geringer, das Risiko der Arbeitslosigkeit häufig doppelt so hoch wie das der deutschen Bevölkerung. Die besondere und problemverschärfende Herausforderung für die Städte besteht aber in der räumlichen Segregation der Ausländer, das heißt ihrer räumlichen Ballung in bestimmten, oft benachteiligten Quartieren. Die anhaltende Zuwanderung, der steigende Anteil von Ausländern, von Einwohnern mit Migrationshintergrund an der Bevölkerung erfordert deshalb integrationsfördernde Maßnahmen vor allem vor Ort, in den Städten.

Handlungsmöglichkeiten zur Begegnung des demographischen Wandels

Laut Raumordnungsgesetz und Baugesetzbuch ist Leitvorstellung eine **nachhaltige Raum- und Stadtentwicklung**. Dies bedeutet eine gleichwertige Ausrichtung auf ökonomische, soziale und ökologische Ziele. Angestrebt wird eine stabile Raum- und Stadtentwicklung, die den Bedürfnissen der heutigen Generation gerecht wird, ohne die Entfaltung künftiger Generationen zu beeinträchtigen. Demographischer und wirtschaftsstruktureller Wandel stellen Bund, Länder und Gemeinden vor die Herausforderung, Raum- und Stadtentwicklung normativ neu zu definieren und aktiv zu gestalten. Wir brauchen einen raum- und stadtentwicklungspolitischen Paradigmenwechsel vom „**gesteuerten Wachstum**" auf „**gestaltenden Umbau**" vieler Regionen, Städte und Gemeinden als Bestandteil einer langfristig angelegten Reformpolitik in Deutschland.

Raum- und Stadtentwicklung liegen zwar vornehmlich in der Kompetenz der Länder und Kommunen. Der Bund entwickelt aber in Zusammenarbeit mit den Ländern Leitbilder der räumlichen Entwicklung des Bundesgebietes (§ 18 ROG), er kann den rechtlichen Rahmen für die neuen Herausforderungen gestalten, er kann finanzielle Unterstützung im Rahmen von einschlägigen Finanzhilfen leisten und er kann sich mit den Ländern auf gemeinsame Aktivitäten verständigen. Für die drei Politikbereiche Raumordnung/Raumentwicklung, Städtebau/Stadtentwicklung und Wohnungswesen werden im Einzelnen folgende Handlungsmöglichkeiten gesehen:

Handlungsmöglichkeiten im Politikbereich Raumordnung/Raumentwicklung

Weiterentwicklung raumordnerischer Leitbilder und Handlungsstrategien

Die Raumordnungspolitik von Bund und Ländern hat erkannt, dass der demographische Wandel eine zentrale Herausforderung für eine zukunftsfähige, nachhaltige Raum- und Siedlungsentwicklung im gesamten Bundesgebiet ist. In einer Entschließung vom 13. Oktober 2003 forderte die 31. Ministerkonferenz deshalb dazu auf, die bisherigen Konzeptionen, Strategien und Instrumente u. a. mit dem Ziel zu überprüfen, eine bedarfsgerechte öffentliche Infrastrukturversorgung in allen Teilräumen des Bundesgebietes zur Gewährleistung gleichwertiger Lebensbedingungen sicherzustellen.

Aufbauend auf den Analysen und Schlussfolgerungen des Raumordnungsberichtes 2005 des BBR hat das BMVBS deshalb bereits 2004 einen umfassenden Diskussionsprozess eingeleitet, mit dem die raumordnerischen Leitbilder des „Raumordnungspolitischen Orientierungsrahmens" (ORA) von 1993 und des „Raumordnungspolitischen Handlungsrahmens" (HARA) von 1995 weiterentwickelt wurden. Das Ergebnis sind drei neue Leitbilder, die den neuen Herausforderungen ein zielgerichtetes Handeln entgegenstellen. Diese Leitbilder – „Wachstum und Innovation fördern", „Daseinsvorsorge sichern" sowie „Ressourcen bewahren, Landschaftspotenziale entwickeln" – fanden in der fachlichen Diskussion einen breiten Konsens.

Insbesondere das zweite Leitbild „Daseinsvorsorge sichern" nimmt die Herausforderung des demographischen Wandels an. Das Zentrale-Orte-System und die Mindest- bzw. Basisstandards für die Vorhaltung öffentlicher Leistungen stehen dabei vor einer neuen Bewährung. Ausgehend von den regionalen Gegebenheiten und unbeschadet des aus dem Anspruch „gleichwertiger Lebens- und Arbeitsbedingungen" abgeleiteten Vorhalteprinzips für die Erhaltung öffentlicher Infrastruktur – auch bei zurückgehender Auslastung – sind folgende Überprüfungen und Maßnahmen vordringlich:

• Die Zahl der Zentren und ihre Klassifizierung muss in eine angemessene Relation zum Bevölkerungsrückgang gebracht werden. Das heißt, dass ggf. das System der Zentralen Orte angepasst werden muss, dass Orte in ihrer Zentralität zurückgestuft werden und dass den Zentralen Orten verschiedener Stufen klar abgegrenzte Funktionen zugeordnet werden müssen. Bei der Definition der zentralörtlichen Einzugsbereiche müssen die Veränderungen der Erreichbarkeitsverhältnisse (z. B. veränderte Fahrgeschwindigkeiten im motorisierten Individualverkehr, flexiblere Angebote des ÖPNV) stärker Berücksichtigung finden.

• Die Ausstattungsmerkmale zentraler Orte müssen an die regionalen Einwohnerpotenziale angepasst werden, um eine wirtschaftliche Auslastung zentraler Dienstleistungen und Güter zu gewährleisten. Dabei sind nach Möglichkeit auch Spielräume für zukünftige Entwicklungen zu erhalten bzw. zu entwickeln. Bei Bedarf sind im Bereich der öffentlichen Daseinsvorsorge oberzentrale Funktionen auch in Mittelzentren und mittelzentrale Funktionen auch in Grundzentren vorzuhalten, wenn eine zumutbare Erreichbarkeit zentraler Orte höherer Stufe nicht gegeben ist. Gegebenenfalls sind räumlich differenzierte Mindeststandards zu entwickeln.

• Der Ausbau von interkommunalen Kooperationen zentraler Orte sollte zur Effizienzsteigerung und Kostenreduktion genutzt und ggf. finanziell unterstützt werden. Dies entspricht dem zunehmenden Trend, dass immer mehr öffentliche Aufgaben als regionale Gemeinschaftsaufgaben identifiziert und praktisch wahrgenommen werden. Das novellierte Raumordnungsgesetz von 1998 hat für die Stärkung der regionalen Ebene neue Voraussetzungen geschaffen. Mit Instrumenten wie Regionalen Entwicklungskonzepten, Regionalkonferenzen, Städtenetzen und vertraglichen Vereinbarungen (raumordnerischer Vertrag) können neue Handlungsansätze für kooperative Problemlösungen genutzt werden.

Modellvorhaben der Raumordnung

Das raumordnerische Aktionsprogramm Modellvorhaben der Raumordnung (MORO) gibt der Bundesraumordnung die Möglichkeit, exemplarisch konkrete Projekte zu fördern, in denen in Zusammenarbeit mit Akteuren in den Regionen vor Ort innovative raumordnerische Handlungsansätze entwickelt und erprobt werden. Ein aktueller Schwerpunkt des Programms ist u. a. das Thema „Infrastruktur und demographischer Wandel", mit dem zuvorderst das zweite Leitbild („Daseinsvorsorge sichern") umgesetzt werden soll. In aktuell sechs Modellvorhaben werden dabei unter den Vorzeichen des demographischen Wandels, d. h. einer abnehmenden und alternden Bevölkerung sowie knapper öffentlicher Mittel, Strategien und Konzepte zur Sicherung einer angemessenen Infrastrukturversorgung entwickelt und erprobt (nähere Informationen im Internet unter www.bbr. bund.de/moro).

Schon 2001 hat das BBR erstmals ein Modellvorhaben „Anpassungsstrategien für ländliche/periphere Regionen mit starkem Bevölkerungsrückgang in den neuen Ländern" ausgeschrieben. Die Modellregionen Mecklenburgische Seenplatte, Lausitz-Spreewald und Ostthüringen erarbeiteten integrierte, überregionale Anpassungskonzepte für eine bedarfsgerechte und effiziente Infrastruktur zur Sicherung der Lebensqualität in der Region.

Mit einzelnen oder mehreren miteinander verknüpften Handlungsoptionen wurden so Grund- und Berufsschulstrukturen modifiziert, der Schülerverkehr und der ÖPNV neu geregelt, die medizinische Grundversorgung neu strukturiert, dezentrale Angebote in „Dorfzentren" gebündelt, alternative Lösungen der Wasserver- und -entsorgung geprüft und das Zentrale-Orte-System als siedlungsstrukturelles Konzept zur Sicherung der öffentlichen Daseinsvorsorge weiterentwickelt.

In vielen Ländern hat sich die Raumordnung bisher noch nicht sehr aktiv der Koordination der Angebote öffentlicher Daseinsvorsorge angenommen. Die heute schon absehbaren Folgen des demographischen Wandels zwingen jedoch zu einer Intensivierung raumordnerischer Koordination. Insbesondere die im Zusammenhang mit Nachfragerückgängen erforderlichen Schließungen von Einrichtungen der öffentlichen Daseinsvorsorge (z. B. Schulen, Kindergärten) gilt es möglichst sozial- und wirtschaftsverträglich zu gestalten. Diese demographisch bedingten Anpassungsnotwendigkeiten von Leistungen öffentlicher Daseinsvorsorge sind als dringende Herausforderung der Raumordnung zwar erkannt, eine von der Ministerkonferenz für Raumordnung geforderte aktivere Koordination der Angebotsanpassung ist bislang allerdings erst in wenigen Planungsregionen angegangen worden.

Um die Raumordnungspraxis bei der Bewältigung dieser Herausforderungen aktiv zu unterstützen, haben BMVBS und BBR daher 2005 ein weiteres Modellvorhaben der Raumordnung „Regionalplanerische Handlungsansätze zur Gewährleistung der öffentlichen Daseinsvorsorge" initiiert. In insgesamt vier Modellregionen sollen integrierte regionale Anpassungskonzepte für Leistungen der öffentlichen Daseinsvorsorge auf kooperativem Wege erarbeitet werden.

Bei den Anpassungsstrategien wird auch der ÖPNV berücksichtigt. Geprüft werden soll, ob durch Maßnahmen zur Veränderung der Erreichbarkeit der Versorgungsgrad auch bei Schließungen von Einrichtungen gehalten werden kann. Neue Finanzierungs- und Organisationsmodelle werden bei den Anpassungskonzepten berücksichtigt und alternative Mindeststandards der Versorgung im Zusammenhang mit veränderten Einzugsbereichen getestet. Um einzelne Anpassungsstrategien miteinander vergleichen zu können, kommt der Erreichbarkeitsmodellierung eine zentrale Rolle zu. So können nicht nur Tragfähigkeitsabschätzungen für abgegrenzte Einzugsbereiche verschiedener Einrichtungen der Daseinsvorsorge ermittelt werden, sondern auch Veränderungen des Wegeaufwandes bei unterschiedlichen Anpassungsstrategien vergleichend gegenübergestellt werden.

Handlungsmöglichkeiten im Politikbereich Städtebau/Stadtentwicklung

Rechtliche Anpassungen im Planungsrecht

Das Mitte 2004 in Kraft getretene Europarechtsanpassungsgesetz Bau (EAG Bau) nahm nicht nur die erforderlichen Anpassung an EU-Umweltrichtlinien vor, sondern schuf insbesondere für die Kommunen, in denen ein demographischer Wandel häufig durch einen wirtschaftsstrukturellen Wandel bereits verstärkt eingesetzt hat, unter dem Titel „Stadtumbau" im Baugesetzbuch einen neuen Regelungsbereich.

Mit Einführung der §§ 171a – d in das Baugesetzbuch ist für die Städte und Gemeinden die rechtliche Grundlage zur Durchführung von Stadtumbaumaßnahmen geschaffen worden. Die einzelnen Regelungen zielen auf eine durch städtebauliche Entwicklungskonzepte gestützte, konsensorientierte Vorgehensweise der Kommune und bieten je nach örtlicher Erfordernis weitere Sicherungs- und Durchführungsinstrumente. Die Notwendigkeit ergänzender Vorschriften ergab sich daraus, dass bislang eine Vielzahl der insbesondere auf den Stadtumbau bezogenen inhaltlichen Vorgaben in den Städtebaufördervorschriften des Bundes und der Länder, nicht jedoch im Baugesetzbuch selbst niedergelegt waren. Insoweit sind nicht alle Regelungen im Einzelnen wirklich neu. Sie sind aber weitgehend neu als bundesweit anwendbare Gesetzesnorm.

Nicht nur die Neuerungen im Besonderen Städtebaurecht zielen auf eine effektivere Steuerung des demographischen und wirtschaftsstrukturellen Wandels. Auch das Instrumentarium des Allgemeinen Städtebaurechtes hält Neuerungen bereit, die den Kommunen bezogen auf kommunale Anpassungsstrategien an veränderte Nutzungsansprüche neue Perspektiven eröffnen. Exemplarisch zu nennen sind das Baurecht auf Zeit und die Einführung einer Rückbauverpflichtung bei Außenbereichsvorhaben.

Insgesamt eröffnen die Neuerungen im Baugesetzbuch den Kommunen Perspektiven, deren Reichweite erst durch die eigene kommunale Praxiserfahrung angemessen zu erfassen sein wird. Insoweit ist den Kommunen der Mut zu wünschen, die städtebaulichen Herausforderungen des demographischen und wirtschaftlichen Strukturwandels durch kreativen Einsatz der alten und neuen Städtebaurechtsinstrumente im Sinne einer zukunftsfähigen Stadtentwicklung bald anzugehen, um die auf zukunftsfähige Strukturen ausgerichtete Innenentwicklung voranzutreiben und die Zersiedelung im Außenbereich konsequenter zu verhindern. Unterstützung leistet dabei die Weiterentwicklung der Städtebauförderung und Modellvorhaben.

Ausbau und Weiterentwicklung der Städtebauförderung

Um die Städtebauförderung besser an die mit dem demographischen Wandel verbundenen neuen, vielfältigen städtebaulichen Herausforderungen anzupassen, hat die Bundesregierung neben dem „klassischen" Programm zur Förderung städtebaulicher Sanierungs- und Entwicklungsmaßnahmen schon neue Förderschwerpunkte gesetzt: Stadtumbau Ost, Stadtumbau West und Soziale Stadt.

Das vom Bundeskabinett am 15. August 2001 beschlossene Programm „Stadtumbau Ost" verfolgt einen integrierten Ansatz der Stadtentwicklung. Grundlage für den Stadtumbau und seine Förderung sind städtebauliche Entwicklungskonzepte für die Gesamtstadt oder für städtische Teilräume. Die Ziele des Programms gehen weit über die Bekämpfung des Wohnungsleerstands hinaus. Das Programm dient der Stabilisierung von durch physischen Verfall und soziale Erosion bedrohten Stadtteilen ebenso wie dem Erhalt der aus städtebaulicher Sicht besonders wertvollen, teuer zu sanierenden innerstädtischen Altbaubestände, die überdurchschnittliche Leerstandsquoten aufweisen. Indem das Programm zur Revitalisierung der Innenstädte mit ihrer ausgebauten Infrastruktur beiträgt und damit zugleich der Zersiedlung im Umland entgegengewirkt, unterstützt es eine nachhaltige Stadtentwicklung.

Wirtschaftlicher Strukturwandel, rückläufige Bevölkerungszahlen, Wohnungsleerstände, hohe Arbeitslosenquoten und veränderte Zusammensetzungen der Bevölkerung verursachen auch in den alten Ländern zunehmend städtebauliche Verhältnisse, die erhebliche Anpassungen zur Herstellung nachhaltiger städtebaulicher Strukturen verlangen. Im Jahr 2004 startete die Bundesregierung deshalb das neue Programm „Stadtumbau West". Mit dem Programm will der Bund die Städte in den alten Ländern veranlassen, sich frühzeitig auf die notwendigen Anpassungsprozesse einzustellen.

Das schon 1999 neu aufgelegte Programm „Soziale Stadt" leitete eine Neuorientierung in der deutschen Stadtentwicklungspolitik ein. Stärker als bisherige Förderprogramme setzt die Soziale Stadt auf einen breiten Dialog auf allen Ebenen und in allen Bereichen, um Mittel und Wege zu finden, Abwärtsentwicklungen in den Städten entgegenzuwirken. Das Programm trägt ebenfalls schon dem demographischen Wandel Rechnung, insbesondere indem es die Integration von Ausländern in benachteiligten Stadtquartieren fördert. Ziel des Programms ist es, denjenigen Stadtteilen zu helfen, die von überdurchschnittlicher Arbeitslosigkeit und Armut geprägt sind und in denen die Integration von Migranten eine wichtige Aufgabe darstellt.

ExWoSt-Modellvorhaben zur Erprobung neuer städtebaulicher Handlungsansätze

Was den Städtebau betrifft, gehört der Umbau der Städte als Reaktion auf Schrumpfungsprozesse, ihre Anpassung an die heutigen Bedürfnisse und die zukünftigen Erfordernisse schon zu den wichtigsten innen- und städtebaupolitischen Aufgaben in Ost und West. Der Boden dafür wurde nicht zuletzt durch Modellvorhaben zur Erprobung neuer städtebaulicher Handlungsansätze im Rahmen des Experimentellen Wohnungs- und Städtebaus (ExWoSt) vorbereitet.

Aktuell werden die aus dem demographischen Wandel resultierenden Aufgaben in zwei ExWoSt-Forschungsfeldern aufgegriffen. Das 2004 gestartete Forschungsfeld „Stadtquartiere im Umbruch" greift speziell die Probleme auf, die sich in Stadtteilen mit dauerhaft rückläufigen Entwicklungen stellen. Große Unsicherheit besteht hier im Umfang mit der sozialen und technischen Infrastruktur. Welche Rückbaustrategien sind bei knappen kommunalen Haushalten sinnvoll? Wie kann der neue „Freiraum" für die Stadtbewohner zu höheren Standortqualitäten führen? Mit dem Forschungsfeld wird das Ziel verfolgt, aus nachhaltigen Strategien positive Perspektiven für solche Stadtteile zu gewinnen, in denen es wegen hoher Bevölkerungsverluste zum Leerstand und Bedeutungsverlust öffentlicher Infrastruktureinrichtungen kommt. In den fünf ausgewählten Städten Castrop-Rauxel, Cottbus, Halle (Saale), Schwerin und Wuppertal werden Modellvorhaben gefördert und wissenschaftlich begleitet. Zudem konnten als Referenzstädte für den Erfahrungsaustausch Bremerhaven, Duisburg, Eisenhüttenstadt, Guben und Parchim gewonnen werden. Die Zusammenstellung verdeutlicht, dass die demographische Entwicklung eine gesamtdeutsche Herausforderung darstellt, auf die mit stadtentwicklungspolitischen Strategien zu reagieren ist – sowohl durch aktuelle Problemlösungen als auch durch präventive Konzepte. Im Mittelpunkt des Forschungsinteresses steht die Überprüfung, wie die neuen städtebaulichen Instrumente für den Stadtumbau dazu beitragen, dass aus baulichen Verlusten Gewinne für die Lebensqualität in den Stadtquartieren erwachsen können (weitere Informationen im Internet unter www.exwost.de sowie www.stadtquartiere-im-Umbruch.de).

Ein weiteres Forschungsfeld mit dem Arbeitstitel „Lebenswerte Stadtquartiere für Jung und Alt" soll im Koalitionsvertrag der Bundesregierung getroffene Vereinbarungen umsetzen. Dort heißt es: „Zur Bewältigung des demographischen Wandels und der Migration wollen wir mit Modellvorhaben Städte dabei unterstützen, Wohnquartiere kinder- und familienfreundlich zu gestalten und die Infrastruktur barrierefrei und altengerecht umzubauen." Das neue Forschungsfeld soll durch eine deutliche Ausrichtung auf das generationenübergreifende Miteinander und die gegenseitige Unterstützung sowie Akzeptanz geprägt sein (z. B. die konfliktarme Nutzung des „Öffentlichen Raums" oder die multifunktionale (Um-)Nutzung von Gemeindebedarfseinrichtungen). Zentrales Anliegen ist, innerstädtische Quartiere als Wohnort und Erlebnisraum für alle Generationen, insbesondere für Familien und Kinder, wieder attraktiver zu gestalten. Der Generationenbegriff geht von mindestens drei Generationen aus. Diesen Ansatz müssen die Projekte leben, reine „Altenbetreuungsprojekte" oder „Eltern-Kind-Initiativen" greifen hier zu kurz. Zu differenzieren wäre zudem bei der Generation „Jung" nach Kindern und Jugendlichen und bei „Alt" nach Senioren und Hochbetagten – mit sehr unterschiedlichen Anforderungen an die Infrastruktur des öffentlichen Raums und gemeinschaftlichen Wohnraumangebote. Das „Markenzeichen" des neuen Forschungsfeldes soll der generationenübergreifende Ansatz, die Handlungsebene Stadtquartier und die Verknüpfung von Städte– und Wohnungsbau mit anderen Fachplanungen sein, um den in § 1 Abs. 6 Nr. 3 BauGB aufgeführten Belangen noch stärker Rechnung zu tragen.

Handlungsmöglichkeiten im Politikbereich Wohnungswesen

Die Wohnungspolitik befindet sich vor dem Hintergrund des demographischen Wandels inmitten einer Neuorientierung ihrer Instrumente. Die jahrzehntelang gültige Marktkonstellation – steigende Nachfrage bei knappem Angebot und dadurch steigende Mieten bzw. Preise – herrscht in vielen Regionen Deutschland bereits nicht mehr vor. Gleichwohl sind in den großen Verdichtungsräumen mit starker Wirtschaftsdynamik in bestimmten Marktsegmenten Engpasslagen erkennbar. Hier fällt es vielen Haushalten, insbesondere Familien, schwer, sich aus eigener Kraft am Wohnungsmarkt zu versorgen.

Die Abschaffung der Eigenheimzulage zum Jahresbeginn 2006 und der Rückzug des Bundes aus der sozialen Wohnraumförderung bedeutet die Abkehr von einer flächendeckenden Förderpolitik nach dem Gießkannenprinzip. Die Zukunft gehört einer Wohnungspolitik, die regional und zielgruppenorientiert ausgerichtet ist.

Neuorientierung der Wohneigentumsbildung

Selbst genutztes Wohneigentum stellt eine von den Bürgern entschieden bevorzugte Form der privaten Altersvorsorge dar. Auch nach dem Auslaufen der Eigenheimzulage spielt die Bildung von Wohneigentum deshalb eine bedeutende Rolle. Hierbei stellt sich aktuell die Aufgabe, Wege für eine effektivere Verzahnung von Wohneigentumsbildung und Altersvermögensvorsorge im Rahmen der „Riester-Rente" zu finden.

Familienorientierte Wohnungspolitik

Familien gelten als wichtiges Fundament der Gesellschaft zur Sicherung der wirtschaftlichen Zukunftsfähigkeit. Familien- und Kinderfreundlichkeit wird von einem so genannten „weichen" immer mehr zu einem „harten" Standortfaktor für die örtliche und regionale Entwicklung. Angesichts der bisherigen Wanderungsverluste an das Umland muss in den Städten vor allem für Familien mit Kindern die Wohnqualität gesichert werden. Zur stärkeren familienpolitischen Profilierung haben bereits viele Städte entsprechende Strategien, Konzepte und Maßnahmen erarbeitet, die Familienfreundlichkeit als Querschnittsaufgabe der Kommunen manifestieren. Zukünftig gilt es, Familien die Möglichkeit zu geben, ihre Ansprüche an die Wohn- und Lebensbedingungen und noch stärker innerhalb der Stadtgrenzen zu befriedigen.

*ExWoSt-Forschungsfeld „Zukunftsfähige
Wohnungsmarktentwicklung"*

Mit dem Forschungsfeld soll auf den verschiedenen Wohnungsteilmärkten ein Beitrag zur Bewältigung des aktuellen und mittelfristig absehbaren Anpassungsbedarfs geleistet werden. Im Rahmen des Forschungsfeldes werden in einer Studie Strategien und Aktionsfelder für städtisches Wohnen von Familien untersucht und entwickelt. Mit Hilfe einer Bestandsaufnahme werden zentrale Aktionsfelder identifiziert und analysiert. In den zentralen Aktionsfeldern werden die Strategien, Konzepte und Maßnahmen u. a. auch vor dem Hintergrund vorliegender Wohnwunschbefragungen gegenübergestellt. Es ist beabsichtigt, die Umsetzung der kommunalen Aktionsfelder anhand von ausgewählten Fallstudien zu überprüfen.

ExWoSt-Forschungsfeld „Modelle genossenschaftlichen Wohnens"

Die vom Bundesminister für Verkehr, Bau- und Wohnungswesen im Jahr 2002 einberufene Expertenkommission „Wohnungsgenossenschaften" hat abschließend empfohlen, dass Wohnungsgenossenschaften künftig eine stärkere Rolle auf den Wohnungsmärkten und in der sozialen Stadtentwicklung spielen sollten, wobei sie sich den neuen Herausforderungen der gesellschaftlichen Veränderungsprozesse stellen müssen. Insbesondere ermittelte die Expertenkommission erhebliche Potenziale, mit denen die Wohnungsgenossenschaften attraktiv und zukunftssicher Wohnformen zwischen Eigentum und Miete gestalten können. Im Forschungsfeld werden daher im Projekt „Modelle genossenschaftlichen Wohnens: Erschließen von Genossenschaftspotenzialen" anhand von 22 Modellvorhaben verschiedene Wege zur Weiterentwicklung und Stärkung des genossenschaftlichen Wohnens aufgezeigt. Vor dem Hintergrund der Alterung der Gesellschaft hat diese Expertenkommission den Genossenschaften zudem empfohlen, für ihre Mitglieder Möglichkeiten der Wohnkostenreduzierung im Alter zu entwickeln. Hauptziel eines weiteren Projektes im Rahmen des Forschungsfeldes „Altersvorsorge und Wohnungsgenossenschaften" ist es, eine möglichst große Bandbreite von unterschiedlichen Altersvorsorgeinstrumenten in ihrer unterschiedlichen und damit für verschiedene Wohnungsgenossenschaften

geeigneten Ausgestaltung anwendungsreif zu entwickeln.

ExWoSt-Forschungsfeld „Kostengünstig qualitätsbewusst Bauen"

Um vor dem Hintergrund des demographischen Wandels neue Impulse für umweltgerechtes, innovatives und bezahlbares Bauen zu geben, hat der Bundesminister für Verkehr, Bau und Stadtentwicklung gemeinsam mit Partnern aus der Bau- und Wohnungswirtschaft, den berufsständischen Organisationen, der Kreditwirtschaft und den Verbänden die „Initiative kostengünstig qualitätsbewusst Bauen" gestartet. Mit dem neuen ExWoSt-Forschungsfeld „Kostengünstig qualitätsbewusst Bauen" werden einzelne Inhalte des Themas vertiefend untersucht und Umsetzungsschritte erprobt. Zu diesem Zweck werden im Rahmen des Forschungsfeldes die Modellvorhaben „Kostengünstiger und qualitätsbewusster Neubau von Ein- und Zweifamilienhäusern in prosperierenden Regionen" sowie „Kostengünstige und qualitätsbewusste Entwicklung von Wohnungsobjekten im Bestand" durchgeführt.

Diese Modellvorhaben sind weitere Schritte zur Stärkung der Kernstädte und zur Vermeidung von Stadt-Umland-Wanderungen. In ihnen wird einerseits erprobt, wie attraktive und nachfragegerechte Bau- und Wohnformen im Ein- und Zweifamilienhausbereich in Kernstädten kostengünstig umgesetzt werden können. Zum anderen sollen Möglichkeiten aufgezeigt werden, wie dazu beigetragen werden kann, ein veraltetes Wohnungsangebot qualitativ der aktuellen Nachfrage anzupassen.

Soziale Absicherung des Wohnens durch Wohngeld

Mit der Abkehr von flächendeckenden Förderinstrumenten erlangt das Wohngeld als effektives und zielgenaues Förderinstrument in der Wohnungspolitik eine besondere Bedeutung. Es erreicht solche Haushalte, die sich nicht aus eigener Kraft am Wohnungsmarkt versorgen können. Wohngeld trägt als Instrument zur Stärkung der Wohnkaufkraft der unteren Einkommensgruppen ganz wesentlich zur sozialen Sicherung der Wohnungsversorgung bei und orientiert sich mit seinen differenzierten Mietenstufen an der jeweils herrschenden Wohnungsmarktsituation. Im Rahmen der Hartz-IV-

Reformen werden die Verwaltungsverfahren hierzu wesentlich vereinfacht, da Wohngeld nur noch an solche Haushalte gezahlt wird, die ihren Lebensunterhalt auch aus eigenem Einkommen bestreiten. Die Wohnkosten der Transferleistungsempfänger werden vollständig von den Gemeinden ausgezahlt werden, aufwendige Verrechnungsverfahren werden zukünftig entfallen. Die Gemeinden erhalten indessen für die Mehrbelastung einen angemessenen finanziellen Ausgleich.

Weitere Handlungsfelder der Wohnungspolitik

Die Herausforderung, erschwingliches Wohneigentum in der Stadt – auch für mittlere Einkommensschichten – zu ermöglichen, stellt sich vor allem in wirtschaftlich prosperierenden Städten mit einem immer noch großen Nachfragedruck auf dem Wohnungs- und Bodenmarkt. Zentraler Akteur vor Ort ist eine kommunale Baulandpolitik, die neben der Neuausweisung von Flächen die Aktivierung vorhandenen Baurechts und die Nutzbarmachung von Brachflächen betreibt. Dies könnte durch eine Grundsteuerreform unterstützt werden.

Arbeitsmarktungleichgewichte, erhöhte Mobilitätsanforderungen und überproportional hohe Zuwanderungen in bestimmte Gebiete können die räumliche Segregation der Wohnbevölkerung verschärfen und zu belasteten Nachbarschaften in weniger attraktiven Wohngebieten führen. Das Programm „Soziale Stadt" fördert bereits seit einigen Jahren komplexe Maßnahmenbündel, in denen Investitionen zur baulichen Aufwertung verbunden sind mit nicht investiven Maßnahmen wie z. B. der Förderung lokaler Arbeits- und Ausbildungsmöglichkeiten oder der Stärkung der sozialen Integrationskraft der Nachbarschaften. Die sensible Wahrnehmung kommunaler Belegungsrechte, Anreize zur individuellen Unterstützung eigentumsnaher Genossenschaften, sind wohnungspolitisch als sozial stabilisierende Elemente einzusetzen. Die novellierte soziale Wohnraumförderung gibt den Kommunen hier ein differenziertes und bestandsbezogenes Instrumentarium an die Hand, das auch den direkten Bezug von Städtebau und Wohnungspolitik aufeinander verstärkt. Mit dem Wohnraumförderungsgesetz wurde das System des sozialen Wohnungsbaus grundlegend reformiert und zur sozialen Wohnraumförderung weiterentwickelt. Mit der Einbeziehung der

Bestände in die Förderung lässt sich die soziale Wohnraumförderung stärker für eine an den jeweiligen wohnungspolitischen und städtebaulichen Ausgangslagen und Bedarfsstrukturen orientierte Förderung in den Städten nutzen.

Der zunehmenden Bedeutung des Wohnungsbestandes und seiner Erneuerung für die Wohnungsversorgung und die Stadtentwicklung tragen die steuerlichen Vergünstigungen nach §§ 7h, 7i und 10f für Erhaltungsinvestitionen in Sanierungsgebieten und in denkmalgeschützte Objekte Rechnung. Ein weiteres wichtiges Instrument zur Bestandsförderung sind die Kreditprogramme der KfW-Förderbank mit besonderem Schwerpunkt auf Klimapolitik und CO_2-Einsparung.

Künftig gilt es, das Instrumentarium weiterzuentwickeln mit dem Ziel, eine altengerechte Wohnungsanpassung stärker zu unterstützen. Die meisten Menschen möchten gerade im Alter in ihrer vertrauten Umgebung wohnen bleiben. Viele Wohnungsunternehmen möchten ihre älteren, vertrauten und zuverlässigen Mieter/Mieterinnen gerne halten. Oftmals entsteht aber aufgrund des Alters und den häufiger auftretenden Einschränkungen das Problem, in der angestammten Wohnung nicht mehr zurechtzukommen. Ziel einer Wohnungsanpassung ist es, die Ausstattung der Wohnungen und die jeweiligen Kompetenzen ihrer Bewohner und Bewohnerinnen in Einklang zu bringen. Ein breites Spektrum von Maßnahmen – von baulichen Veränderungen bis hin zur Vermittlung von Alltagsdienstleistungen – ist hier denkbar.

Zusätzliche Maßnahmen einer förder- und finanzpolitischen Flankierung

Die demographischen Änderungen stellen die regionalen und lokalen Akteure vor große Herausforderungen, deren Lösung eine finanz- und förderpolitische Flankierung erfordern. Dies gilt gleichermaßen für schrumpfende und wachsende Regionen und Städte, wobei sich unterschiedliche Handlungsanforderungen stellen. Die Möglichkeiten des Bundes hierbei werden im Wesentlichen von den Ergebnissen der Föderalismuskommission abhängig sein. Bei den dem Bund verbleibenden Instrumenten sind künftig die Dimensionen des demographischen Wandels stärker zu berücksichtigen.

Integratives Investitionsprogramm zur nachhaltigen Stadtentwicklung

Die gesamtstaatliche Bedeutung einer gemeinsam getragenen Verantwortung für die Städte ergibt sich daraus, dass die von Schrumpfungsprozessen in besonderer Weise betroffenen Städte, Regionen und Länder kaum in der Lage sind, die erforderlichen Mittel aufzubringen, um Umbaustrategien umzusetzen. Infolgedessen besteht die Gefahr, dass sich Schrumpfungsprozesse beschleunigen und verschärfen, wenn den betroffenen Städten und Gemeinden nicht geholfen wird. Damit Kommunen und Länder nicht überfordert sind, ist es geboten, dass sich der Bund an den notwendigen Maßnahmen finanziell beteiligt. Die „Bündelung" finanzieller Ressourcen zur Umsetzung integrativer Lösungsansätze kann dabei nicht nur die alleinige Aufgabe der Städte und Gemeinden sein. Vielmehr sollte auch die Bundesregierung einen integrativen Einsatz ihrer für eine nachhaltige Stadtentwicklung relevanten Finanzhilfen prüfen.

Derzeit verfügt der Bund mit der Städtebauförderung, der Sozialen Wohnraumversorgung sowie den Finanzhilfen nach dem Gemeindeverkehrsfinanzierungsgesetz über drei wichtige Instrumente auf der Basis von Art. 104a, Abs. 4 Grundgesetz, um das Ziel einer nachhaltigen Stadtentwicklung aktiv zu unterstützen. Eine engere Verzahnung und Bündelung dieser Instrumente ist sinnvoll und geboten. Sie könnte auf allen staatlichen Ebenen politische, organisatorische und – nicht zuletzt – finanzielle Reibungsverluste abbauen. Dies wäre ein wichtiger Baustein zur Modernisierung und Verschlankung der öffentlichen Verwaltung. Ziel ist, den Ländern, Städten und Gemeinden für die praktische Umsetzung von Problemlösungsstrategien mehr finanzielle Spielräume zu verschaffen. Der Bund nähme damit seine gesamtstaatliche Verantwortung für den Lebens- und Wirtschaftsraum Stadt noch umfassender wahr.

Demographieorientierte Weiterentwicklung raumwirksamer Finanzhilfen

Der demographische Wandel wirkt regional unterschiedlich und verstärkt die Anpassungsprobleme vieler strukturschwacher Regionen. Bei der Abgrenzung nationaler und europäischer Fördergebiete sollte geprüft werden, ob nicht demographische Indikatoren (z. B. Bevölkerungsentwicklung, Wanderungsbewegungen) stärker als bisher einbezogen werden, um schneller auf künftige Herausforderungen reagieren zu können.

Einige Finanzverteilungsschlüssel beruhen im Wesentlichen auf einem aggregierten Bevölkerungsschlüssel und haben einen engen fachlichen Bezug zu den Auswirkungen des demographischen Wandels. Gerade diese sollten um Aspekte der regionalen Bevölkerungsentwicklung ergänzt werden, indem z. B. der Bevölkerungsverlust auf der Gemeindeebene als gesonderte Verteilungskomponente berücksichtigt wird. Ein positives Beispiel hierfür ist das neu aufgelegte Programm Stadtumbau West.

Ferner sollte überprüft werden, ob der integrative Mitteleinsatz durch die Schaffung ressortübergreifender Finanzierungsquellen unterstützt werden kann. Diese Budgets sollten sich aus den Mittelansätzen der verschiedenen Fachressorts speisen und für die vom demographischen Wandel besonders betroffenen Regionen und Städte aufgelegt werden. Ein auf der Ebene der Länder eingerichteter „Interministerieller Ausschuss für Demographische Auswirkungen" könnte über die Mittelvergabe für die einzelnen Projekte befinden. Dabei sollte der Bund seine Möglichkeiten nutzen, vor allem solche Projekte zu fördern, die im regionalen Konsens entwickelt wurden und einem integrativen Ansatz Rechnung tragen.

Demographieorientierte Anpassung fiskalischer Ausgleichsysteme

Eine weitere wichtige Handlungsebene sind die fiskalischen Ausgleichssysteme. Wesentliches Element dieser Systeme sind die Steuerkraft je Einwohner im Länderfinanzausgleich (LFA) oder die Anzahl der Bevölkerung (Hauptansatzstaffel) im kommunalen Finanzausgleich (KFA). Innerhalb des KFA können starke Bevölkerungsverluste insbesondere für die zentralen Orte empfindliche finanzielle Verluste mit sich bringen. Hier ist kurz- bis mittelfristig sowohl eine Überprüfung der Hauptansatzstaffeln notwendig als auch eine besondere Berücksichtigung von Kommunen mit starkem Bevölkerungsrückgang oder altersstrukturellen Verwerfungen (z. B. durch gesonderte Nebenansätze).

Was speziell die Frage der zukünftigen Finanzierung von Einrichtungen und Leistungen der öffentlichen Daseinsvorsorge unter den Bedingungen des demographischen Wandels betrifft, zeichnen sich hier, insbesondere für die Ausgestaltung des kommunalen Finanzsystems, im Einzelnen folgende Empfehlungen ab:

Für die Finanzierung der öffentlichen Daseinsvorsorge bei rückläufiger Bevölkerung stellt sich das Problem der Remanenzkosten – das sind Kosten, die aufgrund technisch-betriebswirtschaftlicher (z. B. Fixkosten), rechtlicher (z. B. Pflichtaufgaben) oder politisch-administrativer Restriktionen (z. B. Personalentwicklung) zeitlich nicht im gleichen Maß wie die Bevölkerungsabnahme zurückgeführt werden können. Trotzdem sollte in die Berechnung der allgemeinen Zuweisungen (Schlüsselzuweisungen) kein Remanenzansatz (zeitliche Verzögerung des Rückgangs einwohnerbezogener Zuweisungen) eingebaut werden, da bei weniger stark rückläufigen Zuweisungen auch ein zeitlich verzögerter Anpassungswille der Kommunen zu erwarten ist.

Die auf die Bevölkerung bezogenen Hauptansätze der allgemeinen Zuweisungen führen bei Stadt-Umland-Prozessen zu einer verstärkten Entkoppelung von allgemeinen Zuweisungen und Kosten der Daseinsvorsorge: Kernstädte mit rückläufigen Bevölkerungszahlen und damit auch allgemeinen Zuweisungen müssen Funktionen für eine stabile Stadt-Umland-Bevölkerung anbieten, während Bevölkerung und damit Einnahmen der Umlandkommunen zunehmen, ohne dass damit bedeutende Aufgabenzuwächse verbunden sind. Daher sollten bei der Berechnung der allgemeinen Zuweisungen künftig stärker die Zentralität berücksichtigende Ansätze zum Tragen kommen.

Raumstrukturell ergeben sich unterschiedliche Strategien zur zukünftigen Finanzierung öffentlicher Daseinsvorsorge: in Verdichtungsräumen mit Bevölkerungsrückgang stellt die Sicherung der oberzentralen Funktion das Problem dar, dort ist deshalb die Funktion für den Verflechtungsbereich finanziell stärker zu berücksichtigen (z. B. indem die Bevölkerung im Verflechtungsbereich als Bemessungsgrundlage herangezogen wird). In ländlich-peripheren Räumen ist infolge abnehmender Siedlungs-/Nutzerdichten die Basisinfrastruktur gefährdet. Hier ist deshalb die räumliche und fachliche Bündelung der Angebote durch ressortübergreifende Fördertöpfe und durch Kooperationsförderung zu unterstützen.

Agieren können statt reagieren zu müssen – ein Fazit

Der demographische Wandel stellt zweifellos mittel- und langfristig eine der wichtigsten Herausforderungen für die Raum- und Stadtentwicklung dar. Die demographischen Veränderungsprozesse sind nicht mehr aufzuhalten, sie sind allenfalls graduell beeinflussbar. Der sich aus dem demographischen Wandel ergebende Handlungsbedarf wird deshalb für die nächsten Jahrzehnte nicht mehr von der politischen Tagesordnung verschwinden. Schrumpfende Regionen und Städte werden Strategien und Konzepte des Umbaus bis hin zum Rückbau entwickeln müssen. Viele Städte und Stadtregionen, vor allem die wachsenden, werden ihre Anstrengungen zur stadträumlichen Integration der anhaltenden Zuwanderung aus dem Ausland verstärken müssen. Alle Regionen, Städte und Gemeinden haben sich darauf einzustellen, die Leistungen der öffentlichen Daseinsvorsorge an eine rasch alternde Gesellschaft anzupassen und zu sichern.

Demographisch gesehen ist es dreißig Jahre nach zwölf (Birg), politisch (hoffentlich) erst fünf Minuten vor zwölf. Zweifellos ist jetzt der Zeitpunkt gekommen, Handlungsmöglichkeiten unmittelbar und aktiv anzugehen und umzusetzen. **Denn Handlungspotenziale ergeben sich gerade aus dem Agieren-Können statt aus einem Reagieren-Müssen.** Wird der demographische Wandel frühzeitig aktiv gestaltet, dann ergeben sich größere Handlungsspielräume, denn verschiedene Optionen können noch systematisch identifiziert, diskutiert und abgewogen werden.

Unbestritten ist der demographische Wandel eine fachpolitik-übergreifende Herausforderung. Mehrere Länder (z. B. Bayern, Brandenburg, Hessen, Nordrhein-Westfalen, Sachsen, Schleswig-Holstein, Thüringen) haben bereits interministerielle Arbeitsgruppen eingerichtet oder Enquetekommissionen (z. B. Baden-Württemberg, Hessen, Niedersachsen) eingesetzt, die sich mit dem demographischen Wandel befassen. Auf Bundesebene gab es zwar eine Bundestags-Enquetekommission zum demographischen Wandel, doch fehlt es innerhalb der Bundesregierung noch an einer konzertierten, ressortübergreifenden Initiative.

Anliegen von BMVBS (als „Infrastrukturministerium") und BBR ist es, die Probleme der vom demographischen Wandel besonders betroffenen Regionen, Städte und Gemeinden auf die politische Agenda zu bringen. Das BBR kann hier auf zahlreiche Aktivitäten verweisen. So wurde 2004 ein Kabinettbericht „Herausforderungen des demographischen Wandels für die Raumentwicklung in Deutschland" verabschiedet. Der vom BBR erarbeitete Raumordnungsbericht 2005, Ende April 2005 vom Kabinett verabschiedet, benennt die wesentlichen räumlichen Herausforderungen des demographischen Wandels. Ähnliches gilt für den Städtebaulichen Bericht 2004 der Bundesregierung, der die Aufgabe Stadtumbau als Reaktion auf Schrumpfungsprozesse herausstellt. Das Thema „Demographischer Wandel und Infrastruktur" stand Ende April 2005 in Berlin auf der Tagesordnung der 32. Ministerkonferenz für Raumordnung, auf der ein Beschluss zur „Sicherung und Weiterentwicklung der öffentlichen Daseinsvorsorge" gefasst wurde.

Politikwechsel stellen sich nicht von alleine ein. Sie setzen voraus, dass sie zu einem ernsthaft diskutierten öffentlichen Thema werden. Die räumlichen Folgen des demographischen Wandels und deren Bewältigung scheinen diesen Status noch nicht erreicht zu haben. Lediglich im Osten Deutschlands ist Schrumpfung als dringendes Problem erkannt und angenommen. Doch auch im Westen wird es zunehmend Regionen und Städte mit Schrumpfungstendenzen geben. Dort sind Anpassungsprozesse noch schwierig zu kommunizieren, zumal wenn es um langfristige Entwicklungen geht.

Deshalb ist es wichtig, umfassend und laufend über den demographischen Wandel und seine räumlichen Folgen zu informieren und die Diskussion darüber zu intensivieren. Anliegen des BBR ist es, durch Veröffentlichungen den vom demographischen Wandel besonders betroffenen Räumen und räumlichen Handlungsebenen die notwendige Aufmerksamkeit zu sichern und ihre Probleme auf die politische Agenda bei Bund und Ländern zu bringen. Die Raumordnungsprognose 2020/2050 ist ein wichtiger Baustein in dieser Strategie.